KARL-JOSEF
KUSCHEL
GOTT
LIEBT ES
SICH ZU
VERSTECKEN

KARL-JOSEF KUSCHEL

GOTT LIEBT ES SICH ZU VERSTECKEN

*Literarische Skizzen
von Lessing bis Muschg*

MATTHIAS
GRÜNEWALD
VERLAG

Der Matthias-Grünewald-Verlag
ist Mitglied
der Verlagsgruppe engagement

Gestaltung: Finken & Bumiller, Stuttgart
Umschlagabbildung: © KNA-Bild
Gesamtherstellung: Matthias-Grünewald-Verlag, Ostfildern

ISBN 978-3-7867-2686-9

>

INHALT

>   # EIN WORT ZUVOR

Zeitlich weit gespannt sind die hier vorgelegten literarischen Skizzen. Sie reichen von Gotthold-Ephraim Lessing bis Adolf Muschg, und doch fallen sie nicht auseinander. Sie werden zusammengehalten durch eine alles verbindende Grundfrage: die nach Ethos und Religion und dem inneren Zusammenhang der beiden. Probebohrungen gleich geht jeder Essay von konkreten Lebenskonflikten aus, um dann zu den Grund-Fragen vorzustoßen und diese freizulegen. »Gott« ist dabei nie einfach Teil der Lösung lebensgeschichtlicher Konflikte, sondern Teil des Such-prozesses nach dem Sinn von Schöpfung und Geschichte.

Das ist bei so verschiedenen Autoren wie Elisabeth Langgässer und Reinhold Schneider nicht anders als bei Nelly Sachs, Paul Celan und Hartmut Lange. Die Rede von Gott vollzieht sich im Modus des Su-chens, Tastens, manchmal Stammelns – angesichts geschichtlicher Er-fahrungen, bei denen es Menschen überhaupt die Sprache verschlagen könnte.

»Gott liebt es, sich zu verstecken«: Dieses Wort des großen Franzosen Blaise Pascal, das Hartmut Lange zitiert, ist nicht als spielerische Ko-ketterie zu verstehen, es formuliert pointiert die Erfahrung der Selbst-zurücknahme Gottes in die Verborgenheit, ins »Versteck«, um sich so platter Funktionalisierung zu entziehen und Menschen zu einem neuen Suchprozess herauszufordern. Das Versteckte will gesucht sein. Um es zu finden, muss man sich auf den Weg machen, Gewohntes hin-ter sich lassen, Vertrautes aufgeben und Liebgewonnenes hinterfragen. Hartmut Lange setzt sich an dieser Stelle nicht zufällig mit dem katho-lischen Theologen Romano Guardini auseinander: »Jedes Seiende ist mehr als es selbst«, hatte Guardini geschrieben, »jedes Geschehnis be-deutet mehr als seinen dürren Vollzug«. Aber Lange fügt – durchaus stellvertretend für ungezählte Zeitgenossen – hinzu, »aber eben dieses

Mehr-Sein oder Mehr-Bedeuten ist für mich ein ›Erfasstwerden von der Geheimnissströmung der Welt‹ und nicht, wie Guardini es deutet, eine komplexe Kausalität bis hin zu Gott. Mich tröstet die im Unbestimmten belassene, durch keinerlei Vorstellung festgezurrte Transzendenz, und ich würde mich in dem Pascal'schen ›Gott liebt es, sich zu verstecken‹ eher aufgehoben fühlen als in der Offenbarung« (H. Lange, Irrtum als Erkenntnis, Zürich 2002, 150).

Die literarischen Explorationen im Nahhorizont deutsch-christlicher Wirklichkeit werden in diesem Band ergänzt durch Explorationen im Fernhorizont. Seit Lessings Zeiten nehmen Schriftsteller Konflikte zwischen unterschiedlichen Religionen wahr. Jüdisch-Christliches spiegeln auf sehr verschiedene Weise die Texte von Anna Seghers, Elisabeth Langgässer und Paul Celan. Islamisches spiegeln die Texte von Lessing, Heine und Rilke.

In der Tat haben Schriftsteller wie Gotthold Ephraim Lessing und Heinrich Heine zu ihrer Zeit bereits Problemkomplexe durchdacht und literarisch veranschaulicht, deren Bedeutung uns erst heute wieder neu bewusst wird, die wir wie nie zuvor in Deutschland in einem realen gesellschaftlichen Spannungsfeld von Judentum, Christentum und Islam leben. Bei Rainer Maria Rilke, bei dem man es am wenigsten vermuten würde, finden wir ebenfalls eine überraschende Auseinandersetzung mit der Welt des Islam. Seine Erfahrungen mit dieser Religion spiegeln sich nicht nur in Dokumenten anlässlich der Reisen durch Nordafrika und Spanien, sondern auch in einem einzigartigen Mohammed-Gedicht. Erstmals in der Forschung wird dem Islam-Bild Rilkes detaillierte Aufmerksamkeit gewidmet.

Gleichzeitig haben uns Schriftsteller wie Adolf Muschg die Bedeutung einer fernöstlichen Religion (Zen-Buddhismus) erschlossen und dies auf eine Weise, dass die Auseinandersetzung mit dieser Religion zur kritischen Aufarbeitung christlich-westlicher Defizite wird.

Diesen Explorationen im Fernhorizont wird künftig noch stärker meine literaturwissenschaftliche und religionstheologische Aufmerksamkeit gelten. Ich habe die Absicht, in nicht allzu ferner Zeit zusammenfassende Studien im Schnittfeld von Literatur, Literaturwissenschaft und Weltreligionen vorzulegen.

Tübingen, im Juli 2007   Karl-Josef Kuschel

NAHHORIZONTE

> # »ALLES, WAS DAS ALLEINSEIN AUFHEBT, KANN EINEN TRÖSTEN ...«
Anna Seghers und die Geschichte vom leer gebliebenen Kreuz

Neue Annäherung

»Hier in Berlin wird zur Zeit die Seghers ganz groß gefeiert, und sie verdient es auch. Ihr ›Siebtes Kreuz‹ (natürlich müßte es ›siebentes‹ heißen, aber sie sagte zu mir im Mainzer Dialekt: ›Och, des war mer doch ganz wurscht, ganz und gar wurscht!‹) ist großartig in seiner Verhaltenheit, Echtheit und Menschlichkeit. ›Awer ich bin en Bolschewik von owe bis unne‹, äußerte sie zu Peter Huchel. Trotzdem: Am ›Tag des freien Buches‹ bin ich, neben ihr sitzend, fast mit auf das Bild geraten, und sie meinte: ›Mir zwei könne doch zusammen drauf, und drunner solltense schreiwe, dass wir aus Mainz sinn, das is wichtiger als alles‹. So ist sie doch *auch* wieder. Hat ein wunderschönes, flächiges Barlach-Gesicht, unter schneeweißen, glatten Haaren, unerhörte schwarze Augen u. einen trotzigen, gewölbten Kindermund. Ihr seht: Ich habe mich verliebt. Natürlich werden und müssen wir, sozusagen zwangsläufig, furchtbar aufeinanderplatzen: weltanschaulich. Und wahrscheinlich werden wir beide dabei ordinär werden wie ›zwei Fischweiber‹, wie meine Mutter zu sagen pflegte. Trotzdem hab ich ein Faible für sie.«[1]

Ein kleines, sehr persönliches Portrait von Anna Seghers aus dem Jahre 1947, geschrieben von einer Schriftstellerin, die »weltanschaulich« in der Tat konträrer nicht sein könnte: Elisabeth Langgässer.

KATHOLIKIN TRIFFT BOLSCHEWISTIN

Auf »Nachbarschaft und Unvereinbarkeit« dieser beiden Autorinnen aus Mainzer Region – beide mit jüdischem Hintergrund – hat im Mai 1999 die Schriftstellerin Christa Wolf in einer bemerkenswerten Rede aufmerksam gemacht, als sie den Langgässer-Literaturpreis der Stadt Alzey entgegennimmt.[2] Die erste Begegnung dieser Autorinnen – am 10. Mai 1947, dem »Tag des Freien Buches«, veranstaltet im Berliner Haus der Sowjetischen Kultur – dürfte kurz, aber intensiv gewesen sein. Die Langgässer hat offensichtlich ihrer Mainzer Schwester, die erst vor Wochen aus dem mexikanischen Exil nach Berlin zurückgekehrt war, vom abgründigen Schicksal ihrer Tochter Cordelia erzählt, die ein KZ überlebte und sich nach Schweden retten konnte.[3] Denn nur vier Wochen nach der Begegnung in Berlin schreibt Anna Seghers einer Freundin in Stockholm:

> »Schreib Dir bitte mal sofort folgende Adresse ab: Cordelia Hoffmann … Mit ihr hat es folgendes auf sich: die Mutter heißt Elisabeth Langgässer. Sie ist eine katholische Schriftstellerin aus meiner Heimatstadt, ganz begabt. Sie hat einen Roman geschrieben ›Das unauslöschliche Siegel‹. Nun wirst Du gleich eine typische Geschichte hören. Die Mutter Elisabeth ist Halbjüdin, der Vater war Jude. Das erwähnte Kind, Cordelia, hatte einen jüdischen Vater, sie war also drei Viertel Jüdin. Die Mutter heiratete später einen Vollarier und bekam noch drei Kinder, also Halbschwestern der Cordelia; sie sind also ein Viertel jüdisch und drei Viertel arisch. Als das große Mädchen vor der Gefahr der Deportation usw. stand, gelang es mit Hilfe von Freunden, sie spanisch zu naturalisieren. Die Gestapo geriet in Wut, bedrohte die ganze Familie mit Davidsstern, Deportation usw. Der Vater, also Stiefvater, ist ein sehr lieber, anständiger Mensch, der gerade seine Stieftochter sehr liebt. Das große Mädchen, um seine Familie nicht all dem auszusetzen, ging schließlich beinahe freiwillig in ein jüdisches Heim. Von da aus wurde sie nach dem Osten deportiert. Die Mutter war monatelang ohne Nachricht und hielt sie für tot. Dann tauchte sie plötzlich bei Euch in Schweden auf.«[4]

Seltsam zu denken, dass diese beiden Frauen, Kommunistin die eine, Katholikin die andere, 1947 und in den folgenden Jahren über ihre Gegensätze ein vertieftes Gespräch hätten führen können. Das gegenseitige Interesse war zweifellos gegeben. Der Respekt vor den großen Romanen »Das unauslöschliche Siegel« hier, »Das Siebte Kreuz« dort, ist dokumentiert. Gerade die Langgässer zeichnet ja ein fast liebevoll-zärtliches Portrait mit Worten wie »Barlach-Gesicht«; »unerhört schwarze Augen«; »trotziger, gewölbter Kindermund«. Selbst das penetrante weltanschauliche Bekenntnis (»Bolschewik von owe bis unne«) verliert durch das Dialektzitat alles eng Parteiische und fanatisch Rechthaberische. Das gemeinsam Mainzerische bis in die Klangfärbung hinein setzt gegenseitige Sympathien frei, auch über ideologische Gegensätze hinweg.

DEN ÄSTHETISCHEN REICHTUM ENTDECKEN

Doch zu einem Gespräch zwischen der Katholikin und der Kommunistin ist es nicht gekommen. Elisabeth Langgässer stirbt schon 1950, ganze 51 Jahre alt. Ein theologisches Gespräch mit dem Werk von Anna Seghers steht bis heute aus. Selbst der marxistisch-christliche Dialog der 60er und 70er Jahre lief ohne sie. Ist er heute zu führen? Mit ihr? Mit wem noch? Zieht man nicht den Verdacht auf sich, hier solle die Autorin gegen ihre Lebensentscheidung für – wie Hans Mayer nüchtern festhielt – »den offiziellen Marxismus-Leninismus der sowjetischen Doktrin und Observanz«[5] religiös »vereinnahmt« werden? Oder hier solle die zweifelhafte politische Praxis einer selbsterklärten »Bolschewistin«, in ihrer letzten Lebensphase sogar Kulturrepräsentantin der DDR und Apologetin des SED-Regimes, harmonisierend überspielt werden? Beides wäre grundfalsch: Vereinnahmung wie Verharmlosung. Worum es mir geht, ist – im Anschluss an eine unparteiische literaturgeschichtliche Forschung – die Eröffnung eines kritisch-selbstkritischen Gesprächs aus theologischer Perspektive über ein Werk, ohne das die Geschichte der Literatur des 20. Jahrhunderts nicht geschrieben werden kann. Worum es geht, ist, trotz aller nicht zu harmonisierenden Unvereinbarkeiten, Nachbarschaften, genauer: trotz aller bleibenden ideologischen Unüberbrückbarkeiten strukturelle Analogien zwischen den Welten zu entdecken, was rund 20 Jahre nach dem Zusammenbruch des real existierenden Sozialismus à la Ulbricht und Honecker leichter fallen mag als vorher. Zu lange hat die Rezeption entweder aus parteilicher Identifikation die Schriftstellerin verklärt[6] oder aus gegenteiligen politischen Motiven das Werk auf parteiideologische Defizite reduziert.[7] Es kommt mir darauf an, den ästhetischen Reichtum der literarischen Texte zu erschließen und genauer als früher zu rekonstruieren, wie das Ästhetische sich mit dem Politisch-Ethischen verbindet, ohne dass es erdrückt oder billig funktionalisiert würde.

Es werden im Folgenden Texte im Zentrum stehen, in denen Anna Seghers Elemente aus der jüdisch-christlichen Tradition literarisch verarbeitete; bei denen sie bewusst anknüpfte an nichtmarxistische Traditionen; Texte somit, die einen Gestaltungswillen erkennen lassen, der auf komplexe Beziehungen aus ist, auf Sub- und Prätexte, und bei denen kompositorische Entscheidungen erkennbar sind, die einen platten Realismus sozialistischer Parteiästhetik unterlaufen. Das Werk ist unter diesem Gesichtspunkt noch nie umfassend genug untersucht worden, obwohl forschungsgeschichtlich wichtige Arbeiten in diese Richtung weisen.[8] Aus Raumgründen müssen wir uns hier auf einige textliche Stichproben beschränken.

Jüdische Wurzeln

Dass sie aus einer orthodox-jüdischen Mainzer Familie stammt, hat sie selber bekannt.[9] Isidor Reiling, der Vater, war nicht nur Kunsthändler und Kustos am Mainzer Dom, sondern auch Mitglied der »Israelitischen Religionsgesellschaft«, bewusstes Mitglied der jüdischen Orthodoxie also, gab es doch in Mainz innerjüdisch auch eine Alternative: eine Reformsynagoge unter dem Namen »Israelitische Religionsgemeinde«. Durch diese Bindung der Eltern an die Orthodoxie – die entsprechende Synagoge befand sich in der damaligen Margarethengasse unweit der elterlichen Wohnung – dürfte Anna Seghers die Atmosphäre eines jüdischen Gotteshauses genau so vertraut gewesen sein wie die Atmosphäre des Mainzer Doms, wohin sie der Vater – schon berufsbedingt – ungezählte Male mitgenommen haben wird.

Mehr als die Benennung dieser jüdischen Wurzeln haben wir aus dem Munde der Autorin nicht. Autobiographisch hat sie weder Details über ihre jüdische religiöse Erziehung noch über den Ablösungsprozess aus dem Judentum offenbart. Das ist ihr von der Kritik übel genommen worden. Wegen der angeblich durchgängigen »Negation alles Jüdischen« in ihrer Biographie und der reduzierten Behandlung im Werk hat man ihr »Tabuisierung«, »Verdrängung«, »Unterdrückung von Konflikten« bis hin zu Desinteresse, Fehlinterpretationen, ja latenten oder offenen Antisemitismus vorgeworfen.[10] Nicht nur unleugbare Fakten werden konstatiert, es werden psychologische, ja psychoanalytische Kategorien bemüht: »jüdischer Selbsthass«, »Verleugnungsstrategien«, »Verbergen jüdischer Spuren«, Schweigen über die Shoah und den offenkundigen Antisemitismus in der DDR, »selbstverordnete Hermetik«. Das alles im Gestus penetranter Vorwürfigkeit: an »keiner Stelle« habe sich die Autorin »explizit mit der jüdischen Religion auseinandergesetzt«.[11]

EINE ERSTE EXISTENTIELLE KRISE

Wirklich nicht? Nach Erscheinen der ersten umfassenden Seghers-Biographie von Christiane Zehl Romero sieht dies anders aus. Ein *erster biographischer Einschub* ist nötig, um Folgendes zu konstatieren:

(1) Aufgewachsen in einem bürgerlichen Elternhaus jüdischer Orthodoxie, schafft sich Netty Reiling mit ihrem im April 1920 erfolgten Wechsel an die Universität Heidelberg Distanz zum elterlichen Milieu. Diese erfolgt nicht nur durch die 1924 vorgelegte kunstgeschichtliche Dissertation über »Jude und Judentum im Werk Rembrandts«[12]; auch nicht allein durch ihr Studium der Sinologie, der Entdeckung also eines nichtjüdisch-nichtchristlichen großen Kulturraums, sondern vor allem durch eine Auseinandersetzung auf der religiösen Ebene. Für diese Zeit ist die intensive Lektüre von Kierkegaard, Dostojewskij und Martin Buber bezeugt.

(2) Wichtig auch: Ein erst jetzt wieder aufgetauchtes, von November 1924 bis August 1925 kurz vor ihrer Heirat mit dem aus Ungarn stammenden jüdischen Intellektuellen László Radványi geführtes *Tagebuch* gibt Einblick in eine *existentielle Krise der jungen Anna Seghers*. Ein »Herauswühlen« aus vorgegebenen, von den Eltern vorgelebten Bahnen, ein Prozess des »Sich-selbst-Klärens« war in Gang gekommen, der Jahre dauerte und mit dem Studium wohl erst begonnen hatte.

In dieser für sie so kritischen Lebensphase legt sie im Tagebuch Rechenschaft ab – nicht nur vor sich und ihrem Partner, sondern auch vor Gott, Rechenschaft über den Bruch mit dem alten und die Anfänge eines neuen Lebens. Themen wie Gott und Sünde nehmen im Tagebuch einen wichtigen Platz ein und sind für die junge Frau keineswegs konventionelle Floskeln. »Sie ist religiös und will glauben – an eine Mischung aus jüdischem und Kierkegaard'schem Gott«[13], schreibt die Biographin. »Erziehung zum Christentum mit Trost gelesen«, liest man in diesen Aufzeichnungen. Oder: »Das Schönste, was ich las bei Kierkegaard: Der eine Augenblick, in dem auch Gott sich zurückzieht.«[14] Immer wieder finden sich Gebete um die Erfüllung ihrer Wünsche, aber auch um die Nähe Gottes, um den Glauben an ihn. »Gott mach, dass ich Dich sehe. Wenn ich Dich sehen würde, gäbe es keine Furcht mehr.«[15] Solche Dokumente lassen auch Anna Seghers' spätere literarische Auseinandersetzungen mit religiösen Traditionen in neuem Licht erscheinen.

BEGEGNUNG MIT DEM MARXISMUS

Der *Marxismus*, mit dem sich Anna Seghers durch Beitritt in die KPD 1928 öffentlich identifiziert, hat bei ihr von vornherein eine *religiöse Traditionen miteinschließende geschichtliche Tiefe* – und zwar durch die *Tradition des Chiliasmus*, die sie durch die Studien ihres Freundes und späteren Mannes László Radványi kennenlernt. Dieser promoviert 1923 in Heidelberg bei Karl Jaspers über »Der Chiliasmus. Ein Versuch zur Erkenntnis der chiliastischen Idee und des chiliastischen Handelns.« Es ist eine kurze, klar gegliederte Arbeit, die den religiösen Menschen postuliert und davon ausgeht, dass dieser Mensch nach dem »summum bonum, dem Reich der Erlösung« strebe. Im Unterschied zu anderen Erlösungslehren aber erwartet der Chiliasmus das Reich der Erlösung nicht erst im Jenseits, sondern, wie Radványi schreibt, »für die Empirie, für diese unsere wertarme und wertfeindliche, schlechte und schwache, irdische Welt«.[16] Der Doktorand arbeitet verschiedene Aspekte der chiliastischen Erlösungsidee heraus und beschreibt dessen konkrete historische Manifestationen, angefangen von der jüdisch-apokalyptischen Eschatologie über die Bewegung Thomas Münzers bis ins nachreformatorische Zeitalter. Parallelen zur gleichzeitig entstandenen Arbeit von Ernst Bloch über Thomas Münzer als »Theologe der Revolution« (1921) sind erkennbar (und von Erika Haas überzeugend herausgearbeitet worden[17]).

Bei Radványis Arbeit tut sich also immer wieder die Diskrepanz auf zwischen himmlischer Erlösung und geschichtlicher Einlösung, die auch die kommunistische Bewegung nicht beseitigen kann. Von daher erklärt sich ein »Überschuss« an geschichtlichen Hoffnungen sowohl im Denken dieses Philosophen wie im Schreiben seiner späteren Frau. Obwohl für beide alles darauf ankommt, die Utopien geschichtlich durch menschliches Handeln einzulösen, bleibt immer wieder ein Rest chiliastischen Gedankenguts erhalten, der sich im Nachdenken über eine innere oder höhere Kraft im Menschen manifestiert. Von daher versteht sich auch eine persönliche Notiz im Tagebuch: »Er (Radványi) ist immer religiös traurig. Ich bin für ihn *die* Gefährtin im religiösen Sinn, werde es immer sein. Es ist sinnlos von mir, unser Verhältnis anders umzuphantasieren. Es ist keine Stätte der erotischen Phantasie. Diesen Eros, den Gott mir gab und den ich leben muss, soll ich sicher in der Kunst leben.«[18]

Dies alles macht noch begreiflicher, warum in der Kritik schon früh die »Gläubigkeit« von Anna Seghers betont wurde, was nicht ohne ironische Distanzierung geschah. Marcel Reich-Ranicki vertrat schon in den 60er Jahren die These, Anna Seghers habe im Kommunismus gefunden, was sie seit ihrer frühen Jugend »inbrünstig« gesucht habe: nicht eine soziologische und politische Lehre, nicht ein gedankliches System, sondern eine »atheistische Religion«[19]. Von Anfang an sei diese Autorin keine Rationalistin, sondern eine »Fideistin« gewesen.[20] Das freilich ist von einem Mann gesagt, für den alles »Religiöse« etwas »Irrationales« hat. »Fideistin«, »gläubige« Kommunistin – das ist nicht als Kompliment gemeint; das macht für diesen Kritiker die politische Entscheidung für den Kommunismus noch unerträglicher. Dem entspricht die in der jüngsten Untersuchung über »Jude und Judentum im Werk von Anna Seghers« (1997) von Marie Haller-Nevermann geäußerte Meinung, die Autorin habe »eine religiöse Grundorientierung aus der jüdischen Tradition« herausgelöst und auf die »Weltanschauungsgemeinschaft der KPD« übertragen. Die in ihren Texten dargestellten kommunistischen Ideale und Helden hätten eine »pararoeligiöse Funktion« übernommen.[21] Auch dies ist mit distanzierendem Unterton gesagt. Denn gerade dadurch soll ja die problematische These erhärtet werden, Anna Seghers habe sich mit der »jüdischen Religion« nicht wirklich auseinandergesetzt; sie habe sie buchstäblich rechts liegen gelassen.

Beide Deutungsmodelle sind Ausdruck einer funktionalistischen Verkürzung der Texte mit Hilfe einer politischen Hermeneutik des Verdachts. Sie sparen sich die differenzierte Auseinandersetzung mit literarischen Strategien bei der Verarbeitung religiöser Stoffe und Motive, die dieses Werk erst zu dem machen, was es ist: ein komplexes ästhetisches Verweissystem. Hinzu kommt der mangelnde Respekt vor dem Theoriekonzept, das dem Selbstverständnis der Autorin ab 1928 zugrunde liegt. Es ist schlicht zu konstatieren: Für das Judentum als religiöse Option, für deren Konservierung (Orthodoxie der Eltern), Erneuerung (Reform im Geiste Martin Bubers) oder politische Sammlung im Staat Israel (Zionismus) hat sich Anna Seghers nicht engagiert. Wer hätte das Recht, ihr hier moralische Vorwürfe zu machen? Darin spiegelt sich die zu ihrer Zeit bereits »klassisch« gewordene und gerade unter vielen jüdischen Intellektuellen in Deutschland weit verbreitete Religionskritik marxistischer Provenienz, übernimmt doch Anna Seghers mit dem Eintritt in die KPD auch deren ideologische Prämissen.

Schon *Karl Marx*, selber einer Rabbinerfamilie entstammend, hatte 1843 grundsätzlich zur »Judenfrage« Stellung genommen, was nicht ohne antisemitische Ober- und Untertöne abging, worauf Micha Brumlik jüngst noch einmal in seinem Buch »Deutscher Geist und Judenhaß« eindrucksvoll hingewiesen hat.[22] Schon Marx wollte nicht das Judentum *als Religion* erneuern. Wie auch? Es fiel unter seine Radikalkritik, wie alle anderen Religionen auch. Nicht eine Emanzipation von Juden im Sinne voller Gleichberechtigung ihrer Religion im christlichen Staat konnte für ihn das Ziel politischen Handelns sein, sondern die Abschaffung aller Religionen durch Neuschaffung einer auf sozialer Gerechtigkeit beruhenden Gesellschaft. Ist diese eingeführt, hört das Judentum (wie alle Religionen) auf, ein Problem für die Gesellschaft zu sein. Die »Judenfrage« muss also als Teil des allgemeinen Gesellschaftsproblems betrachtet werden. Marx wörtlich:

»Ihr Juden seid *Egoisten*, wenn ihr eine besondere Emanzipation für euch als Juden verlangt. Ihr müßt als Deutsche an der politischen Emanzipation Deutschlands, als Menschen an der menschlichen Emanzipation arbeiten und die besondere Art eures Druckes und eurer Schmach nicht als Ausnahme von der Regel, sondern vielmehr als Bestätigung der Regel empfinden.«[23]

Es kann kein Zweifel daran bestehen, dass Anna Seghers ein Leben lang genau diese Position einnimmt. Auch sie glaubt allen Ernstes, das Judenproblem sei durch Einführung einer neuen, konkret einer kommunistischen Gesellschaftsordnung gewissermaßen von selbst auflösbar, Antisemitismus also ein Epiphänomen der Klassengesellschaft. Das ist theoretisch nicht unreflektiert, aber politisch naiv. Gewiss mag man bedauern, dass Anna Seghers – trotz Texten wie »Post ins gelobte Land« oder »Ausflug der toten Mädchen« – weder die Gründung des Staates Israel noch die Shoah genauer thematisiert hat. Aber die vorhandenen Texte sind dennoch, was die Verarbeitung jüdisch-christlicher Motive betrifft, beziehungsreich und komplex genug. Darauf wollen wir uns im Folgenden konzentrieren und an vier ausgewählten Szenen verschiedene Verfahren der Autorin erläutern.

Die Erzählung vom »Aufstand der Fischer«

1928 veröffentlicht Anna Seghers die Erzählung »Aufstand der Fischer von St. Barbara«. Sie gilt als die erste wegweisende Arbeit (Kleist-Preis 1928) und ist nicht zuletzt auch für unser Thema bereits erhellend.[24] In dem fiktiven Küstenort St. Barbara vollzieht sich Unerhörtes. Zwei schlechte Jahre haben die Fischer verelenden lassen. Mit den Fangresultaten waren auch die Fisch-Preise heruntergegangen. Hull, ein weit gereister Seefahrer, organisiert eine Zusammenkunft aller Fischer aus den benachbarten Küstenorten, und man beschließt, kein Boot dürfe im Frühjahr ausfahren, wenn die Reeder nicht neue Tarife gewähren.

DAS »MYTHISCHE ZENTRUM«

Als es zu Demonstrationen kommt, wird ein Regiment Soldaten in die Stadt verlegt. Zusammenstöße, Verhaftungen, Erschießungen folgen. Hull, der zunächst geflohen war, kehrt nach St. Barabara zurück. Auch er wird verhaftet, geht in den Tod. Der Aufstand scheitert. Aber die Erfahrung der Rebellion ist nicht wieder auszulöschen:

> »Aber längst, nachdem die Soldaten zurückgezogen, die Fischer auf der See waren, saß der Aufstand noch auf dem leeren, weißen, sommerlich kahlen Markt-

platz und dachte ruhig an die Seinen, die er geboren, aufgezogen, gepflegt und behütet hatte für das, was für sie am besten war.«[25]

Die Kritik hat zu Recht in dieser Schlüsselaussage das »mythische« Zentrum der Geschichte erkannt, wird doch die Sache des Aufstandes auf diese Weise poetisch konkretisiert und zugleich durch Personalisierung übergeschichtlich transzendiert. Die Erzählung wäre dann nicht allein Darstellung eines konkreten Ausschnittes aus der Geschichte der revolutionären Bewegung, sondern so etwas wie ein »›revolutionäres Urbild des Klassenkampfes‹ schlechthin«.[26] Diesen Aspekt will ich hier nicht weiter verfolgen. Ich will stattdessen die Aufmerksamkeit auf eine kleine Nebenszene lenken, bei der es um die Verwendung eines *biblischen Zitates* geht.

Da ist Adrian Six, der Kapitän eines der Schiffe der Fischer, der als »zu gutmütig und wegen seiner Frömmigkeit« als verachtet gilt. Er ist aus der katholischen Kirche ausgetreten und gehört jetzt einer Sekte an. Wir dürfen hier eine pietistische Gruppe unterstellen, zu deren Praxis die charismatische Bibellektüre gehört. Denn immer – so erfahren wir – wenn es in Six' Leben »eine Veränderung oder einen Kummer oder etwas Unbehagliches« gäbe, schlüge dieser die Bibel auf:

> »jedesmal an einer Stelle, die seinen Kopf weiter und heller machte. Auch jetzt schlug er auf und tippte mit seinem langen Zeigefinger auf eine Zeile. Es war die Zeile, in der der Hohlweg beschrieben wurde, durch welchen Bileam auf seinem Esel reitet. Six zog den Finger ein und dachte nach. Er grübelte und grübelte, aber wie sehr er sich auch anstrengte, er konnte keinen Zusammenhang zwischen dem Hohlweg und den Fischern von St. Barbara entdecken.«[27]

Die Geschichte, auf die hier angespielt wird, steht im 4. Buch Mose, in den Kapiteln 22 bis 24. Es ist die Geschichte des heidnischen Wahrsagers Bileam, der am Flusse Euphrat lebt. Dieser wird vom König Balak aufgefordert, nach Moab zu kommen, um das Volk Israel zu verfluchen, da es im Lande Moab nach der Einwanderung aus Ägypten zu mächtig geworden sei. Gott freilich versucht Bileam von seinem Fluch über das Volk Israel abzubringen; Israel sei gesegnet! Als sich Bileam dennoch nach Moab aufmacht, ist es sein Reittier, das ihn auf Gottes Willen aufmerksam macht, sieht doch der Esel eher als Bileam einen Engel Gottes, der sich ihm u. a. in einem Hohlweg in den Weg stellt und an der Weiterreise hindert. Eine Pointe nicht ohne Komik: Es ist ausgerechnet ein Esel, der hier zum Instrument von Gottes Willen wird, so dass Bileam später (zum Zorn von König Balak) Israel nicht verflucht, sondern tatsächlich segnet.

DER RÜCKGRIFF AUF BIBLISCHES MATERIAL

In der Geschichte von Anna Seghers kann Kapitän Six zunächst »keinen Zusammenhang« zwischen der Bileam-Geschichte und dem Aufstand der Fischer erkennen. Durch bewusste Abbreviatur aber ermöglicht die Autorin ihren Lesern ein Weiterdenken; sie setzt analogische Imagination frei. Wir Leser sollen den Zusammenhang begreifen: Das, was das jüdische Volk mit Hilfe Gottes erreicht (nämlich Rettung vor den Feinden in Moab), müssen die Fischer durch ihre Rebellion und ihr solidarisches Handeln erreichen. Das ist der Zusammenhang zwischen »Hohlweg« und »Aufstand«: Im Hohlweg gelingt es dem Esel, Bileam von seinem Irrtum zu befreien und ihn zur Anerkenntnis von Gottes Willen zu bringen. Die sozialen Zwänge sollen genau dies bei den Fischern bewirken. Der Aufstand ist ihr Segen – ohne Gott. Später hören wir, dass auch Adrian Six bereit ist, »seinen Anteil gemeinsam mit der Besatzung zu regeln«[28], also seine individuellen Interessen dem gemeinsamen Ziel unterzuordnen. Er hat den Zusammenhang offensichtlich begriffen.

Auf der Textebene erkennen wir: Biblisches Material einzubeziehen heißt, das eigene literarische Verweissystem auf der Symbolebene anzureichern. Die Bibellektüre ist hier nicht bloß Teil der üblichen Milieuschilderung, sondern Bestandteil eines multiplen Deutungshorizontes, den die Erzählung aufreißt, um auf größere Kontexte verweisen zu können. Anknüpfung und Erweiterung zugleich werden sichtbar. Mit Sigrid Bock wird man grundsätzlich folgern dürfen: »Die Erinnerung an den Propheten Bileam zeigt, dass Anna Seghers das Jüdische nicht aus ihrem Erzählen verdrängt hatte. Eine neue, unerwartete Beziehung war hergestellt worden. Nicht einem einzelnen auserwählten Volke galt nun ihre Aufmerksamkeit, sondern allen Menschen. Ohne nivelliert zu werden, war das Jüdische aufgehoben, einem größeren Gan-

zen zugeordnet worden, blieb es im Erzählen anwesend. Als Bestand-
teile eines großen Ganzen wurde es weitergetragen ... Sie (die Autorin)
fühlte sich allen Menschen zugehörig. Ihre Aufgabe als Erzählerin lei-
tete sie ab aus der großen Aufgabe des Jahrhunderts, nach beginnender
wissenschaftlich-technischer Umwälzung, erstem Weltkrieg und Okto-
berrevolution, Nachkriegskrisen und -wirren die im bürgerlichen Le-
bensalltag von ihr vermisste Humanität zu bewahren, weiterhin einzu-
fordern, neu zu konstituieren. Als Erzählerin reihte sie sich ein in die
Geschichte humanistischer Menschheitsentwicklung.«[29]

Der Roman vom »Siebten Kreuz«

Anfang der 30er Jahre ist Anna Seghers auf dem besten Weg, eine erfolgreiche Schriftstellerin zu werden. Verlage in der Sowjetunion, in
Frankreich, Skandinavien und Spanien bringen die erfolgreiche Auf-
stand-Erzählung heraus. Erwin Piscator verfilmt sie in der Sowjetunion.

FLÜCHTEN UND SCHREIBEN

Da kommt es zur ersten großen Lebenszäsur. Mit 33 Jahren beginnt für
Anna Seghers eine lange Zeit der Fluchten und Zufluchten, der Verfolgungen und immer neuen Vertreibungen: Paris, Marseille, New York,
Mexiko, dann – nach dem Krieg – 1947 die Rückkehr nach Berlin. Ab Juni
1933 lebt sie mit ihren beiden Kindern nahe Paris. Wie eine Besessene
arbeitet sie weiter. Wenn der Haushalt mit seinen kleinlichen Sorgen sie
zu erdrücken droht, pflegt sie Manuskripte in die Tasche zu packen, mit
dem nächsten Vorortzug nach Paris zu fahren, sich in ein Kaffeehaus zu
setzen, in immer dasselbe, und zu schreiben, unbekümmert um das
Gewirr, um das Gewoge um sie herum.[30]
Anna Seghers in Paris. Es entsteht ein Bild, das sich bei vielen, die ihr damals begegneten, festgesetzt hat. Die Vertriebene im Café de la Paix
über ihre Schulhefte gebeugt, in die hinein sie ihre Prosa zu schreiben
pflegt, überzeugt von der Idee, dass der Faschismus nur das vorüberge-
hende Zerrbild Deutschlands sei und dass sich dieses Deutschland in
tausend anderen Facetten anders spiegle. 1935, auf dem »Ersten Internationalen Schriftstellerkongress zur Verteidigung der Kultur« in Paris,

Ausdruck einer von Marxisten betriebenen *Volksfront aller Antifaschisten*, spricht sie nicht zufällig über das Thema »Vaterlandsliebe« und entwirft das Gegenbild zur faschistischen Vergewaltigung der deutschen Tradition. Selten sei in deutscher Sprache ein »dichterisches Gesamtbild« der Gesellschaft entstanden, ruft sie ihren Hörern zu. Stattdessen habe die deutsche Literatur große, oft erschreckende und für Fremde unverständliche Einzelleistungen hervorgebracht:

> »Hölderlin, gestorben im Wahnsinn, Georg Büchner, gestorben durch Gehirnkrankheit im Exil, Karoline von Günderrode, gestorben durch Selbstmord, Kleist durch Selbstmord, Lenz und Bürger im Wahnsinn. Das war hier in Frankreich die Zeit Stendhals und später Balzacs. Diese deutschen Dichter schrieben Hymnen auf ihr Land, an dessen gesellschaftlicher Mauer sie ihre Stirnen wundrieben. Sie liebten gleichwohl ihr Land.«[31]

Aus dieser Liebe zum Land heraus wollte sie nun einen großen Roman über Deutschland schreiben, gerade jetzt. 1936 bricht in Spanien der Bürgerkrieg aus, und ein Jahr später ist auch die Seghers vor Ort, als der zweite Schriftstellerkongress in Valencia und Madrid tagt. Sie besucht die Internationale Brigade, erlebt Bombenangriffe mit, vor allem den Heroismus derer, die als Nichtspanier im Kampf für die republikanische Sache sogar zu sterben bereit sind. Sie spricht mit zahllosen politischen Flüchtlingen aus Deutschland, auch solchen, die den Konzentrationslagern entkamen, macht Aufzeichnungen, führt Recherchen durch, sammelt Details über faschistische Verfolgungspraktiken und das Schicksal von Häftlingen, die den Nazis entflohen. So vorbereitet, beginnt sie 1937 in Paris mit der Arbeit an einem neuen Buch, das ihr größtes werden sollte. Im Sommer 1939 ist es abgeschlossen. Es ist »ein Roman aus Hitlerdeutschland« unter dem Titel »Das siebte Kreuz«, gewidmet »den toten und lebenden Antifaschisten Deutschlands«.

Sieben Häftlinge fliehen aus dem KZ Westhofen, sechs werden wieder eingefangen und an »Kreuze« auf dem Appellhof des KZ gehängt; einer kommt durch, der *Kommunist Georg Heisler*. Sein Kreuz, das siebte, bleibt leer; ihm gelingt die Flucht. Das war der entscheidende literarische Einfall: Mit der Schilderung des Fluchtwegs ihres Häftlings konnte die Autorin detailgenau Einblick geben in ein Stück Innenleben des faschistischen Deutschland. Ein Häftling läuft um sein Leben und zwingt jedermann, mit dem er in Berührung kommt, zu offenbaren, was er wert ist. Die Menschen müssen Stellung nehmen, und die bisher vertraute Wirklichkeit wird für keinen, der in diese Konfrontation geriet, je wieder so werden, wie sie einmal war. Der Roman lebt von diesem erzähltechnischen Kunstgriff, den die Autorin in nie wieder erreichter literarischer Komplexität und artistischer Meisterschaft anzuwenden versteht.[32]

EINE NACHT IM DOM

Was die Verarbeitung jüdisch-christlicher Motive angeht, so ist die nachmals berühmte »Domszene« des »Siebten Kreuzes« von besonderer Dichte. Dem Flüchtling gelingt es, sich in seiner ersten Fluchtnacht im Mainzer Dom einschließen zu lassen – ein Szenario, das Anna Seghers aus persönlicher Anschauung kennt. Wie oft war sie mit ihrem Vater in diesem Raum. Selbst aus dem entfernten Paris sind ihr Details noch gegenwärtig, weiß sie um die dichte Atmosphäre des Innenraums bei wechselndem Licht: Die Dämmerung lässt die Mauern zurückweichen, die Gewölbe sich heben, die Pfeiler sich endlos aneinanderreihen, hochwachsen ins Ungeahnte …

Warum die *Wahl eines christlichen Gotteshauses* als Schauplatz im Roman einer kommunistischen Autorin jüdischer Provenienz? Die Gründe sind komplex, einige wichtige will ich hier zusammenfassen: (1) Im antifaschistischen Kampf gegen die gegenwärtigen Machthaber in Deutschland symbolisieren der Dom sowie die Landschaft um Mainz eine *Tiefe der Geschichte*, welche die Relativität der Gegenwart und damit ihrer Machthaber zeigt. Der Dom steht für eine durch den Faschismus noch nicht total beherrschte und korrumpierte Wirklichkeit. Dem korrespondiert das Geschichtspanorama, mit dem die Autorin ihren Roman beginnen lässt: die Erinnerung an den Limes der Römer, das keltische Sonnenrad, die ewigen Früchte der Landschaft: Äpfel und Wein; an die Legionen und die mitgebrachten Götter: an Judengott und Christengott, an Astarte, Isis, Mithras und Orpheus. Damit korrespondiert die Beschwörung der Stadt, Sitz der Erzkanzler des Heiligen Römischen Reichs deutscher Nation, Schauplatz von Höhen und Tiefen der Geschichte: Kaiserwahlen und Judenpogrome, Ordensgründungen und Republikversuche, Repressionen und Rebellionen. Diese Geschichtsbeschwörung soll signalisieren: Auch die Hohen und Mächtigen unserer Zeit werden nicht auf ewig bleiben; auch sie werden stürzen, der Vergänglichkeit anheimfallen. Der Rhein? »Wieviele Feldzeichen hat er schon durchgespült, wieviele Fahnen?«[33] Die Verweise auf Natur, große Kultur, große Ereignisse der Geschichte also sollen Mut machen für den Widerstandskampf heute; sollen einen die politische Praxis lähmenden Geschichtsfatalismus verhindern; sind somit ein Mittel der Zynismusprophylaxe. Ein Kulturraum wie der um Mainz hat im Verlauf seiner Geschichte viele Herrscher kommen und gehen sehen. Der Literaturwissenschaftler *Bernhard Spies* hat diesen Grundgedanken jüngst in seinem Kommentar zur Neuausgabe des »Siebten Kreuzes« so umschrieben: »Die Vorstellung eines solchen Kontinuums von im Grunde austauschbaren Gewalten ist für den Roman aus einem doppelten Grund wichtig. Zum einen demonstriert es, dass von der Geschichte, die von den Mächtigen gemacht wird, nichts anders zu erwarten sei als der Fortschritt der Gewalt. Zum zweiten enthält es die eschatologische Pointe der Seghersschen Geschichtsinterpretation; eine Pointe, die das Heil allerdings nicht am Ende der historischen Umbrüche erwartet, sondern es in ihrer Immanenz erblickt: Im Kontinuum der Gewalten nämlich behauptet sich auf Dauer nicht die Gewalt, sondern die Menschlichkeit, die alle mit Füßen treten, ohne sie zerstören zu können.«[34]

(2) Die Anspielung auf die Erzkanzler des Heiligen Römischen Reiches wird auch in der Domszene wieder aufgenommen, ist jetzt aber kirchenkritisch gewendet, denn die *Distanz zur katholischen Kirche als Institution* ist offenkundig und von einer Autorin dieser Provenienz und Couleur auch nicht anders zu erwarten. Man beachte aber auch hier die alles Plumpe meidende ästhetische Inszenierung der Kirchenkritik: das Spiel mit Licht und Farben im Innenraum des Doms. Obwohl die Dämmerung bei den großen steinernen Gestalten im Dom fast alle Konturen auflöst, bleiben bestimmte Gesichtszüge noch erkennbar, lesen wir. Da sei zum Beispiel der Mann »mit Stab und Mitra an seiner Grabplatte«. Sein Gesicht sei sehr »klar, einfach und böse«. Da sei ein anderer Mann, »ein runder, gesunder Mann, auf seinem vollen Gesicht das dreiste Lächeln der Macht«. In der Tat ist der Dom voll von solchen Ge-

stalten: Herrschertypen, Machtfiguren. Sie verstärken das, was der Flüchtling atmosphärisch wahrnimmt – die Kälte des Raums Kirche:

>»Aber wie das alles kalt war! Eine eisige Welt, als hätte sie nie eine menschliche Hand berührt, nie ein menschlicher Gedanke. Als sei er in einen Gletscher verschlagen. Er rieb seine Füße und alle seine Gelenke mit der gesunden Hand. Das ist eine Zuflucht, in der man erfrieren kann.«[35]

BIBLISCHE SPUREN DEUTEN

Die Gegenerfahrung aber, bei der es zur *Identifikation mit Teilen der Christentumsgeschichte* kommt, wird ebenfalls beschrieben. Sie wird dadurch vorbereitet, dass in dieser Nacht, je dunkler es wird, sich auch die Auflösung des Kalten und Steinernen vollzieht. Suggestiv wird beschrieben, wie der Dom sozusagen zerbröselt im Restlicht der Nacht: »Alles Steinerne war am verdunsten«. Und weil sich alles auflöst, Kontur verliert, verlieren sich auch beim Flüchtling Heisler die Grenzen seines Innern. Erinnerungen können aufsteigen – an die Freundin Leni etwa, an Wallau, den Gefährten im KZ, an den Schulfreund Paul Röder, an die Mutter, die Kindheit, an vieles, was er in dieser Stadt erlebte und was zu seiner Geschichte gehört. Auch die Erinnerung an Religion; Erinnerungsfetzen gerade hier:

>»Georg stockte der Atem. Quer durch das Seitenschiff fiel der Widerschein eines Glasfensters, das vielleicht von einer Lampe erhellt wurde aus einem der Häuser jenseits des Domplatzes oder von einer Wagenlaterne, ein ungeheurer, in allen Farben glühender Teppich, jäh in der Finsternis aufgerollt, Nacht für Nacht umsonst und für niemand über die Fliesen des leeren Doms geworfen, denn solche Gäste wie Georg gab es auch hier nur alle tausend Jahre.
>Jenes äußere Licht, mit dem man vielleicht ein krankes Kind beruhigt, einen Mann verabschiedet hatte, schüttete auch, solang es brannte, alle Bilder des Lebens aus. Ja, das müssen die beiden sein, dachte Georg, die aus dem Paradies verjagt wurden. Ja, das müssen die Köpfe der Kühe sein, die in die Krippe sehen, in der das Kind liegt, für das es sonst keinen Raum gab. Ja, das muss das Abendmahl sein, als er es schon wusste, dass er verraten wurde, ja, das muss der Soldat sein, der mit dem Speer stieß, als er schon am Kreuze hing ... Er, Georg,

kannte längst nicht mehr alle Bilder. Viele hatte er nie gekannt, denn bei ihm daheim hat es das alles nicht mehr gegeben. Alles, was das Alleinsein aufhebt, kann einen trösten. Nicht nur was von andern gleichzeitig durchgelitten wird, kann einen trösten, sondern auch was von andern früher durchlitten wurde.«[36]

Ausgangspunkt ist der durch ein Glasfenster erzeugte Teppich aus *Licht und Farben*. Er ist immer dort aufgerollt, Nacht für Nacht über die Fliesen geworfen. Jetzt aber entdeckt dieser Flüchtling ihn so, als sei er persönlich für ihn dort hingelegt. Denn obschon er längst der religiösen Tradition entfremdet ist, beginnt er, die in diesen Lichtteppich eingeschriebenen, auf die Fliesen des Domes hingeworfenen Geschichten langsam zu entziffern. Und in diesem Prozess der Dechiffrierung wird er zum Fährtenleser seiner selbst. Jetzt begreift er, dass in den uralten biblischen Szenen sein eigenes biographisches Schicksal vorausentworfen ist. Ist er nicht verjagt wie das erste Menschenpaar seinerzeit aus dem Paradies? Ist er nicht wie das Kind in der Krippe, für das es ebenfalls »keinen Raum« gab? Ist er nicht wie der Nazarener beim Abendmahl, der ebenfalls »verraten« wurde und dem Soldaten den Todesstoß versetzen wollen? Ist er nicht auf dem besten Wege, gekreuzigt zu werden, wie der Mann aus Nazaret? Wartete da droben im KZ das Kreuz nicht schon auf ihn? Im Roman vom »Siebten Kreuz« erzählt Anna Seghers also eine neue Passionsgeschichte, freilich mit umgekehrter Bewegung: nicht zum Kreuz hin, sondern vom Kreuz weg. Es ist die »Passionsgeschichte vom ungekreuzigten Georg« (M. Reich-Ranicki).[37]

Die Verwendung biblischen Materials kann heute lebens- und werkgeschichtlich besser erklärt werden als früher. Ein *zweiter Einschub* ist deshalb am Platz. Man muss dabei nicht gleich die Bibel als das »wohl wichtigste Buch« in der Bibliothek von Anna Seghers herausstellen, was posthum empirisch wohl kaum zu sichern ist.[38] Tatsache aber ist: Eine umfangreiche Sammlung von Bibeln aller Größen und vieler Sprachen existiert in Anna Seghers' privater Bibliothek. Gearbeitet hat die Autorin wohl vornehmlich mit einer Lutherbibel, Ausgabe 1916, trägt doch diese Bibel Spuren »sehr häufigen Gebrauchs und enthält eine große Anzahl von Lesezeichen, u. a. bei den zehn Geboten im Buche Moses, beim Abendmahl und beim Verrat Judas' im Matthäus-Evangelium. Auch Stellen zur ›christlichen Freiheit‹, zum ›Preis der Liebe‹ und zur

›Auferstehung der Toten‹ in den Briefen an die Korinther sind markiert.«[39] Abendmahls- und Verratsszene im »Siebten Kreuz«, also sind kein beliebiges atmosphärisches Detail, sondern beruhen offensichtlich auf einer durchdachten, wohl vorbereiteten konzeptionellen Entscheidung. Welche Funktion haben solche Motive?

WIEDERHOLUNG DER GROSSEN PASSION

Der Verweis auf die biblische Passionsgeschichte dient der *Schattengebung der Figur des Flüchtlings*; die Gegenwart bekommt dadurch geschichtliche Tiefenschärfe. Muster sollen sich wiederholen nach der Devise: Kampfsituationen wie die heutige gab es in der Geschichte der Menschheit immer wieder: Verfolgungen, Verrat, Kreuzigungen, Widerstand. Wieder-Holungen machen solche Zusammenhänge klar, zumal wenn sie im Roman nicht verbunden werden mit einer Dimension des Fatalismus, sondern mit einer geschichtlichen Sehnsucht und einer politischen Hermeneutik des Fortschritts.[40]

Das gilt auch für andere Elemente aus der jüdisch-christlichen Tradition, die den Roman als strukturbestimmende Formen durchziehen. *Erika Haas* hat sie schon 1975 als eine der ersten untersucht. Die bevorzugten Stoffe stammen dabei aus dem Umkreis des *Paradies-Höllen-Mythos* und der *Messiastradition*. Im Roman stehen sich denn auch in der Tat zwei räumliche »Ordnungen« gegenüber: das Konzentrationslager Westhofen und der Marnet'sche Bauernhof. Sie bilden die Pole eines elliptisch sich darstellenden Kraftfeldes, in dem sich das Geschehen um die Flucht der Häftlinge abspielt. Diese beiden Pole sind nach mythischen Mustern strukturiert. Die Welt von Westhofen trägt ganz offensichlich höllische, die der Marnets paradiesische Züge. Das KZ liegt »unten«, der Bauernhof »oben«. Hier herrschen Nebel, Finsternis, widernatürliches, künstliches Licht; dort das natürliche Licht der Sonne, das Helle, Strahlende. Hier leben die KZ-Wächter als Werkzeuge des Bösen, als gescheiterte Existenzen mit künstlich neu geschaffener Identität; dort gibt es die natürlichen, aufrechten Menschen, dort ist der Schäfer Repräsentant einer noch naturverbundenen Lebensordnung. Hier das Zwielichtige einer »Zwischenlandestation«, eines »Interims zwischen Diesseits und Jenseits«, eines »verfluchten Ortes« mit einer

Atmosphäre von Vernichtung und Tod; dort die Ordnung des bäuerlichen Tages und Jahres, der dem Naturkreislauf angepasste Lebensrhythmus, das bukolisch ausgemalte Idyll eines naturnahen Lebens.

Wir können nun anknüpfen an den Grundgedanken, der schon die Rezeption der biblischen Bileam-Geschichte im »Aufstand« bestimmt hatte. Wir können nun mit noch stärkerem Nachdruck unsere Grundthese vertreten: Durch Verarbeitung jüdisch-christlicher Motive (die Siebenzahl, das Kreuzmotiv, die Christustypologisierung, das Paradies-Höllen-Mythologem, die Messias-Symbolik) im Werk von Anna Seghers hören diese auf, Privateigentum einer Glaubensgemeinschaft zu sein. Sie verlieren alles heilsgeschichtlich Exklusive und werden zu geschichtlich einlösbaren universalen Symbolen, zu Menschheitssymbolen. Erst durch Rückbezug auf solch biblisch vorgeprägte Lebensmuster kann ja Heisler in der Tat »zum Stellvertreter der leidenen Menschheit«[41] werden. Der Roman stellt sich damit in die seit dem 19. Jahrhundert in der deutschen Literatur zu beobachtenden Prozesse der Beerbung des Transzendent-Religiösen – ganz nach der Devise von Karl Marx: »Wir verwandeln nicht die weltlichen Fragen in theologische. Wir verwandeln die theologischen Fragen in weltliche.«[42] Der Verweis auf früheres Leid soll dabei Isolation aufheben, Solidaritätsgemeinschaft begründen, Kraft und Trost spenden für die Kämpfe von heute – getreu dem Schlüsselsatz aus der Domszene: »Nicht nur was von andern gleichzeitig durchgelitten wird, kann einen trösten, sondern auch was von andern früher durchlitten wurde.«

Mit dem Satz »Höchste Zeit für mich, dachte Georg, er kroch heraus« endet die Dom-Szene bewusst abrupt. Die Kirche ist für den kommunistischen Helden im Notfall ein günstiger Unterschlupf, temporär also ein Schutzraum, aber keine politische Lösungsperspektive. Die Perspektive dieser Autorin ist die Sache der Befreiung der Menschheit aus Unrechtsverhältnissen, und zwar konkret mit Hilfe der kommunistischen Partei, nicht der Synagoge oder Kirche. Aber aus dieser Selbstbindung heraus ist sie fähig zu Verbindungen, Bezügen, Analogien, Verweisen. Auch in ideologisch anderen Welten kehren ähnliche Strukturen wieder. Kurz: Aus der selbstgewählten Partikularität parteikommunistischer Bindung ist die Autorin fähig zu einer Universalisierung ihrer Sache, die parteistrategisch zweifellos vom Volksfront-Konzept her zu rechtfertigen war: Alle Antifaschisten und antifaschistischen Traditionen waren beim Kampf gegen das Menschheitsverbrechen Faschismus willkommen.

Schauplatz Karibik

Diese literarisch gestaltete Deabsolutierung und Universalisierung religiöser Symbole kommt noch einmal eindrucksvoll in den »Karibischen Geschichten« zum Ausdruck, vor allem in der 1947 entstandenen Erzählung »Die Hochzeit von Haiti«. Wieder schafft sich Anna Seghers Distanz zur Gegenwart: räumlich und zeitlich. Alle Texte dieser Sammlung spielen in der Karibik: auf Haiti, Guadeloupe oder Jamaika, Ende des 18. Jahrhunderts. Alle handeln von den Wirkungen der Französischen Revolution und der durch sie ausgelösten Befreiung der Sklaven in den Kolonien der damaligen europäischen Mächte. Die Autorin stellt sich in die Befreiungstradition, die in der Französischen Revolution ihren ersten Höhepunkt erlebt, und signalisiert zugleich, dass der Befreiungskampf auch in anderen Weltkulturen und Weltregionen auf seine Weise geführt werden muss.

EIN AUFSTAND AUF HAITI

Hier leistet Anna Seghers – aufgrund ihrer eigenen Exilerfahrung in Mexiko – für ihre Leser in Deutschland Bewusstseinsarbeit über globale Zusammenhänge. Eine Reise nach China 1951 und zwei Reisen nach Brasilien 1961 und 1963 erhärten später dieses Anliegen. Für Walter Kantorowicz's Zeischrift »Ost und West« plant sie noch im Jahr ihrer Rückkehr (1947) eine Reihe literarischer Portraits unter dem Titel »Große Unbekannte«. Zwei davon werden veröffentlicht: 1947, im zweiten Heft ein Portrait des venezolanischen Helden *Francisco Miranda*, der sein Leben der Freiheit des südamerikanischen Kontinents widmete, sowie im dritten Heft, 1948: »Ein Neger gegen Napoleon«. Ein drittes geplantes Portrait, bezeichnenderweise über einen katholischen Priester, den mexikanischen Dorfpfarrer Morelos, einer der großen Armeeführer im mexikanischen Unabhängigkeitskampf, bleibt unvollendet.

Von besonderer Bedeutung ist für uns das zweite Portrait über den Anführer des Schwarzenaufstandes von Haiti mit Namen *Toussaint l'Ou-*

verture, einen Mann, der sich durch seine charismatischen Führerqua-
litäten derart hervorzutun verstand, dass er zur Befreiungsfigur für die
Negersklaven auf Haiti wurde. Sowohl in ihrer Geschichte »Die Hochzeit auf Haiti« wie in ihrem Essay zeichnet Anna Seghers ein eindrucks-
volles Portrait. Toussaint wächst in der Tradition jenes Indianer-Missio-
nars *Las Casas* auf, der nicht an Ausbeutung der Indios dachte, sondern
an ihre Respektierung und Aufwertung. Jener Las Casas, der innerhalb
einer mit den Großgrundbesitzern verbündete Kirche dafür kämpfte,
dass auch die Indios als Christenmenschen behandelt wurden. Im Essay liest sich das so:

> »In der ersten Zeit der Conquista gab es spanische Edelleute, die ihren Ehrgeiz
> daran setzten, vor jedem Frühstück zwölf Eingeborene zu erledigen. Denn zwölf
> sei die Zahl der Apostel. Das war ein anderer Begriff vom Christentum als der,
> den Las Casas in seinem Herzen und in dem Volk formte, das er erziehen wollte.
> Legenden seiner Weisheit und seiner Güte sind heute noch nicht vergessen. Er
> wurde trotzdem auch ein Beleg für das Paulus-Wort, dass unser Wissen Stück-
> werk ist und unser Weissagen Stückwerk ist. Er liebte die Indios so stark, dass
> seine Einbildungskraft an ihr Schicksal gebunden war.«[43]

RELIGION UND BEFREIUNG

In diese Tradition stellt Anna Seghers auch Person und Werk von Toussaint l'Ouverture als Verkörperung der *progressiven Tendenzen des
Christentums*, als ein Vorläufer dessen, was wir heute Befreiungstheo-
logie nennen: Kampf gegen Rassismus, Kolonialismus und Militarismus mit christlichen Wurzeln. Kein Wunder, dass angesichts solcher
Traditionen Toussaint Züge einer *Christusfigur*, einer *Messiasgestalt*
trägt. Wir lesen bei Anna Seghers: Ihr Revolutionsheld hat bei einem
Priester namens Pater Jusieux lesen und schreiben gelernt, und dieser
Pater ist faktisch ein Las Casas redivivus. Dessen Erziehung im Geiste
jesuanischer Güte hatte dazu geführt, dass Toussaint keinen Hass gegen
die Weißen in seinem Herzen trägt und seine Befreiungsarbeit nicht als
Racheakt versteht:

»Man durfte sie nie gering schätzen, weil sie von den Weißen ausgedacht war. In einem besseren Leben musste man alle Menschen daran teilnehmen lassen. Man musste denselben Abglanz auf alle Leben fallen lassen.

Der Vater Jusieux hatte ihn auch gelehrt, wie Christus für alle Menschen litt. Wenn viele sein Vorbild vergaßen, dann waren sie schlechte Christen. Unter den Heiligen Drei Königen, die ihre Geschenke dem Christkind gebracht hatten, war einer schwarz wie Toussaint gewesen.«[44]

Die andere Hauptfigur in »Die Hochzeit von Haiti« ist bezeichnenderweise ein Pariser Jude namens *Michael Nathan,* der die *progressiven messianischen Traditionen des Judentums* repräsentiert. Seine Hochzeit auf Haiti mit einer ehemaligen schwarzen Sklavin ist sein eigentlich revolutionärer Schritt. Während das französische bourgeoise Establishment die Insel verlässt (die Hochzeit der Tochter eines Großgrundbesitzers kann nicht mehr auf Haiti stattfinden), verknüpft dieser Jude sein Schicksal mit dem Land. Seine geistige »Hochzeit« mit Toussaint zeigt überdies, wie sehr die Autorin konzeptionell an der Verschmelzung heterogener Traditionen für dieselbe politische Sache interessiert ist. Denn der Begründung der Menschen- und Bürgerrechte für alle Rassen aus christlichen Wurzeln bei Toussaint entspricht bei Nathan die Begründung derselben Rechte aus der Tradition der Französischen Revolution:

»Ich war (in Paris) ein Gast in der ›Gesellschaft der Freunde der Schwarzen‹. Du hast vielleicht in der Zeitung den Namen von Lafayette schon gelesen. Vielleicht auch den von Robespierre, der ein Anwalt ist. Er fordert die Bürgerrechte sogar für die Schwarzen. Er hat sie noch nicht für sich selbst. Und er will sie für alle, für Juden, für Indios, für Neger, für Mulatten.«[45]

In summa: In der Erzählung »Die Hochzeit auf Haiti« hat Anna Seghers wie in kaum einem Text die Verbindbarkeit der progressiven christlichen und jüdischen Traditionen mit dem politischen Kampf gegen Ausbeutung und Rassismus dokumentiert. Ja, die Autorin lässt die Symbiose ihrer beiden Helden so stark sein, dass sie noch im Tode erfahrbar bleibt. Toussaint endet qualvoll auf seiner Insel, nachdem seine Revolution – in Paris hatten die politischen Verhältnisse gewechselt – niedergeschlagen worden war; Nathan vereinsamt in London; beide sterben »ungefähr um dieselbe Zeit«. Aber noch im Tod lässt die Autorin diese beiden auf eine seltsame Weise verbunden sein. Wörtlich heißt es:

> »Bei diesen zwei Toten fallen einem die Bäume ein, die, längs der Heerstraße quer durch Europa gepflanzt, zusammen krank werden und verkommen. Ihr Tod, gleichzeitig an verschiedenen Enden der Welt, erscheint einem weniger rätselhaft, wenn man weiß, dass sie derselben Aussaat entstammen.«[46]

Von der Kraft der Schwachen erzählen

Der kritischen Rückfrage nach der Funktion von Religion entspricht bei Anna Seghers das stete Umkreisen der Frage: Woher nimmt der Einzelne die Kraft, durchzuhalten trotz aller Widerstände und Hindernisse? Dies ist die »spirituelle« oder ethische Ebene, auf der ich strukturelle Analogien erkennen kann zwischen einer christlichen Reflexion letzter Handlungsmotivationen und einer marxistischen Reflexion von Selbstbindungen und Treue zum eigenen Programm. Woher kommt die »Kraft der Schwachen«, um den Titel eines der Erzählbände (1965) von Anna Seghers aufzunehmen? Ich entnehme diesem Buch ein letztes Beispiel, das für einen Dialog der so verschiedenen und im Entscheidenden doch analogen Welten geeignet ist.

DIE GESCHICHTE VOM »WIEDERSEHEN«

Im Zentrum dieses Zyklus steht die Geschichte »Wiedersehen«. Die Icherzählerin führt ihren Moskauer Freund, Wolodja, zu einer alten Kirche, die er bisher nie bemerkte, da sie hinter Häusern in einem Hof gelegen ist. Einstmals sei die Kirche bewohnt gewesen; eine alte Frau habe einmal aus einem Fenster unter der Kuppel herausgeschaut. Heute sei sie längst renoviert und kein Mensch wohne mehr darin, wobei die Erzählerin bekennt, dass ihr die Kirche »mit dem alten Weib in der goldenen Kuppel« sehr viel besser gefallen habe. Etwas Geheimnisvolles scheint diese Verbindung Kuppel – Frau zu signalisieren:

> »Wer war sie? Gottes Verwandte? Die Heilige Martha? Zum Glück, vor den niedrigen Häusern, die die Kirche umgeben, mit Vorgärten, mit Apfelbäumen, mit

einzelnen Bänken, sitzen immer noch ein paar Umwohner, alte und lahme, oder einfach geschwätzige, wenn die Sonne auf diesem Stück Hof liegt.«[47]

Als Wolodja, neugierig geworden, die Kirche später endlich wieder findet, begegnet er einer anderen alten Frau und stellt überrascht fest, dass er ihr als Soldat im Zweiten Weltkrieg mehrfach begegnet war. Der Lebenswille dieser Frau, die Fähigkeit, ihre Kinder durch den Krieg zu bringen, ja unter schwierigsten Umständen durchzuhalten, gaben ihm damals die Energie, als Soldat zu überleben. Jetzt, beim Wiedersehen nach dem Krieg, ist er es, der die Frau zu trösten versucht – über den Tod von Sohn und Mann, die im Krieg geblieben waren:

> »Ich habe ihr dann auch noch gesagt, wie sie auf der Straße, in den Dörfern, unter dem Feuer, Tag und Nacht, immerfort, all die Jahre, zusammengehalten hätte, mal eins gepflegt, mal Kartoffeln gebuddelt, mal eins geschleppt, das würde ich ihr nie vergessen, dadurch seien wir jetzt auch wieder hier und für immer und ewig.«[48]

Und dieses Bild von der geschundenen Mutter, die überlebt hat und durchhielt, wird nun assoziativ verbunden mit der Kirche, die im Verborgenen lebt, sich ganz zurückgenommen hat, von Menschen bewohnt wurde und so auf ihre Weise ein Symbol für Licht und Kraft ist. Die Frage des Anfangs »Wer war sie? Gottes Verwandte? Die Heilige Martha?« wird im Text verbunden mit dem schönen Bild der vom Licht angestrahlten Kirche (»Die Kirche hatte ihren Kopf, wie eine Sonnenblume, dem Licht zugedreht. Man sah von der Kuppel nur noch einen schmalen, hellen, sichelförmigen Streifen«), und von dort wiederum wird die Brücke geschlagen zum Schluss des Textes, wo Wolodja vom Geheimnis dieser Mutter und dieser Kirche angerührt ist: »Sie haben recht. Ich war noch nie drüben in diesem Hof. Hab nicht geahnt, dass da eine Kirche steht, die ich nicht kenne.«[49]

DIE DIALEKTIK VON SCHWÄCHE UND STÄRKE

Hier ist ein dritter biographischer Einschub am Platz. Wir erfahren: »Die Bibel war und blieb ihr in vieler Hinsicht das Buch der Bücher, der Urtext, auf dem ein guter Teil dessen basierte, was ihr in Kunst und Literatur wichtig war. Sie enthielt die Geschichten der Juden, die Geschichten von Christen und der judäo-christlichen Werte, denen sie sich im Grunde stets verpflichtet fühlte, inklusive der fundamentalen christlichen Botschaft von der ›Kraft der Schwachen‹, die dem Judentum jedoch keineswegs fremd war.« Wie sollte sie auch dem Judentum fremd sein, ist es doch der Jude Paulus, der von seiner Christuserfahrung her die Dialektik von Stärke und Schwachheit in einzigartiger Weise zu reflektieren verstand. In einer seiner ergreifenden, Narrenrede benutzenden Passagen des 2. Korintherbriefes schreibt der Judenchrist Paulus: »Dreimal habe ich den Herrn angefleht, dass er von mir ablassen möchte. Aber er hat mir erklärt: ›Es genügt dir meine Gnade; denn die Kraft wird in der Schwachheit vollendet.‹ Sehr gern will ich mich also umso mehr meiner Schwachheit rühmen, auf dass die Kraft Christi sich auf mich niederlasse … Denn wenn ich schwach bin, dann bin ich stark.« (12,9f.)

Woher kommt die *innere Kraft im Menschen?* Was lässt einen durchhalten? Was ist es mit dieser letzten Unzerstörbarkeit? Das könnten *Themen eines theologischen Dialogs* mit dem Werk von Anna Seghers sein. Nachdenken über das unverzichtbare Element »Glauben« gerade auch im politischen Kampf, der allen Widerständen abgetrotzt werden muss; über die Abgründe überlebende Hoffnung, die gegen die real existierenden Machtverhältnisse durchgetragen werden muss; über die Praxis der Solidarität, die nicht nur den Nächsten, sondern auch den Fernsten gelten soll. Wer an die Veränderbarkeit von Machtverhältnissen, an die Verbesserbarkeit von Lebenschancen Millionen Marginalisierter glaubt, und dies auch noch weltweit, wird über den eigenen ethischen Kern reden müssen, der einen durchhalten lässt, gerade wenn »die Verhältnisse nicht so sind« (B. Brecht). Das leer gebliebene Kreuz ist für diesen marxistisch grundierten Glauben an eine Unzerstörbarkeit der Humanität ein unverwechselbares Symbol. Es steht nicht für eine Erlösung durch Gott, für eine aus dem Himmel geschenkte Gnade, sondern es steht für eine Kraft *im* Menschen, für ein Vertrauen darauf, dass der Mensch in extremis sogar »ins Maßlose wachsen kann, ins Unberechenbare«.

Auch Christen glauben nicht »an das Kreuz«, sondern an die Auferweckung des Gekreuzigten – als Gottes (und der Menschen) Gericht über die Machthaber der Geschichte, die Kreuze produzieren; und als Gottes Sieg gegen die letzte und grausamste Macht dieser Welt: den Tod. Im Zentrum auch des christlichen Glaubens steht ein leeres Kreuz, ein Kreuz, das *leer wurde*. Gewiss: Die Differenz von leer gebliebenem und leer gewordenem Kreuz ist nicht überspielbar und trennt in letzter Konsequenz marxistische (gottesnegierende) und christliche (gottesbejahende) Deutung der Geschichte. Aber ein Zentralgedanke dürfte für beide zutreffen: Für Christen wie Marxisten ist die totale Macht der irdischen Machthaber nicht ewig; die jetzt Schwachen sind keineswegs die ewigen Verlierer, auch wenn es geschichtlich so aussieht. Widerstand gegen Unrechtsverhältnisse (auch dem Augenschein zum Trotz) ist sinnvoll; Hoffnung auf eine neue Gesellschaft auch dann begründet, wenn die aktuellen Verhältnisse dem Hohn sprechen; konkrete politische Praxis zur Einlösung von Widerstand und Hoffnung dringend geboten, auch wenn die Gegenkräfte temporär die Oberhand zu behalten scheinen.

DAS CREDO DER SEGHERS

Das entscheidende Credo der Autorin ist hier zu suchen. In Sätzen zum Beispiel, mit denen sie ihr »Siebtes Kreuz« – in bewusst kalkulierter Rondo-Komposition – eröffnete und abschloss. Der Roman beginnt bekanntlich mit dem Hinweis auf die »eigene Kraft« der Häftlinge, die gewachsen sei aus dem Wissen, dass das siebte Kreuz im KZ leer blieb und als Zeichen der Niederlage der SS-Schergen hatte vernichtet werden müssen:

> »Ein kleiner Triumph gewiss, gemessen an unserer Ohnmacht, an unseren Sträflingskleidern. Und doch ein Triumph, der einem die eigene Kraft plötzlich fühlen ließ nach wer weiß wie langer Zeit, jene Kraft, die lange genug taxiert worden war, sogar von uns selbst, als sei sie bloß eine der vielen gewöhnlichen Kräfte der Erde, die man nach Maßen und Zahlen abtaxiert, wo sie doch die einzige Kraft ist, die plötzlich ins Maßlose wachsen kann, ins Unberechenbare.«[50]

Am Schluss des Romans steht bewusst ein Bekenntnis zum Unangreifbaren und Unverletzbaren im Menschen. Im Wissen um die gelungene Flucht lässt die Autorin ihren Erzähler sagen:

»Wir fühlten alle, wie tief und furchtbar die äußeren Mächte in den Menschen hineingreifen können, bis in sein Innerstes, aber wir fühlten auch, dass es im Innersten etwas gab, was unangreifbar war und unverletzbar.«[51]

Deshalb liest man auch einen der wichtigsten Essays von Anna Seghers unter dem Titel »Glauben an Irdisches« aus dem Jahr 1948 nicht ohne eine doppelte Erinnerung. *Zum einen* nicht ohne Erinnerung an *Pablo Neruda*, den großen chilenischen Lyriker (1971 wird er den Nobelpreis für Literatur bekommen), dem Anna Seghers sowohl im Spanischen Bürgerkrieg (chilenischer Konsul in Madrid) als auch später im mexikanischen Exil (chilenischer Konsul in Mexiko) begegnen bzw. wiederbegegnen sollte. In drei kleinen Portraits drückt sie ihre Liebe zu diesem Werk und ihre tiefe Sympathie für die Persönlichkeit Nerudas aus. Immer wieder zitiert sie vier Verse aus seinem Gedicht auf die Internationalen Brigaden während des Krieges in Spanien:

»Mögen die Ähren Kastiliens, mögen die Sterne
Eure Namen bewahren,
Weil ihr erhalten habt in den flüchtigen Seelen
Den Glauben an das Irdische.«

Der Chilene Neruda also ist es, der für die deutsche Dichterin durch seine Menschlichkeit, durch seinen Mut, seine Lebensart und seine Dichtkunst »den Glauben an das Irdische« zu retten half: den Glauben »an die Zukunft, an die menschliche Kraft, an das Leben«.[52]
Und man liest den genannten Essay nicht, ohne an die Dom-Szene im »Siebten Kreuz« zu denken. Denn auch hier beschwört Anna Seghers noch einmal die Erfahrung von Glasfenstern, diesmal sind es die vom Krieg bedrohten Fenster von Sainte Chapelle in Paris. Sie weiß: Es gibt keine berühmteren Glasfenster auf der ganzen Welt, und ihr Verlust ist der Verlust von einem Stück Verzauberung der Welt durch Licht:

»Das war ein widerwärtiger Tag, als wir im Kriege noch einmal die fensterlos blinde Sainte Chapelle betraten. Vor der Evakuation von Paris. Ein schonungsloses, gemeines Licht fiel unverfroren durch das Gerippe aus Stein. Was einen früher umgeben hatte, war plötzlich vergangen. Der Zauber aus blauem und rotem Glas, das Märchen der westeuropäischen Christenheit.«[53]

Doch dann wird auch hier das Gegenbild beschrieben. Die Besucher von Sainte Chapelle bekämen zwar jetzt nach dem Krieg noch nicht den vollen Zauber zu spüren, doch schon dessen ersten Schimmer. Die roten und blauen Gläser, mit Spuren von Gelb und Grün, würden schon jetzt einen schwachen Widerschein in das Tageslicht werfen, das ungehemmt durch die blakigen trüben Fenster in das Obergeschoss der Kapelle fiele. Langsam, aber sicher schreite die Arbeit fort. Wie zauberhaft doch, einmal beendet, das Glasfenstermärchen wirke, fern von der Schwere und Schärfe von Menschengedanken, erst recht von dem Staub und Lärm menschlicher Arbeit. Der Essay »Glauben an Irdisches« schließt mit den Worten:

> »Wenn die Fenster der Sainte Chapelle ohne Störungen durch unsere Wachsamkeit beendet sind, wird das Märchen aus rotem und blauem Glas wieder aufglühen. Die Menschen werden wieder an diesen Wänden wie Kinder ihre Leiden und Sorgen auf Minuten vergessen in einer Geborgenheit, die keiner anderen gleicht, denn sie ist das Werk von Künstlern. Ein Wunder wird das 2. Jahrtausend beschließen: Glasfenster, vor denen die Kugeln weichen.«[54]

Der Dialog mit diesem Werk aus theologischer Perspektive ist eröffnet. Die Stichproben zeigen, wie fruchtbar er sein könnte.

> | ## »FORTSETZUNG DES HOLOCAUST MIT ANDEREN MITTELN«?
Elisabeth Langgässer und das Problem der Judentaufe

Spiegelungen des Jüdischen im Werk

Ich beginne mit einer persönlichen Leseerfahrung. Während der Arbeit an meiner Dissertation, als mein erstes Buch bekannt unter dem Titel »Jesus in der deutschsprachigen Gegenwartsliteratur« (1978), fiel mir die kleine, 1948 veröffentlichte Erzählung »Saisonbeginn« von Elisabeth Langgässer in die Hände.[55] Ich erwähnte diesen kunstvollen, ganz auf eine dramatische Schlusspointe hin geschriebenen Text wenigstens kurz in meinem Abschnitt »Passion und Kreuz«: »Zwei Männer bringen in einem Kurort an einem Wegkreuz ein Schild an. Der Balken wird umgelegt und die Arbeit mit Hammer, Zange und Nägeln beginnt. Dann richten sie das Kreuz wieder auf. Menschen, die vorbeigehen, lachen bloß, schütteln den Kopf. Die meisten bleiben ungerührt. Als die Männer den Kreuzigungsort verließen, blickten alle drei noch einmal befriedigt zu dem Schild mit der Inschrift auf. Sie lautete: ›In diesem Kurort sind Juden unerwünscht.‹ So endet die Geschichte.«[56]

EINE FALSCH GEDEUTETE GESCHICHTE: »SAISONBEGINN«

»Saisonbeginn« ist ein Text, der erschrecken soll und erschrecken macht. Getreu dem Schreibprogramm, das Elisabeth Langgässer einst ihrer Kollegin Marie Luise Kaschnitz anvertraute: »Etwas muss darin sein in jeder Kurzgeschichte, ein Paukenschlag, wenn Sie wollen, aber einer, nach dem nichts mehr sein kann, wie es vorher war.«[57] Und wie selbstverständlich war dies für mich auch eine projüdische Geschichte in christlichem Sinn. Denn ich kombinierte: Elisabeth Langgässer ist eine Schriftstellerin, die durch ihren jüdischen (wenn auch getauften) Vater, durch den (wenn auch nicht geheirateten) jüdischen Vater ihrer Tochter Cordelia sowie durch am eigenen Leib verspürten Antisemitismus (Schreibverbot ab 1936) mit Judentum und jüdischem Schicksal in Deutschland engstens verbunden ist. Kein Zufall, folgerte ich, dass diese Autorin eine der pointiertesten Kurzgeschichten über den deutschen Antisemitismus schrieb, die nicht nur als politische, sondern auch und vor allem als religiös-christliche Solidaritätsgeschichte verstanden werden kann. Denn indem die Autorin in »Saisonbeginn« das Kreuz Christi mit der Diskriminierung von Juden zusammenbringt, hat sie auch theologisch eine eindrucksvolle Identifikation hergestellt: In der Passion von Juden wiederholt sich die Passion Christi, in der Verfolgung von Juden wird Christus noch einmal verfolgt, Antijudaismus durch Christen in Deutschland ist der »Ort«, an dem Christus wieder gekreuzigt wird. Kurz: Elisabeth Langgässer ist eine Autorin, die schon früh nach dem Holocaust – sensibilisiert durch die eigene Geschichte – nicht nur den rassischen Antisemitismus, sondern auch den dem Christentum inhärenten Antijudaismus durchschaut und entsprechend angeprangert hat.

So dachte ich – 1978, uninformiert, wie ich war. Acht Jahre später erscheint in deutscher Sprache der autobiographische gefärbte »Roman« von *Cordelia Edvardson* »Gebranntes Kind sucht das Feuer« – und öffnet nicht nur mir die Augen. Jetzt erschrak ich ein zweites Mal – nicht nur über die Pointe der Langgässerschen Erzählung, sondern über die ergreifende Pointe dieses Buches der Langgässer-Tochter (aus der Verbindung mit dem jüdischen Staatsrechtler Hermann Heller, der 1933 im spanischen Exil sterben sollte). Das Buch enthält unter anderem etwas zum Hintergrund der genannten Novelle. Rund zehn Jahre wird Cordelia gewesen sein, als ihre Eltern sie während der Sommerferien zu einem Ärztehepaar ins Allgäu schicken. Blonde, blauäugige Kinder würden auf das Mädchen sicherlich einen heilsamen Einfluss ausüben, denken sie. Als es mit dem blonden, blauäugigen Sohn der Familie bei »verbotenen Spielen« ertappt wird, bekommt es durch den blonden, blauäugigen Vater eine ihm bisher verheimlichte Wahrheit ins Gesicht geschleudert: »Judengöre«, mit dem zynischen Zusatz

»dreckige Judengöre«; so gehe es, wenn man sich eine solche ins Haus hole. Die Reaktion des Kindes:

> »Das Mädchen begreift nicht. Aber oh, wie sie sie haßt, haßt, haßt. Alle, alle – und am meisten vielleicht sich selbst. Aber die Mutter kann und will sie nicht hassen. Die Mutter schickte, sandte sie aus nach Oberstdorf im Allgäu, einem Dorf, das an der Einfahrt mit dem Schild prunkte ›Juden unerwünscht‹. Das Schild war gegenüber dem Kreuz aufgestellt worden, das schon immer dort gestanden hatte. Die Mutter plazierte sie bei dem Ehepaar M., die glühende Nazis und verdiente Parteigenossen sind. Doch nein, die Mutter wagt sie nicht zu hassen, denn die Mutter ihrer Tochter sein, ihre Zeugin und Abgesandte, das heißt auserwählt und auserkoren sein. Sehr viel später erfährt das Mädchen, dass die Mutter eine Novelle über das Judenschild und das Kreuz geschrieben hat, eine sehr gute Novelle. Sie erfährt auch, dass die Mutter nicht in Unkenntnis darüber gewesen ist, dass M.s gläubige Nazis waren und wußten, dass der Vater des Mädchens Jude war. Doch diese Kenntnis wurde nie Teil ihrer Wirklichkeit.«[58]

Dieser eine Satz ließ mich nicht los: Die Schriftstellerin hat gewusst, was mit Juden geschah; sie kannte alles, was in Deutschland Juden angetan wurde, ja sie war selber Opfer antijüdischer und antisemitischer Diskriminierung. Und doch soll das Ganze »nie Teil ihrer Wirklichkeit« gewesen sein? Wenn dieser Satz stimmte, dann musste ich nicht nur die Novelle »Saisonbeginn« völlig neu lesen, dann musste auch das Thema »Langgässer und das Judentum« einer Revision unterzogen werden. Was ich fand, ließ mich zum dritten Mal erschrecken: diesmal über die Abgründigkeit des Falles Langgässer, der Katholikin mit jüdischen Wurzeln. Diese Abgründigkeit will ich sachlich analysieren. Nicht um Schuldzuweisung und Aburteilung kann es gehen, aber auch nicht um Tabuisierung[59], sondern um nüchterne Analyse der prägenden Sprach- und Denkstrukturen. Ich spreche aus der Sicht eines Theologen, dem der »Fall Langgässer« exemplarisch für traditionelle Denkmuster ist und der daraus die nötigen theologischen Konsequenzen für den Dialog von Judentum und Christentum heute beschreiben will.

ZWIESPÄLTIGES JUDENTUM IM »UNAUSLÖSCHLICHEN SIEGEL«

Eine Untersuchung ergibt, dass im Romanwerk von Elisabeth Langgässer Juden nur als getaufte Juden vorkommen.[60] Wie dies zu verstehen ist, will ich zunächst anhand verschiedener exemplarischer Szenen aus dem Roman »Das unauslöschliche Siegel« (1946) erläutern.

Das Buch wird eröffnet mit einer Schlüsselszene aus dem Jahre 1914: der Erinnerung des Helden Lazarus Belfontaine an den sieben Jahre zurückliegenden Tag seiner Taufe und ein just an diesem Tag erfolgtes Gespräch mit einem blinden Mann. Zwar erfahren wir durchaus Präzises über die *jüdische Herkunft Belfontaines*. So erinnert er sich genau an seine Urgroßmutter Johanna Levi (»damals bestand noch das Ghetto«), die Großmutter Esther, die eigene Mutter. Zwar wird Belfontaines Entschluss zur Taufe durchaus nicht nur von »Geld« und »Mädchen« her begründet, entspringt also – trotz Äußerungen in diese Richtung – keineswegs nur einem prestige- und geldgierigen Assimilationsopportunismus, sondern einer – wie es in der Szene heißt – Suche nach dem »blinden Glauben«. Zwar sieht der blinde Mann sich durchaus in einer Glaubensgemeinschaft mit dem ehemaligen Juden Belfontaine – und zwar als »Vetter von Abraham her«. Aber zugleich wird durch den Blinden kein Zweifel daran gelassen, dass Belfontaine diese jüdische »Blutkette« loswerden und noch »hinter Noë, Henoch und Seth« gelangen solle. Belfontaine ist betroffen:

> »Noë, Henoch und Seth ... sagte er vor sich hin. Ein Schauder berührte plötzlich sein Hirn, als flösse das Leben mit furchtbarem Brausen von seinen Windungen ab wie Wasser von bleichen Grottengebirgen und sammelte sich bewusstlos in Becken und Eingeweide. Tief unten lag der dampfende Blutsee des auserwählten Volkes und tränkte den Wurzelballen der Herkunft mit Segen, Verheißung und Fluch. Bei jedem neuen Einschuß des Blutes erbebte der ganze Baum und erinnerte sich an Jahwes Hand, die auf des Erzvaters Hüfte lag und auf der Schulter Mosis, als Gott vorüberreite.«[61]

Was durch eine solch atavistische Blut-Mythen (»dampfender Blutsee des auserwählten Volkes«) angedeutet und durch den ganzen Roman hindurch erhärtet wird, ist dies: Jüdische Glaubensexistenz ist eine im geschichtlichen Ursprung zwar gottgewollte (»Abraham« ist der »Vater des Glaubens«), dann aber eine erstarrte, verstockte, partikularistisch-völkisch sich isolierende Größe. Das Stichwort heißt »Blutkette«. Diese muss zugunsten eines Glaubens überwunden werden, den die Autorin im Roman den »blinden Glauben« nennt: ein anderes Wort für Gnade, Neugeburt, Geistleben. Diese aber sind für die Langgässer nur durch den christlichen Glauben möglich, und die Taufe ist dafür das »unauslöschliche Siegel«. Jüdische Existenz nach Christus sei wie alle nichtchristliche Glaubensexistenz falsch, defizitär. Sie müsse überwunden werden; sie sei geistig-geistlich im Christusglauben definitiv überholt. So erklärt sich auch eine andere für unser Thema revelatorische Stelle im »Unauslöschlichen Siegel«. Im rheinhessischen Städtchen Belfontaines hat sich ausgerechnet im ehemaligen jüdischen Ghetto, wo freilich immer noch einige Juden eine elende Existenz fristen, ein »kümmerliches Bordell« eingenistet. Als Belfontaine durch das Viertel streift, begegnet er dem Pfarrer des Ortes, Matthias, der sich – das »Allerheiligste« in der Brusttasche – auf einem Versehgang zu einer Hure befindet. Und aus dieser Begegnung entwickelt sich das folgende Gespräch:

»Wenn ich nicht irre, war hier das Ghetto?, fragte der Geistliche höflich. Es war nicht nur. Es ist es auch noch, erwiderte Belfontaine. Von der Altschul ist freilich nichts übrig geblieben als eine Gasse, die ›Altschulreuel‹, und ein Gemäuer, das ›Rabbihof‹ heißt – soviel ich weiß, hat ein Judenpogrom vor etlichen hundert Jahren den Rabbi samt seiner Altschul von der Erde hinweggenommen. Aber trotzdem leben noch immer einige Althändler hier, ein Pferdemetzger, ein Pfandleiher, ja … und was dieser Gewerbe mehr sind. Die neue Synagoge natürlich hat damit nicht das geringste zu tun, und wenn wir vor ihren drei Kuppeln stünden, so wäre es mir ein leichtes, mich von dort aus zurechtzufinden. Allerdings müßte zuvor einer kommen, der wieder Feuer in ihr Gestühl wirft, damit wir die Richtung haben …«[62]

Obwohl die Autorin diese Szene im Jahr 1914 spielten lässt, dürfte hier eine Anspielung auf die Reichspogromnacht 1938 vorliegen, was bei dem souveränen Umgang mit den Zeiten im Roman nicht verwunderlich ist. Zeitsprünge in Vergangenheit und Zukunft gehören zum poetologischen Programm. Was aber kann inhaltlich gemeint sein, wenn Belfontaine sagen kann, es müsse »zuvor einer kommen«, der wieder Feuer in das Gestühl der Synagoge werfe, damit »wir« Richtung hätten? Wohlgemerkt: Hier ist von einer »neuen Synagoge« die Rede, vom Reformjudentum also. Die Deutung drängt sich auf, dass die Autorin der Judenverfolgung einen geheimen Sinn unterstellt: den »der Läuterung und des Opfergangs«, wie die Langgässer-Enkelin und Briefeditorin Elisabeth Hoffmann zu Recht kritisch bemerkt.[63] Weitere Textsignale unterstützen diese Deutung. Gegen Ende des Romans hören wir aus dem Munde des drogensüchtigen Apothekers Louarment gegenüber Belfontaine diese Behauptung:

»Großer Gott – Sie tragen in Ihrem Eingeweide eine Synagoge herum. Selbstverständlich keine aus Holz und Lehm wie die armen kleinen Dinger in Gorki oder in Sablúdowo, schief von der Schneelast im Winter und geborsten von Sommerhitze, mit Rissen und Sprüngen und voll Gesumse, voll Schnattern, Drehen und Wiegen und dem ewig rinnenden Lobgesang über verfilzten Bärten – o nein! Eine Reform-Synagoge. Einen Koloß aus Beton, sehr modern, sehr schlicht, sehr künstlerisch empfunden. Kein Sabbath, am liebsten auch kein Hebräisch, kein Zeremonialgesetz. Sie fragen: was bleibt Herr Louarment? Sehr viel. Die Hauptsache nämlich: der Kultus der Vernunft.«[64]

Es ist aber eben dieser »Kultus der Vernunft«, in dem Elisabeth Langgässer die Wurzel allen Übels sieht, nicht zuletzt des Faschismus. Frederik Hetmann spricht in der Neuausgabe seiner Langgässer-Biographie nicht zu Unrecht von einer »geschichtsphilosophischen Kausalkette« im Denken der Autorin, »die Juden via Aufklärung, Protestantismus und Preußentum in einen schuldhaften Zusammenhang mit dem Faschismus bringt, sie als Mitschuldige jener Katastrophe ansieht, deren Opfer sie wurden.«[65]

So wird auch eine dritte Textpassage für unseren thematischen Zusammenhang transparent. Wiederum handelt es sich um einen Ausschnitt aus einem Gespräch von Pfarrer Matthias mit Belfontaine. Ob er an die »Gottheit Christi« glaube, fragt der Pfarrer unvermittelt. Belfontaine wehrt leidenschaftlich ab: »Kein vernünftiger Mensch« könne an so etwas glauben. Gott in Menschengestalt? Das sei Gotteslästerung, scheußlicher Kinderglaube, erbärmliche Vorstellung. Ja, das »Dogma der Auferstehung« sei die »abgeschmackteste Ausgeburt einer enttäuschten Hoffnung«, die nicht nur jede Vernunft beleidige, sondern jegliches religiöse Gefühl, das Gott im Geist verehre. Solche Äußerungen sind zweifellos der Tradition antiker und moderner Dogmenkritik verpflichtet. Die Autorin aber gibt dem Gespräch plötzlich eine judentumsverachtende Wendung, lässt sie doch Belfontaine seine Zweifel am christlichen Dogma mit der Tatsache begründen, dass er trotz der Taufe ein Israelit *geblieben* sei. Ja mehr noch: aufgrund dieses Bekenntnisses erscheint Belfontaine dem Pfarrer auf einmal als leibhaftiger Teufel. Es handelt sich im Text um eine bewusst konstruierte Trias Zweifler – Jude – Teufel:

»Seine Mundwinkel bogen sich abwärts, dann sagte Belfontaine kalt: Ich bin ein Israelit geblieben. C'était plus fort que moi. Er ließ die Schulter des Geistlichen los und fuhr in zynischem Tonfall fort: Doch schließlich – darüber ließe sich reden. Nehmen Sie mir den Glauben ab, anstatt mich, wie ein zu ersäufendes Tier, in ihn hinunter zu stoßen.

Nehmen Sie mir den Glauben ab –, dröhnte es in den Ohren des Priesters, der nun sein Gesicht in den Händen verbarg, um dem Antlitz Luzifers auszuweichen; der seine Ohren angsterfüllt zuhielt, um seine Stimme nicht hören zu müssen, seinen tödlichen Hohn, sein entsetzliches Lachen, mit welchem er jede Bemühung wie ein Echo begleitete. Aber selbst in dem schützenden Dunkel seiner gesalbten Hände begegnete er ihm. Er sah ihn. Tausendfältig vervielfacht in einer blökenden Menge, sah er den Hirt dieser schrecklichen Herde, welche ihr Haupt zu dem Heiligen aufhob und ihm die Füße leckte. Ihr starrer Nacken, die finsteren Augen, das geile Maul und das Horn der Hybris, das ihre Stirnen bekrönte ... dieses Antlitz der Hölle, bereits gerichtet, bevor es verurteilt war: Tu ein Zeichen! rief es in allen Sprachen. Verwandle diese Steine in Brot! Verbiete, dem Cäsar Steuern zu geben! Errichte das Reich dieser Welt.

Sie wollen nicht? fragte Belfontaine düster. Sie – Sünderheiland lehnen die Bitte nach einfacher Menschlichkeit ab?

Was heißt das – einfache Menschlichkeit? fragte der Priester zitternd; im gleichen Augenblick war sein Gesicht von Tränen überströmt. Jerusalem! Oh, Jerusalem! sagte er liebevoll. Als ob es ohne den Menschensohn etwas wie Menschlichkeit gäbe!

Gut – zeigen Sie mir diesen Menschensohn, damit ich an in glaube! rief Belfontaine hochmütig aus. Doch nicht auf den Wolken des Himmels oder in sonst einer Pose abscheulicher Vielgötterei. *Den natürlichen Menschen –!*

Er prallte zurück. Das Antlitz des Priesters, vor schweißiger Blässe wie das eines Toten leuchtend, schien gleichsam in Stücke zu zerspringen. Hier! Hier! Er nestelte seinen Rock auf und riß ein Sterbekreuz in die Höhe, dessen Korpus aus abgescheuertem Silber von dem spöttischen Mondlicht betastet und neugierig bloßgelegt wurde. Da ist er – der natürliche Mensch. Ein Wurm und kein Mensch – dieser Mann der Schmerzen, betrachten Sie ihn genau. Keine Schönheit ist an ihm und keine Gestalt, außer der Sünde, mein Kind. Fort! keuchte Belfontaine wie besessen. Fort, fort mit Ihrem gekreuzigten Gott, der Vernunft und Sinne verhöhnt. Aus den Augen mit diesem Zerrbild des Menschen, das jeder Grieche beschämen könnte. Ich sage Ihnen: fort!«[66]

In diesem Text ist fast alles versammelt, was zur Un-Tradition des christlichen Antijudaismus gehört:
– die *Dämonisierung des Jüdischen*: Ein Jude, der das christliche Dogma leugnet, ist vom Teufel besessen. Das Kreuz kann ihm deshalb wie ein Exorzismusinstrument entgegengehalten werden.
– die *Verstockung des Jüdischen*. Sie ist verantwortlich für die Ablehnung des christlichen Messiasglaubens.
– die *Degradierung der Menschlichkeit* im Jüdischen. Nur durch den menschgewordenen Gott gibt es »etwas wie Menschlichkeit«. Deshalb kann alles menschlich Negative auf das scheinbar unausrottbare »Israelit«-Sein zurückgeführt werden: die Schwäche, der Zynismus, das Dämonische, der Hochmut, die Besessenheit.
– die *Vernunftvergötzung* im Jüdischen. Sie ist verantwortlich für die verderbliche Diesseitsorientierung des Menschen.
Beruhen alle diese Wertungen auf einer verengten Perspektive des Jahres 1946, als »Das unauslöschliche Siegel« erschien? Oder muss man zum einordnenden Verständnis solcher Passagen die Romanperspektive in Rechnung stellen, spielt doch die Handlung dieses Buches zwischen den beiden Weltkriegen, wo von einem Holocaust noch nicht die Rede sein konnte? Eine solche Deutung hieße die Sache verharmlosen. Denn gleich der nächste und letzte Roman der Autorin – 1950 unter dem Titel »Märkische Argonautenfahrt« erschienen – erhärtet den Eindruck, dass die Judenkritik im »Unauslöschlichen Siegel« so grundsätzlich gemeint war, wie sie hier erscheint. Denn jetzt – im letzten Roman – kehrt sie noch einmal massiv wieder.

ANTIJUDAISMUS IN DER »MÄRKISCHEN ARGONAUTENFAHRT«

Sieben Menschen machen sich in der »Märkischen Argonautenfahrt« (1950) auf den Weg aus dem zerstörten Berlin, um in ein märkisches Kloster namens Anastasiendorf zu gelangen, darunter das ältere Ehepaar Arthur und Flora Levi-Jeschower. Auch sie sind getaufte Juden. Sie haben die Verfolgung der Juden durch die Nazis am eigenen Leibe verspürt; ihre drei Kinder leben im Exil: in Philadelphia, Vancouver, Melbourne. Sie sind dem Holocaust knapp entkommen, konnten sie doch im Kloster zu Anastasiendorf Zuflucht und Versteck finden.

Und doch hat die Autorin offensichtlich keine Hemmungen, ausgerechnet den Geretteten jüdischer Provenienz eine antijüdische Geschichtskonstruktion in den Mund zu legen, ja, aus dem historischen Schicksal von Juden – wie Flora Levi-Jeschower ihrem Mann sagt – ein »metaphysisches« zu machen. Denn genau dies tut der hochgebildete und juristisch geschulte Arthur Levi-Jeschower, wenn die Autorin ihn folgendes sagen lässt:

»Von dem jüdischen Volk geht das Kollektiv aus, das Massendenken, die Massenbewegung, die Masse an und für sich. Dieses gleiche Volk war ein Individuum unter allen Völkern der Erde. Es war der auserwählte, von Gott bezeichnete Gegenstand der Heilsgeschichte, Flora; seine Braut, sein Schoß, sein versiegelter Brunnen, sein Weinberg, seine Zisterne und seine Bundeslade. Dieses Einzige hatte den Einen hervorbringen sollen; seinen Messias, und sollte ihn anerkennen als Gott und Menschensohn. Hier ist der Schnittpunkt seiner Geschichte: sein Koordinatensystem. Die Katastrophe – nenne sie ›Kreuz‹; nenne sie ›Golgatha‹. Vorher und nachher: wo gab es Individuen, sag, wie die großen und kleinen Propheten – Isaias und Daniel, Baruch, Elias und den fanatischen Jonas unter dem Feigenbaum? Bileam mit dem störrischen Esel, und zuletzt auf der Schüssel der hübschen Salome den abgeschlagenen Kopf des Täufers, der noch immer donnert und blitzt? Was ist ein Alexander dagegen, die Statue des glatten Eidechsentöters oder die weiche Venus von Milo, ja selbst ein Sokrates? Doch nachher? Nach diesem Schnittpunkt, Flora? Dieser katastrophalen Entscheidung, dem katastrophalen Fehlurteil des jüdischen Intellekts? Von da ab hat die Vermassung begonnen, das Ghetto, der dunkle Zusammenstrom in Rußland und Galizien; in den Slums von London, den Schlachthausvierteln von Chicago, Boston, New York. Von da ab fangen die Wanderungen der großen Heuschreckenschwärme an, die nicht einmal alle jüdische waren, sondern begründet sind in der Bewegung und Unruhe dieser Zeit.«[67]

Gewiss wird man durch die Figurenkonstellation relativierende Momente berücksichtigen müssen. Flora argumentiert nicht wie ihr Mann. Seine Form des jüdischen Selbsthasses ist ihr fremd. Von der Oberin des Klosters, Demetria, weiß sie, dass diese den Juden Arthur auch als Ungetauften akzeptiert hätte. Soviel also wird man gerade über die »Märkische Argonautenfahrt« mit Blick auf unser Thema sagen müssen: Mit dem Problem Israel war die Autorin nicht fertig. Figurenwahl und Figurenkonstellation lassen auf ein immer neues Fragen und Suchen schließen. Das Werk hat gerade hier ausgesprochenen Torso-Charakter.

Aber das alles kann nicht vergessen machen, dass der zitierte Text, dem getauften Juden Arthur Levi-Jeschower in den Mund gelegt, auf einer fatalen Geschichtskonstruktion beruht. Von einer christozentrisch bestimmten Geschichtshermeneutik her werden drei Phasen unterschieden. In der ersten Phase war das jüdische Volk als das »auserwählte« ein klar profiliertes »Individuum«, von Gott dazu bestimmt, den Messias hervorzubringen. Als dieser Messias – zweite Phase – erscheint, kann das jüdische Volk ihn nicht als »Gott und Menschensohn« anerkennen. Diese Zurückweisung wird zum »Schnittpunkt« der jüdischen Geschichte im negativen Sinn: zur Katastrophe, zur »katastrophalen Entscheidung«, zum »katastrophalen Fehlurteil des jüdischen Intellekts«! Von da ab beginnt eine dritte Phase für das jüdische Volk, die mit den Stichworten gekennzeichnet wird: »Kollektiv«, »Massendenken«, »dunkler Zusammenstrom«, »Wanderungen der großen Heuschreckenschwärme«.

Die christozentrisch bestimmte Geschichtshermeneutik stempelt die jüdische Geschichte post christum natum zu einer einzigen Verfalls- und Schuldgeschichte. Und eine solche antijüdische Schuldzuweisung hat tiefe Wurzeln in der christlichen Bewusstseinsgeschichte. Bei Elisabeth Langgässer ist sie Teil einer Geschichtsschau, bei der das Christusereignis eine geschichtliche und kosmische Zäsur bildet, nachzulesen auch in programmatischen Essays aus der Nachkriegszeit wie »Die Zukunft des christlichen Romans«, »Möglichkeiten christlicher Dichtung – heute« oder »Rechenschaftsbericht an meine Leser«.[68]

Spiegelungen des Jüdischen im Leben

Diese in fiktiven Texten sichtbar werdende Grundeinstellung gegenüber dem Jüdischen findet sich auch im *persönlichen Verhalten der Autorin*. Seit durch die verdienstvolle Arbeit von Elisabeth Hoffmann eine zuverlässige Ausgabe der wichtigsten Briefe der Autorin vorliegt, seit 1990 also, ist die Kritik in der Lage, gerade auch zu diesem Thema Präzises aus dem privaten Leben der Elisabeth Langgässer freizulegen. Jetzt lässt sich nichts mehr wegretuschieren, verharmlosen oder überspielen.[69] Insbesondere die Briefe an die Tochter Cordelia sind von einer unabweisbaren Doppelbödigkeit.

DER FALL CORDELIA

Die für unser Thema wichtigste biographische Szene im Drama um eine religiöse Deutung des Judentums ist die Einstellung von Elisabeth Langgässer zur Taufe von Cordelias 1948 geborenem Sohn Martin. Zum Verständnis muss man sich die Grundfakten dieser einzigartigen Mutter-Tochter-Beziehung noch einmal vergegenwärtigen:
– Nachdem der Vater von Cordelia, Hermann Heller (bereits verheiratet), eine eheliche Verbindung nicht eingehen will und auch schon 1933 verstirbt, heiratet die 36-jährige Autorin 1935 den katholischen Philosophen Dr. Wilhelm Hoffmann – kurz vor Erlass der sogenannten Nürnberger Rassengesetze. Cordelia ist jetzt sechs Jahre alt. Nach der nationalsozialistischen Ideologie gilt sie als »Volljüdin«. Selbst eine Adoption durch den »volldeutschen« Stiefvater ist ausgeschlossen. 1936 kann Hoffmann dem Kind wenigstens den eigenen Namen geben. Ein sehr spät und hektisch betriebener Emigrationsversuch scheitert. Die Eltern können nicht verhindern, dass Cordelia »als Jüdin« von der Oberschule verwiesen wird, den Judenstern tragen muss, ja selbst aus dem Elternhaus verbannt und einem jüdischen Kinderkrankenhaus zugewiesen wird. Dennoch gelingt es, ein spanisch-belgisches Ehepaar aufzutreiben, das zu einer Scheinadoption bereit ist. 1943 erhält Cordelia den Namen Garcia-Scouvart, einen spanischen Pass und erneut die Aussicht auf Ausreise.
– Die Nazi-Behörden durchschauen diese Manöver. Im Juli 1943 werden Mutter und Tochter vor die Gestapo geladen. Der zuständige Beamte

fordert die 14jährige auf, ein Dokument zu unterschreiben und damit zu erklären, dass sie neben der spanischen auch die deutsche Staatsangehörigkeit akzeptiert, sich freiwillig wieder den deutschen Rassengesetzen unterstellt und auch mit einem eventuellen Abtransport nach dem Osten einverstanden ist. Wenn sie nicht unterschreibe, werde ihre Mutter wegen Hochverrats angeklagt. Die Mutter verstummt, die Tochter unterschreibt.

– Im März 1944 wird Cordelia nach Theresienstadt deportiert; von dort nach Auschwitz. Weihnachten 1944 erhalten die Eltern auf Umwegen ein vorerst letztes Lebenszeichen.

– Erst Anfang Januar 1946 kommt die Nachricht, dass Cordelia das Vernichtungslager überlebte und mit schwerer Tuberkulose in einem schwedischen Sanatorium liegt (Brief vom 6. 1. 1946). Ab jetzt können Briefe zwischen Mutter und Tochter hin- und hergehen.

– Im Herbst 1949 kommt es im pfälzischen Dorf Rheinzabern zum ersten und einzigen Wiedersehen zwischen Mutter und Tochter. Cordelia ist in Begleitung ihres schwedischen Mannes (des Journalisten Ragnar Edvardson) und ihres kleinen Söhnchens Martin.

DER KAMPF UM DIE TAUFE

Die anfängliche Begeisterung über die Geburt (11. 9. 1948: »Ach Gott – werde ich eine verliebte Oma sein!«), begleitet von rührenden Hilfsangeboten zur Versorgung des Kindes (3. 11. 1948: »Gib mir Dein Baby! Es ist die einzige Lösung, die ich für Euch alle sehe.«), wird bald getrübt durch die Nachricht, dass Cordelia ihr Bübchen nicht taufen lassen will. In den Augen der Katholikin Langgässer das Schlimmste, was man einem Kind antun kann. Bei Tod ist es »verloren«. Deshalb lieber ein eigenes Kind »dahingeben«, denn dieses kann durch die Taufe nicht mehr »verlorengehen«. Nachzulesen im Brief an ihr altes Kindermädchen aus Alzeyer Tagen, Marie Schreiber, am 23. Dezember 1948:

> »Wie Du es schon geahnt hast, soll der Kleine nicht getauft werden, weil seine Eltern, wie sie schreiben, nichts tun wollen, wozu sie nicht aus ganzem Herzen und mit voller Überzeugung stehen. Du kannst Dir denken, wie sehr ich unter dieser Vorstellung leide und wie gefährdet dieses arme kleine Kind ist, das da

noch ohne Taufe sein schwaches, süßes Leben lebt. Ich empfehle es der Mutter Gottes *jeden Tag*, und ich möchte eher eines von meinen anderen Kindern dahingeben, als dass dieser kleine Enkelsohn ohne Taufe sterben sollte. Das wirst Du wohl begreifen. Aber ich denke, dass, wenn Dela und ihr Mann und das Kind im nächsten Jahr zu uns kommen (das wollen sie nämlich!), wir viele Unwissenheit klären werden – denn etwas anderes als Unwissenheit ist es ja *wirklich* nicht, was Dela und ihren Mann hindert, die Wahrheit zu sehen.«[70]

Gerade die »Wahrheit« aber hatte Cordelia und ihren Mann sehen gelehrt, die Wahrheit nämlich, dass es ein »christliches« Europa war, das den Holocaust nicht verhinderte, ja tatenlos zusah, wie Millionen von Juden mitten in Europa um ihr Leben gebracht wurden. Die Juden abgeforderte, nicht selten abgepresste Taufe war seit jeher das probate Mittel, jüdische religiöse Identität auszulöschen (nicht zu verwechseln mit legitimer, gereifter, geprüfter Konversion). Elisabeth Langgässer durchschaut diesen Zusammenhang nicht. Sie sieht nur die »Unwissenheit« ihrer Tochter sowie die »Verlorenheit« des Enkelkinds durch Verweigerung der Taufe. Sie sieht nicht, dass es der Holocaust war, der die eigene Tochter zu einer wirklich »Verlorenen« machte. Sieht nicht, dass die Auschwitz-Erfahrung die Tat der Tauf-Verweigerung geradezu erzwang, wenn überlebenden Juden nicht auch noch nachträglich ihr Judentum ausgelöscht werden sollte. Kurz: Elisabeth Langgässer erkennt nicht den schrecklichen Zusammenhang von Taufforderung und faktischer, geistiger Judenvernichtung, erkennt nicht, dass die Taufforderung unter Umständen in der Tat eine »Fortsetzung des Holocaust mit anderen Mitteln« sein kann. Sie sieht nur die »Wahrheit«, wie die katholische Tradition sie gelehrt hat: Ungetaufte sind Verlorene. Andere Wahrheiten hält sie für Verblendung, Verstocktheit, Unwissenheit.[71] Eine Überzeugung, welche die Langgässer mit Millionen von Katholiken ganz selbstverständlich teilte. Bis 1959 beteten Katholiken überall auf der Welt in der Liturgie zu Karfreitag noch »pro perfidis Judaeis«, für die »ungläubigen Juden«; dann erst merzte Johannes XXIII. diese Juden diskriminierende Formel aus.

Wie man Wahrheit anders sehen kann, ist in den Erinnerungen von Cordelia zu greifen. Gegen Ende ihres Buches beschreibt sie, warum sie in Schweden – katholisch getauft, wie sie war – die katholische Gemeinde verlassen und der jüdischen Gemeinde beitreten musste. Nicht aus religiösen Gründen, sondern weil sie dem Volk, dessen Schicksal sie geteilt hatte, nahe sein wollte. Sie stehe »bei ihrem Volk in der Schuld«, dem Volk, das sie »verleugnet und verraten« habe, schreibt sie. Jetzt, vor dem dritten Hahnenschrei, wolle sie versuchen, wiedergutzumachen, und zwar dadurch, dass sie sich »zu den Erniedrigten und Beleidigten bekenne«.[72] Doch der alte katholische Pfarrer in Schweden, dem Cordelia das alles erzählt, begreift nichts. Irritiert und unwirsch starrt er diese Frau an und reproduziert die jahrhundertealten christlichen »Argumente« gegen die Juden:

> »Jesus aus Nazareth sei der Messias, auf den ihr halsstarriges Volk gewartet habe, den anzuerkennen, als er sich in ihrer Mitte befand, es sich jedoch geweigert habe. Seit 2000 Jahren sei das beharrliche Warten nichts anderes als Verstocktheit der Hartherzigen. Das Grab sei leer. Er sei gekommen und werde wiederkommen.«[73]

Eine Szene, die durchaus auch im Blick auf die eigene Mutter geschrieben sein dürfte.

KEINE PERSONALISIERUNG, SONDERN EXEMPLIFIZIERUNG

Warum befremdet uns Nachgeborene dies alles? Und warum rollen wir den Fall Langgässer zu diesem Thema bis ins Detail auf? Sicher nicht um billiger Schuldzuweisung willen. Welches Recht hätten wir Nachgeborenen, über das Leben einer Frau zu urteilen, der unter schwierigsten Lebensbedingungen Entscheidungen von abgründiger Tragweite aufgezwungen wurden. Hier aus der sicheren Warte von heute moralisch zu urteilen, wäre unerträgliche Selbstgerechtigkeit. Das Besondere des Falles der Langgässer *für uns* ist vielmehr dessen einzigartige Widersprüchlichkeit. Denn in diesem Fall spiegelt sich wie kaum irgendwo sonst beides zugleich in ein und demselben Leben: die Präsenz des Jüdischen *und* die Verdrängung des Jüdischen; die Erfahrung von antisemitischer Diskriminierung am eigenen Leib und zugleich das völlige Unverständnis für die Perspektive der Anderen. Diese Autorin hat aufgrund ihrer eigenen jüdischen Wurzeln und Bindungen fast alles durchgemacht, was Juden in Deutschland widerfuhr: Berufsverbot,

Diskriminierung, Einschüchterung, Bedrohung, Stigmatisierung, Raub des eigenen Kindes. Aber dies alles nahm sie mit hinein in ihre christozentrisch gedeutete Welt; all das stand sie durch mit Hilfe ihres Glaubens an Christus als den Herrn und Erlöser. Dieser Glaube blieb auch durch die Erfahrung des Holocaust unerschüttert. Ihrer eigenen, Auschwitz gerade entkommenen Tochter kann sie deshalb zur Hochzeit Sätze wie diese schreiben:

»Und ich überdenke Dein Leben bis auf den heutigen Tag: Hat er Dich nicht auf die wunderbarste Weise errettet, bewahrt und geführt, als ich und Dein Vater Dich nicht mehr beschützen konnten? … Der Schöpfer alles Leben hat Dir das Deine geschenkt und bewahrt, und es ist das gleiche, das Du jetzt an Dein Kind weitergibst. So fließt ein ewiger Strom der Güte und Erbarmung von dem Himmel auf die Erde und wieder zum Himmel zurück … Siehst Du, meine Cordelia, dies und *nur* dies gibt uns die Gewissheit einer göttlichen Liebe, die zugleich Gerechtigkeit ist – *volle* Gerechtigkeit und Wiedergutmachung. Vielleicht verstehst Du jetzt auch, warum für den Christen das ganze Weltverständnis von Christi Auferstehung und Himmelfahrt hängt – an seiner realen Auferstehung von den Toten und seiner realen Auffahrt in den Himmel.«[74]

Nirgendwo werden die konträren, Mutter und Tochter trennenden Sprach- und Denkmuster deutlicher als hier. Hier passte nichts mehr zusammen: die Rede vom »ewigen Strom der Güte und Erbarmung« Gottes und die Erfahrung von Auschwitz …

In summa: Im Schicksal von Elisabeth Langgässer spiegelt sich in einzigartig verdichteter Weise die jahrhundertealte Dichotomie von Judentum und Christentum: die Abstoßung des Jüdischen aus dem Christlichen, die Praktizierung des Christusglaubens auf Kosten des Judentums, die christliche Existenz mit dem Rücken zu Israel. So betroffen uns das persönliche Schicksal der Autorin macht, so scharf muss die Analyse des jüdisch-christlichen Komplexes sein. Elisabeth Langgässer ist der exemplarische Fall eines christlich-katholischen Antijudaismus, der schon im Neuen Testament keimhaft vorhanden ist (Joh 8), bei den Kirchenvätern (Augustinus) heilsgeschichtlich begründet, im Mittelalter in ersten systematischen Judendiskriminierungen verfeinert (4. Laterankonzil) und auch durch die Reformation nicht gemindert wird. Im rassischen Antisemitismus des 19. und 20. Jahrhunderts erzielt er seine grauenhaftesten Wirkungen.[75] Elisabeth Langgässer wird so zum exemplarischen Fall einer konfrontativen Christusgläubigkeit, die das Christliche nur gegen das Jüdische, in Widerlegung und Überwindung des Jüdischen meinte behaupten zu können.

Und genau an diesem Punkt, wo zum wesentlich Christlichen das Antijüdische zu gehören scheint, hat die theologische Diskussion seit den 60er Jahren ansetzen müssen. Christliche Theologie hat erst im fahlen Licht von Auschwitz gelernt, dass sie jahrhundertelang einen Schatten des Antijudaismus mit sich zog, der ihr eigenes Christuszeugnis bis zur Unkenntlichkeit verzerrte, ja verdunkelte.

Die nötigen Konsequenzen: Dialog

Als 1962 das Zweite Vatikanische Konzil eröffnet wurde, war Elisabeth Langgässer schon zwölf Jahre tot. Ganze 51 Jahre war sie geworden. Wie sie reagiert hätte auf dieses Konzil, das sie, 63-jährig, noch hätte erleben können? Es ist müßig, darüber zu spekulieren, so reizvoll solche Denkmodelle sind. Für die katholische Kirche insgesamt aber bedeutet dieses Konzil – zumal im Blick auf die Einstellung der Kirche zum Judentum und den anderen Weltreligionen – einen epochalen Paradigmenwechsel. Nichts auch nur annähernd Vergleichbares gibt es in der Geschichte dieser Kirche zuvor. Der hier erreichte Stand sei knapp zusammengefasst:[76]

EIN PARADIGMENWECHSEL ISRAEL – KIRCHE: VATICANUM II

Im vierten Abschnitt ihrer Erklärung über das Verhältnis zu den nichtchristlichen Religionen (»Nostra aetate«) grenzt die Kirche ihre eigene Existenz nicht mehr länger polemisch *gegen* Israel ab oder erhebt sich heilstriumphalistisch *über* Israel, sondern stellt sich selbst in eine »geistliche Verbindung« mit dem »Stamm Abrahams«. Die Kirche anerkennt die Anfänge ihres *eigenen* Glaubens und ihrer *eigenen* Erwählung »schon bei den Patriarchen, bei Moses und den Propheten«. Sie erkennt an, dass alle »Christgläubigen« »Söhne Abrahams dem Glauben nach« und in die Berufung Abrahams eingeschlossen seien. Im Exodusgeschehen sei das »Heil der Kirche geheimnisvoll vorgebildet«.

Im Folgenden greift die Erklärung zwei aus Röm 11 und Eph 2 bekannte Bilder auf: das Bild vom Ölbaum und das Bild vom Frieden Christi. Die Kirche, die durch das Volk Israel die Offenbarung des Alten Testaments empfangen habe, werde weiterhin »genährt von der Wurzel des guten Ölbaums, in den die Heiden als wilde Schößlinge eingepfropft« seien, und die Kirche glaube, dass Christus »Juden und Heiden durch das Kreuz versöhnt und beide in sich vereinigt« habe. Darüber hinaus wird unter Berufung auf Röm 9,4–5 von der katholischen Kirche all das festgehalten, was Israel von Gott ein für allemal empfangen hat: »die Annahme an Sohnes Statt, die Herrlichkeit, den Bund, das Gesetz, den Gottesdienst und die Verheißungen«. Auch die Tatsache, dass Christus, die Apostel und die ersten Jünger aus dem jüdischen Volk stammten, wird eigens betont, nirgendwo relativiert.

Dieser Text stellt einen *epochalen Paradigmenwechsel* in der Israel-Theologie der katholischen Kirche dar. Auf eine Formel gebracht, lautet er: Es gibt künftig keine theologische Selbstprofilierung der katholischen Kirche mehr auf Kosten des Volkes Israel, sondern nur noch ein Anerkennen der bleibenden »geistlichen Verbundenheit«. Das bedeutet eine Abkehr von der geschichtlich so fatalen Superioritäts- und Substitutionstheologie. Gegen den jahrhundertelang gehätschelten antijüdischen Topos von der endgültigen Verworfenheit Israels hält die Konzilserklärung unter Berufung auf Röm 11 daran fest: Trotz Ablehnung Jesu als Messias seien die Juden »immer noch von Gott geliebt«, da doch die Gnadengaben und die Berufung Gottes »unwiderruflich« seien. Gegen den fatalen antijüdischen Topos einer Kollektivschuld des jüdischen Volkes betont die Erklärung, dass der Tod Jesu »weder allen damals lebenden Juden ohne Unterschied noch den heutigen Juden zur Last« gelegt werden könne. Und ebenfalls in Korrektur einer fatalen antijüdischen Verfluchungstheologie macht die Erklärung klar: Aus der Tatsache, dass die Kirche sich als das »neue Volk Gottes« verstehe, dürfe nicht gefolgert werden, die Juden seien »von Gott verworfen oder verflucht«.

Von daher ist es nur konsequent, wenn es jetzt auch zu einem *Bedauern im Blick auf die Leidensgeschichte* kommt. Ausdrücklich spricht die Konzilserklärung die monströse Geschichte der Verfolgungen an, insbesondere den *Antisemitismus*. Die Kirche »beklagt« nicht nur aus politischen, sondern aus genuin religiösen Gründen »alle Hassausbrüche,

Verfolgungen und Manifestationen des Antisemitismus, die sich zu irgendeiner Zeit und von irgend jemand gegen die Juden gerichtet« hätten. Und im Blick auf Gegenwart und Zukunft spricht sich das Konzil entschieden für die Förderung der »gegenseitige Kenntnis und Achtung« aus – und zwar durch »theologische Studien« und »brüderliches Gespräch«.

Doch bei aller auch von Juden anerkannten epochalen Bedeutung dieser kurzen, aber dicht gearbeiteten Erklärung hat man auch damals schon deren *Grenze* erkannt. Sie liegt weniger in der Tatsache, dass das Konzil sich – gegen den Willen vieler Konzilsväter – letztlich doch nicht dazu durchringen konnte, die »Gottesmörder«-Lüge, die über das jüdische Volk unendlich viel Leid brachte, expressis verbis zurückzuweisen. Weniger auch darin, dass sich das Konzil nur dazu durchringen konnte, nach der ungeheuerlichen Schuldgeschichte des Antijudaismus und Antisemitismus nur ein schwaches »Beklagen« (»deplorare«), kein »Verurteilen« (»condemnare«) auszusprechen; auch ist von einem Schuldanteil der katholischen Kirche selbst an den antijüdischen Exzessen mit keinem Wort die Rede. Schwerer wiegt die Tatsache, dass für die neuralgischen Gesprächsfelder des christlich-jüdischen Dialogs in dieser Erklärung keine theologischen Lösungsperspektiven aufgezeigt werden.

1. Die Frage des *Staates Israel* und damit der für Juden entscheidende Zusammenhang zwischen Volk und Land.

2. Eine *differenziertere Verhältnisbestimmung von Altem und Neuem Testament*. Die theologischen Deutungskategorien der Erklärung sind weitgehend noch die traditionellen. Israel wird nach wie vor ausschließlich in seiner Funktion für die Kirche gesehen, gewissermaßen »heilsgeschichtlich« (»nach dem Heilsgeheimnis Gottes«) funktionalisiert. Die entscheidenden Kategorien sind »vorgebildet« und »eingeschlossen«. Israel wird also nach wie vor als geistliches »Erbe« betrachtet und in den Prozess der Selbstreflexion der Kirche integriert.

3. Da Israel keine selbstständige theologische Bedeutung hat, wird auch nicht das Verhältnis der Kirche zum fortlebenden, lebendigen Israel reflektiert. Was es bedeutet, dass das Judentum trotz aller Verfolgungen und Auslöschungsversuche lebt, ja im Lande der Väter und Mütter eine »Auferstehung« erfuhr, bleibt theologisch unbedacht.

EIN DAUERNDES GEGENÜBER VON ISRAEL UND KIRCHE

Was freilich »Nostra aetate« noch ausspart, wird in einer *Erklärung der französischen Bischöfe* von 1973 beim Namen genannt. Sie setzt bei der Frage ein, die historischer Ausgangspunkt aller *heutigen* christlich-theologischen Reflexion über das Judentum sein muss: nicht nur bei der Bedeutung des alten Gottesvolkes generell, sondern konkret bei der heutigen »Sammlung des Gottesvolks« im »Land der Bibel«. Für die französischen Bischöfe ist diese Tatsache nicht nur eine politische Herausforderung, zu der man ausgewogen Stellung zu nehmen versucht, sondern eine eminent religiöse. Das Judentum sei für Christen »eine religiöse Realität«, keine »Reliquie einer ehrwürdigen und abgetanen Vergangenheit«. Ja, die Zeichen der Weiterexistenz Israels stellten an Christen eine Frage, die an das Herz ihres eigenen Glaubens rühre: »Welches ist die spezielle Aufgabe des jüdischen Volks im Plan Gottes? Welche Erwartungen beseelt es und in welcher Weise unterscheidet sich diese Erwartung von unserer eigenen oder kommt ihr nahe?« Denn für die französischen Bischöfe ist – bei allem Wissen um das hochkomplexe politische Problem – unvergesslich, »dass Gott dem Volk Israel einst ein Land gegeben hat, in dem es sich zu sammeln berufen ist«.

Wie aber löst die französische Erklärung das theologische Problem der Weiterexistenz Israels? Weit davon entfernt, das Verhältnis Israel–Kirche länger in traditionellen Schemata wie vorläufig–endgültig, Verheißung–Erfüllung, Gesetz–Evangelium zu begreifen, wagt es die französische Erklärung, von einem *dauernden Gegenüber von Israel und Kirche* zu sprechen:

> »Israel und die Kirche sind nicht zwei Institutionen, die einander ergänzen. Das permanente Gegenüber Israels und der Kirche ist das Zeichen für den noch unvollendeten Plan Gottes. Das jüdische und das christliche Volk befinden sich so in einem Zustand gegenseitigen Sich-in-Frage-Stellens oder, wie es der Apostel Paulus sagt, gegenseitiger ›Eifersucht‹ im Hinblick auf die Einheit.«[77]

Das war ein kühner Balanceakt zwischen der Wahrung christlicher Identität einerseits, die keinem Relativismus geopfert werden darf, und dem Verzicht auf eine Exklusivität im Heilsplan Gottes andererseits, die ja durch die Weiterexistenz des bleibend von Gott geliebten Volkes in der Tat in Frage gestellt ist. Mit Kategorien wie »gegenseitig in Frage stellen« und »gegenseitige Eifersucht« wird die Kirche endgültig aus einer fatalen Superioritäts- und Substitutionsposition in ein partnerschaftliches Konkurrenzverhältnis zum Judentum gerückt, wo »Heil« nicht mehr zum triumphalen Besitz des einen, sondern zum Geschenk für beide geworden ist.

Diese Dokumente reflektieren einen völlig neuen Diskussionsstand zwischen Juden und Christen seit den 70er Jahren. Er hat sich auch in zahlreichen weiteren Dokumenten katholischer Bischöfe und Theologen, aber auch protestantischer Kirchen, national wie international, niedergeschlagen. Gewiss: In all den vielen Konsens- und Konvergenzdokumenten sind nach wie vor die Juden und Christen trennenden Glaubensfragen nicht bereinigt: die Frage nach Jesus Christus als Messias Israels und Herrn der Heidenwelt; hermeneutische Prinzipien der Auslegung der Hebräischen Bibel; der Umgang mit dem Religionsgesetz. Aber die Differenzen werden jetzt stärker im Licht eines schon erreichten Konsenses diskutiert. Und für das interreligiöse Gespräch liegt in der Tat ein entscheidender Unterschied darin, ob man den Konsens im Lichte eines überstrapazierten Dissenses ständig bagatellisiert oder ob man die dissenten Punkte im Licht eines schon erreichten Konsenses konstruktiv weiterentwickelt.

KONSENSPROFIL VON CHRISTEN UND JUDEN HEUTE

Überblickt man die heutige theologische und kirchliche Diskussion, so lässt sich der Konsens zwischen Juden und Christen in acht Punkten zusammenfassen:

1. Im Glauben an den *einen* Gott, den Juden und Christen als den Schöpfer, Bewahrer und Vollender bekennen.

2. In der Neuentdeckung des »*Jude-Seins*« Jesu, seiner sprachlichen, erfahrungs- und vorstellungsmäßigen Verflochtenheit in das Judentum seiner Zeit, in der Abwehr klischeehafter Vorstellungen vom »Juden« oder von jüdischen Gruppen (Pharisäer) zur Zeit Jesu oder nach Christi Geburt, in der Differenzierung der Schuldfrage bei Prozess und Tod Jesu und der historisch-kritischen Aufarbeitung des unverkennbaren Antijudaismus schon im Neuen Testament.

3. In der Verwiesenheit auf die *Heilige Schrift* als gemeinsamer Glaubensquelle, wobei man heute falsche Frontstellungen zwischen Altem und Neuem Testament zu vermeiden trachtet. Juden und Christen sehen sich beide in ihrem Handeln und Glauben bestimmt durch die Wechselbeziehung zwischen Gerechtigkeit und Liebe.

4. In der gemeinsamen Identitätserfahrung als *Volk Gottes,* das auf die bleibende Auserwähltheit, Bundesgenossenschaft und Verheißung Gottes vertrauen darf. Israel und Kirche werden nicht mehr im Schema von Vorbereitung und Beerbung gesehen (»Substitutionstheorie«), sondern in ihrer geistlichen Zusammengehörigkeit.

5. In den gemeinsamen *liturgischen und spirituellen Wurzeln:* Gottesdienst, Gebetsleben, Fest- und Feiertage von Christen kommen aus dem Wurzelboden des Judentums.

6. In der gemeinsamen Auffassung von *Geschichte:* Für Juden und Christen findet die Geschichte ihr Ziel in und durch Gott, in der Erwartung eines »neuen Himmels und einer neuen Erde«. Juden und Christen erwarten gemeinsam den Tag, »an dem alle Völker mit einer Stimme den Herrn anrufen und ihm ›Schulter an Schulter‹ dienen«.

7. Im Eingeständnis von *Mitschuld und Mitverantwortung* der Christen an der nationalsozialistischen Massenvernichtung der Juden, in der Verurteilung jeglichen Antisemitismus und im Verwirklichen einer Zusammenarbeit auf den Feldern von Politik und Gesellschaft – bei gleichzeitig erkennbarem Bemühen, über die Phase der Schuldbekenntnisse hinaus zu einem sachlichen Miteinander zu kommen.

8. In einer Anerkennung der *Existenzberechtigung des Staates Israel* bei gleichzeitigem Wissen um das politische Problem der Palästinafrage.

PERSPEKTIVEN FÜR DEN DIALOG DER ZUKUNFT

Wie soll es im Dialog der Zukunft weitergehen? Hier ist von ganz entscheidender Bedeutung die Frage nach den zwei Heilswegen für Juden und für Christen. Was Elisabeth Langgässer aus ihrer Sicht zu denken unmöglich war, ist heute in der theologischen Diskussion eine von vielen geteilte Überzeugung. Eine von Antijudaismus freie Lektüre des Neuen Testamentes hat dabei entscheidend weitergeholfen. Die entscheidende theologische Sachfrage zwischen Christen und Juden lautet: Kann man Christus als Messias Israels und Herren der Welt nur dann bezeugen, wenn man gleichzeitig behauptet, dass nur der christliche der einzige Weg zum Heil und der jüdische ein Weg zum Unheil sei? Antwort kann nur das Neue Testament selber geben, und hier kommt der paulinischen Theologie, insbesondere den Kapiteln 9–11 des Römerbriefs, eine Schlüsselrolle zu. Bekanntlich spricht Paulus in Röm 11,25f. von einem »Geheimnis« bezüglich des Endheils Israels, von dem der Apostel sagt: »Verstockung liegt auf einem Teil Israels, bis die Heiden in voller Zahl das Heil erlangt haben; dann wird ganz Israel gerettet werden.« Was heißt das konkret? Heißt das – wie dies eine traditionelle Exegese und Dogmatik jahrhundertelang annahm –, dass die Juden – nach der vollzähligen Bekehrung der Heidenvölker – sich zu Christus bekehren und in der Kirche die Taufe empfangen müssten, bevor sie das Heil erlangen?

Heutige Exegese geht über die Konfessionsgrenzen hinweg davon aus, dass die entscheidende Stelle Röm 11,25f. strikt eschatologisch zu interpretieren ist. Denn der Schlüsselsatz »dann wird ganz Israel gerettet werden« wird von Paulus durch ein Schriftzitat aus dem Propheten Jesaja (Jes 59,20) begründet: »wie es in der Schrift heißt: Der Retter wird aus Zion kommen.« Paulus spricht folglich an dieser Stelle von einer *eschatologischen Neuschöpfung* Gottes am noch ungläubigen Rest-Israel durch den wiederkehrenden Christus. Paulus spricht also nicht von einer Bekehrungsvorleistung der Juden, nicht, um mit Franz Mussner zu reden, von einer Art »Massenbekehrung« der Juden vor Erscheinen Christi, sondern von einer Tat des wiederkehrenden Christus an Israel. Das entlastet die Kirche von jedem fatalen Missionskrampf gegenüber Israel. Bekehrung Israels ist nicht Ergebnis kirchlicher »Anstrengungen«, sondern Sache Christi, letztlich Sache Gottes.

Wie aber steht es dann mit einem Ringen zwischen Juden und Christen um die Glaubenswahrheit? Ist nun alles gleichgültig geworden? Auch das Trennende? Auch das Unvereinbare? Nein. Denn der Glaube an die eschatologische Judenbekehrung durch Christus selbst kann für Christen kein Alibi für Gleichgültigkeit oder billige Toleranz sein. Gerade Paulus, der mehr als andere dafür tat, so viele jüdische Brüder und Schwestern wie möglich für Christus zu gewinnen, hätte dafür das geringste Verständnis gehabt. Für den *Dialog* zwischen Christen und Juden scheinen mir deshalb folgende Leitlinien theologisch unabdingbar:

1. Theologische *Grundlage* für das Verhältnis Kirche – Judentum ist nicht ein neuzeitliches Freiheits- oder Toleranzideal, sondern die vom Neuen Testament her betonte *Dialektik von Israel und Kirche*, so wie sie in Röm 9–11 dargelegt ist. Paulus scheut sich nicht, in aller Deutlichkeit von Israels »Versagen« zu sprechen; zugleich aber sieht er, dass gerade dieses Versagen ihm die Möglichkeit überhaupt erst gab, die Heidenvölker in die Botschaft von dem einen Gott Abrahams, Isaaks und Jakobs einzubeziehen.

2. Mit dem Zweiten Vatikanischen Konzil ist jede Art von »Proselytismus«, jede Form also von einer direkten oder indirekten Nötigung Andersgläubiger, abzulehnen. *Mission* in diesem Sinn gehört gegenüber allen Religionen der Vergangenheit an.

3. Für das Verhältnis von Juden und Christen kommt folgendes hinzu: Da Christen von Juden den einen und wahren Gott gewissermaßen »geerbt« haben, würden christliche Missionsversuche an Juden die geschichtlichen Abhängigkeitsverhältnisse auf den Kopf stellen. Das Christentum ist dem Judentum gegenüber in einer *grundsätzlich anderen Position als gegenüber anderen nichtchristlichen Religionen.* Eine Mission im Sinn der Erstverkündigung der Botschaft des einen und wahren Gottes wie bei den »Heidenvölkern« verbietet sich deshalb ganz im Sinn des großen protestantischen Theologen Karl Barth:

> »um ›Mission‹, um ein Zutragen des Evangeliums kann es sich für sie (die Kirche) im Verhältnis zur Synagoge *nicht* handeln. Der Begriff ›Judenmission‹ ist ein unglücklicher Begriff. Der seines Judentums bewusste und also ernstzunehmende Jude wird sich schon mit diesem Wort nur eben missverstanden und beleidigt finden. Und die Gemeinde muss einsehen, dass er damit sachlich im Recht ist. ›Mission‹ ist gerade *nicht* das Zeugnis, das sie Israel schuldig ist. (…)
>
> Es kann einmal keine Rede davon sein, dass die Gemeinde im Verhältnis zur Synagoge den wahren gegenüber einem falschen Glauben zu verkündigen, einem falschen den wahren Gott gegenüberzustellen hätte. Der Gott, dessen Werk und Wort sie der Welt zu bezeugen hat, war der Gott Israels, bevor sie selbst eben aus diesem Volke hervorgegangen war, und er kann bis auf diesen Tag nur der Gott Israels sein … Gast im Hause Israels ist die ganze heidenchristliche Gemeinde aller Zeiten und Länder. Aufgenommen in *seine* Erwählung und Berufung, lebt sie in der Gemeinschaft mit *seinem* König. Wie könnte sie da Israel ›missionieren‹ wollen?«[78]

4. Statt *Mission* ist Zeugnisablegung für Christus auf der Basis des Neuen Testamentes für Christen bleibende Verpflichtung. Ein um Zustimmung werbendes Eintreten für den Glauben an Jesus von Nazareth als den Christus Israels ist Juden gegenüber *nicht einfach überflüssig*, bloß deswegen, weil der Tag der Einheit zwischen Israel und der »Heidenkirche« Gottes Sache ist. Eine »reuelose Gnadengabe und Verheißung Gottes schließt doch den Empfang weiterer Gnadengaben oder eine weitere geschichtliche Entfaltung und Durchsetzung der alten Gnadengabe nicht aus«, so Karl Rahner einmal zu Recht im Gespräch mit dem jüdischen Theologen Pinchas Lapide.[79]

5. Es gilt einen Weg einzuschlagen, der auch Juden gegenüber ein Bekenntnis zu Christus als dem Messias Israels und Herrn der Heidenvölker erlaubt, ohne dem Volk der Juden seinen eigenen Weg als *Möglichkeit* zum Heil zu bestreiten. Ein intoleranter Exklusivismus ist unchristlich. Mit der französischen Bischofserklärung ist als Beziehungskategorie von Juden und Christen – ohne allen Relativismus – die »*gegenseitige Eifersucht*« und das »*gegenseitige Sich-in-Frage-Stellen*« ins Spiel zu bringen. Christen werden aber für Juden nur dann zum Gegenstand dieser heilsamen »Eifersucht«, wenn von ihnen ein Mehr an Menschlichkeit, Liebe und Barmherzigkeit ausgeht, auf die man überhaupt »eifersüchtig« werden kann. Durch ihr historisches Versagen gegenüber Juden aber haben die christlichen Kirchen in unserer Zeit alle Glaubwürdigkeit in dieser Hinsicht verspielt.

6. Christen werden nie vergessen können, was der Holocaust für sie selber und für Israel bedeutet. Nicht nur der persönliche »Fall« Langgässer hält diese Erinnerung wach, es ist auch das Werk dieser Schriftstellerin, das hier einen wichtigen Beitrag leistet. Und so verweise ich am Ende bewusst auf eine Passage im »Unauslöschlichen Siegel«, wo diese Erinnerungsarbeit in eindrucksvoller Weise geleistet wird. Das Buch schließt mit einem »*Epilog 1943*«, und in dieser dialogisch gehaltenen Passage unterhalten sich verschiedene Personen im Pfarrhaus von A. über die Situation in Deutschland unter dem Naziterror. Einer erinnert sich an ein »Eckhaus im Norden Berlins«. Es ist das jüdische Kinderkrankenhaus in der Iranischen Straße. Hier war Cordelia als Krankenschwester vor ihrer Deportation zwangsweise untergebracht, und ihre Mutter hatte sie dort mehrfach besucht:

»Auch ich bin Zeuge. Verflucht, wer das Eckhaus im Norden Berlins vergißt. Das Haus der Kinder, der altklugen Zwerge, mit dem Judenstern auf dem Kleid ... Man lehrt sie hassen, man lehrt sie Horra, es dröhnt in den Gängen und schreit, sie hopsen wie Böcke zu fremden Gesängen, und Tel-Aviv ist sehr weit. Sie tanzen die Horra bis zum Ermatten, ihr Vater schreit in Lublin, ihre Mutter weint sich die Augen aus, und sie träumen sich fort von Berlin. Man lehrt sie hassen, man lehrt sie die Horra, es dröhnt in den Gängen und schreit. Geduld! Ihr tanzt bald zu der Gaskammer hin.«[80]

Eine ergreifende Stelle – auch deshalb, weil hier dem jüdischen Schicksal kein »metaphysischer« Sinn untergeschoben, sondern ausschließlich erinnert wird, dokumentiert, nichts als präzise beschrieben. Eine Form der Erinnerung, die Fragen nicht beantwortet, sondern offen lässt. Hier könnten sich dann auch die Auschwitz entkommene Tochter und die Mutter, die »geliebte, gehaßte Mutter« treffen, wie Cordelia sie in ihrem zweiten Buch »Die Welt zusammenfügen« (Original 1988; deutsch 1989) einmal bezeichnet hat. Der »Epilog 1943« ist in Geist und Stil dem nahe, was die Tochter einmal so umschrieb:

»Als die Tore mit der bitter ironischen Aufschrift ›Arbeit macht frei‹ geöffnet wurden, war die Menschheit gezwungen, sich selbst wie in einem Spiegel zu sehen. Sie sah, oder sollte gesehen haben, dass die Welt, unser aller Welt, geborsten war, einen Riss bekommen hatte, der nicht mehr zu kitten war ... Wie Blut aus unverheilter Wunde, so sickert das Giftgas von Auschwitz noch heute durch den Riss in unserem Planeten, macht uns das Atmen schwer, uns und künftigen Generationen. Es gibt ein hebräisches Wort, das uns gebietet, *tikun ha olam* – die Welt wiederherzustellen. Vielleicht, wahrscheinlich, ist es unmöglich, die Welt nach Auschwitz wieder zusammenzufügen, aber wir können und müssen die Wunde offenhalten und dafür sorgen, dass sie nicht zu stinkendem, schwärendem Unrat wird.«[81]

»CHRISTUS IST UNSERE TÖDLICHE FREIHEIT«
Reinhold Schneiders Gottsuche in winterlicher Zeit

Reinhold Schneider? Ist das nicht ein katholischer Dichter der 30er und 40er Jahre? Moralisch intakt, christlich gefestigt, tapfer im Widerstand, Leuchtturm in finsterer Zeit – aber literarisch eher zweitklassig? Ein historischer Fall – mehr nicht. Gute Gesinnung, die im Krieg vielen geholfen haben mag, ansonsten aber literarisch wie theologisch zu Ende gedeutet. In der Tat scheint Reinhold Schneider für viele ein Mann der Vergangenheit im doppelten Sinn des Wortes. Ein Mann, der literaturgeschichtlich zur »christlichen Literatur« in der ersten Hälfte des 20. Jahrhunderts gehört und der seinerseits vor allem über Geschichtliches geschrieben hat: Bücher über Portugal, Spanien und England, Bücher über die Hohenzollern, deutsche Kaiser, Philosophen, Dichter und Heilige. Kein kirchliches Fest, zu dem nicht ein Dichterwort vorläge. Kein religiöses Thema, zu dem er nicht eine erbaulich klingende Broschüre beigesteuert hätte: über Gottvater, Jesus Christus und die Kirche, über Gottesreich und Apokalypse, über den Kreuzweg und das Vaterunser und immer wieder über das Gebet und über das Kreuz. Und überhaupt könnten seine Themen nicht allgemeiner gefasst sein: Macht und Gnade, Ehre und Würde, Glaube und Opfer, Gewissen und Verantwortung, Wahrheit und Frieden. Was gäbe es also noch zu entdecken? – Seine Radikalität, die nach 1945 sowohl das Verhältnis zu seiner Kirche betrifft wie, noch grundsätzlicher, sein Glaubens- und Gottesverständnis überhaupt.

Papst und Politik

Der 20. Februar 1963 ist ein markantes Datum in der Geschichte des deutschen Theaters. An diesem Tag wird unter der Regie von Erwin Piscator in der Freien Volksbühne zu Berlin Rolf Hochhuths Drama »Der Stellvertreter« uraufgeführt. Eine »christliche Tragödie« um Papst Pius XII. und die Judenfrage, geschrieben von einem damals 32-jährigen, literarisch völlig unbekannten Mann.

HOCHHUTH STATT SCHNEIDER

Es ist die Zeit der zu Ende gehenden Adenauer-Ära, der Höhepunkt kirchlicher und politischer Restauration nach 1945 in Deutschland. In Rom tagt bereits das Zweite Vatikanische Konzil. Pius XII. ist noch keine vier Jahre tot, und gerade viele Deutsche sehen in diesem besonders deutschfreundlichen Papst eine moralisch vollkommene, fast übermenschliche Gestalt. Da wirkt Hochhuths Stück wie ein Schock. Ausgerechnet diesen Papst sollte man sich plötzlich im Zwielicht des Holocaust vorstellen? Als Versager in der »Judenfrage«? Als indirekt Mitschuldigen gar? Undenkbar. Entsprechend heftig sind die Gegenangriffe.

Dabei hatte die Kritik schon damals übersehen, dass die Grundintention von Hochhuths Stück weder pauschal kirchenkritisch noch gar papstzynisch ist, sondern gewissermaßen ur-christlich. Nicht »die Kirche« stellt Hochhuth in Frage, sondern ein bestimmtes Verhalten von Kirche. Gewidmet ist sein Stück immerhin zwei katholischen Märtyrer-Priestern aus der Nazizeit: Pater Maximilian Kolbe und Dompropst Bernhard Lichtenberg. Nicht das Papsttum »als solches« attackiert sein Stück, sondern eine ganz bestimmte Politik dieses ganz bestimmten Papstes. Diesem »Stellvertreter Christi« stellt Hochhuth eine alternative Figur gegenüber, einen fiktiven Jesuitenpater, der in seinen Augen zum wahren »Stellvertreter« Christi dadurch wird, dass er mit den Juden freiwillig den Gang in das Vernichtungslager Auschwitz antritt.

1963 ist Reinhold Schneider schon fünf Jahre tot. Sein Werk und sein Lebensthema drohen nach einem beispiellosen Erfolg in den 50er Jahren langsam in Vergessenheit zu geraten. Da beschleunigt ein junger Dramatiker aus Eschwege diesen Verdrängungsprozess ausgerechnet mit einem Stoff, der aus *Schneiders* Werk hätte stammen können: die Konfrontierung des Papsttums mit seinem eigenen Anspruch. Genauer, die Problematik der Nachfolge Christi unter den Bedingungen politischer Macht. Eine kleine Tragödie eigener Art. Für *das* Thema Schneiders schlechthin bekommt ein Anderer zunächst nationalen, später Welt-Ruhm. Auch ich bin überrascht, als Hochhuth mir im Herbst 1991 bei einem Gespräch über religiöse Motive in seinem Werk unumwunden erklärt: »Es gab verschiedene Autoren, die auf mich einen gewaltigen Eindruck machten, etwa Reinhold Schneider, von dem ich sehr viel gelesen habe. Friedrich Heer hat in der ›Revue‹, die damals eine namhafte Wochenzeitung war, sofort nach der Uraufführung des ›Stellvertreters‹ durch Erwin Piscator geschrieben, er hätte mein Stück längst gekannt, bevor Hochhuth es geschrieben hätte – und zwar durch seinen Freund Reinhold Schneider, der ihm dieses Thema immer wieder vorgetragen habe. Er, Schneider, hätte das niemals schreiben können, weil Pius XII. zu ihm persönlich so außerordentlich liebenswürdig und gütig gewesen sei.« Auf meine Nachfrage, ob Schneider nicht durchaus papstkritische Dramen geschrieben hätte, fügt Hochhuth noch hinzu: »Aber er hat sie in die Vergangenheit verlegt«.[82]

EIN ZWIESPÄLTIGER PAPST: PIUS XII.

So ist es. Schneiders papstkritische Stücke »Der große Verzicht« sowie »Innozenz und Franziskus« sind in der Tat *historische* Dramen, die man aber nur versteht, wenn man weiß, dass sich hinter ihnen die Figur Pius XII. verbirgt, ein Papst, der zu Schneider in der Tat »persönlich so außerordentlich liebenswürdig und gütig« gewesen war. Dabei hatte die Einstellung Schneiders zum Papsttum erhebliche Wandlungen durchlaufen. Anfangs, in seiner vorkatholischen Phase, hatte Schneider ein zutiefst zwiespältiges Verhältnis zu Rom. Sein Tagebuch von einer Rom-Reise 1931 etwa ist voll von papstkritischen Äußerungen im Geiste Nietzsches. Rom? Das sei, liest man im Tagebuch, römisches Imperatorentum, an dem auch das Papsttum partizipiere: Christus *und* Cäsar, Papst *und* Kaiser. Das Problem? »Aber der Papst will Christus *und* Cäsar sein … Rom selbst krankt an dieser dämonischen Herrschaft zweier Lebensformen: An Cäsar und Christus«.[83] Doch schon wenige Jahre später hatte Schneider – unter dem Eindruck des widerchristlichen Faschismus – eine bewusste Wende zur katholischen Kirche vollzogen: »von der Bindungslosigkeit zu den Bindungen, von der subjektiven Verlorenheit in das Geschichtliche« (X,9).[84] Für Ungezählte wird er, insbesondere während des Krieges, durch seine Gedichte und Traktate zu einer Orientierungsgestalt, einer moralischen Instanz, zu einem Zeitdeuter und Leidenströster.

Am 23. März 1941 war Schneider eine Audienz bei Pius XII. gewährt worden. »Das Gespräch ging um die Zeit«, erinnert sich der Autor. »Ich wagte es, die Hoffnung auf einen Wandel von innen auszusprechen. Rom war wie umschnürt. Der Heilige Vater blickte empor. ›Aber die Macht!‹ Die Begegnung erschütterte mich tief. Ich war vor einem Manne gestanden, den das Amt völlig durchdrungen, durchgeistigt hatte. Er schien mir nur noch Amt zu sein, als starke Persönlichkeit ins Außerpersönliche erhoben, ein Mensch wie ein Lichtstrahl. Hinter ihm düsterte die Nacht, und ich glaubte zu ahnen, dass er den Blick in Schrecklich-Künftiges getan habe und ihn die Trauer um dieses beschwere. Zugleich beruhigte mich das Dasein des Amtes unendlich. Es war leibhaftig da, und es wird da sein bis zum Ende.« (X,130f.)

Doch als der Krieg zu Ende ist, schlägt diese Verehrung um in Enttäuschung, die Vergötterung in Verzweiflung. Schneider begreift, dass derselbe Papst, für den er angesichts des widerchristlichen Faschismus nur Bewunderung gehegt hatte (»Ein Mensch wie ein Lichtstrahl«), nach dem Krieg nicht daran denkt, Konsequenzen für eine geistig-moralische Erneuerung zu ziehen, wie sie ihm, Schneider, vorschwebte: aus der Vernichtung eine moralische Wiedergeburt; aus der Niederlage ein geistiger Gewinn; aus den Trümmern eine spirituelle Auferstehung. Zumindest *das* hätte Rom durch den massenmörderischen Krieg lernen müssen: Nie wieder das Spiel der Mächtigen mitspielen. Nie wieder sich in den Kampf der Ideologien hineinziehen lassen. Nie wieder Rüstungsprogramme gutheißen, Waffengebrauch rechtfertigen, zumal 1945 kriegstechnisch eine gewaltige Zäsur die Menschheit erschüttert hatte: der Abwurf der Atombomben durch US-Flugzeuge auf die japanischen Städte Hiroshima und Nagasaki. Beginn eines fatalen Rüstungswettlaufs der neuen Supermächte Sowjetunion und USA um atomare Überlegenheit.

DEUTSCHLAND WIEDER UNTER WAFFEN?

Pius XII. aber spielt in Schneiders Sicht sein Spiel als Weltdiplomat weiter: Westen gegen Osten, Kirche gegen Kommunismus, Christentum gegen Bolschewismus. Statt Gewaltverzicht in urchristlichem Geist moralische Unterstützung für die westliche Wiederaufrüstung gegen den Kommunismus. Statt christlicher Machtkritik Unterstützung westlicher Machtpolitik. Statt Kreuzesnachfolge im Geist der ohnmächtigen Liebe Schürung von Kreuzzugsmentalität im Geist einer Politik der Stärke. Schon wurde, knapp fünf Jahre nach Ende des Krieges, darüber diskutiert, ob nicht auch Deutschland wiederbewaffnet werden solle. Die alliierten Siegermächte des Zweiten Weltkriegs brauchen Deutschland nun wieder: gegen den Kommunismus. Damit ist für Schneider eine Grenze überschritten. Er lebt in einem geteilten Land, von Ideologien zerrissen. Deutschland liegt noch am Boden, da sollte es wieder auf das militärische Machtprinzip setzen?

Sechs Jahre nach Ende des Krieges, 1951, ist Schneider endgültig zum Widerstand entschlossen. Öffentlich spricht er sich, wie er selber formuliert, »entschieden« aus »gegen die Aufrüstung wie gegen den Krieg überhaupt«. Die Folge ist eine immer größer werdende öffentliche Isolierung. Zeitungen, Zeitschriften und Rundfunksender, die bisher gerne seine Beiträge zu religiösen und geschichtlichen Themen gebracht hatten, stellen die Zusammenarbeit mit ihm ein. Als Schneider dann noch im März 1951 in der Ostberliner Monatsschrift »Aufbau« einen Aufsatz unter dem Titel »Unsere Verantwortung« veröffentlicht, den er in Westdeutschland nicht publizieren kann, sieht er sich dem Vorwurf ausgesetzt, Handlanger der »kommunistischen Friedenspropaganda« zu sein. Es kommt zu dem, was man den »Fall Reinhold Schneider« nennt.

Überhaupt ist Deutschland in dieser Zeit kirchlich-politisch tief gespalten. Wie auch anders, bei der epochalen Bedeutung von Fragen wie Wiederbewaffnung, militärische Aufrüstung, neues Soldatentum. Der bekennende evangelische Christ Gustav Heinemann, Essener Bürgermeister in den Jahren 1946–1949, tritt 1950 als Innenminister der Adenauer-Regierung zurück, weil er es mit seinem Gewissen nicht vereinbaren kann, dass Deutschland sich wieder neu militärisch instrumentalisieren lässt. 1951 gründet er die »Notgemeinschaft für den Frieden Europas«, 1952 die »Gesamtdeutsche Volkspartei«, deren Vorsitzender er wird. Eine exakte Vergleichsstudie zwischen Gustav Heine-manns und Reinhold Schneiders Grundhaltung in derselben Frage steht noch aus. Sie wäre ein höchst erhellender Beitrag zur Zeitge-schichte. Am 29. November 1950 schreibt Schneider in einem Brief:

»Ich kann mir nicht denken, auf welche Weise das, was wir heute Europa nen-nen, gerettet werden soll, ja nicht einmal, aus welchem Grunde. Aber auch hier hat sich längst die Zone des Schweigens ausgebreitet; weder Presse noch Funk wollen noch vertreten, was ich zu sagen habe. Die Brücken stürzen ein, und die Groteske der Demokratie, in der das Gewissen keine Stimme hat – der Chris-tenheit, die dem Gewissen ausweicht – ist nahezu vollendet. Umso radikaler muss freilich die innere Haltung werden – umso schmerzlicher ist das Leben.«[85]

Die Radikalität der Kirchenkritik

Dass die politisch-moralische Haltung der katholischen Kirche in Deutschland ganz und gar abhängig ist von der Einstellung Roms, weiß Schneider. Aber den Papst persönlich angreifen? Das kam für einen auf seine Weise tiefgläubigen katholischen Christen wie ihn nicht in Frage, nicht zuletzt wegen der persönlichen Erfahrungen, die er mit Pius XII. gemacht hatte.

MUSS DER PAPST ZURÜCKTRETEN?

So greift der Schriftsteller, Poeta doctus, der er ist, auf das Medium zu-rück, das er seit langem souverän beherrscht: die Präsentierung histo-rischer Stoffe *so*, dass sie transparent werden für Grundfragen der Ge-genwart. Wie Lessing seinen »Nathan« nutzte – nach dem epochalen Streit mit dem Hamburger Hauptpastor Goeze über den Absolutheits-anspruch des Christentums durch Publikationsverbot blockiert –, um im anderen Medium, der Bühne, seinen Zeitgenossen die Wahrheit zu sagen; wie Brecht in seinem »Galilei« die Thematik von Wahrheit und Parteilichkeit, von Geschichtlichkeit und Unfehlbarkeitsanspruch lite-rarisch verkleidet, um sie so seiner, der Kommunistischen Partei, am geschichtlichen Modellfall wenigstens indirekt sagen zu können, so nutzt Schneider jetzt das historische Drama als Waffe zur Demonstration der Wahrheit im Streit um Papst und Politik. Jetzt entstehen die beiden papstkritischen Dramen »Der große Verzicht« (1950) sowie »Innozenz und Franziskus« (1952), die sein Werk auch in dieser Hinsicht unverwechselbar machen. Auf die Bühne stellt Schneider nämlich die beiden aufregendsten Figuren der Papst-Geschichte: den mächtigsten Papst, den die Kirchengeschichte je gesehen hat, Innozenz III., sowie den ohnmächtigsten, den Papst, der als einziger in der Geschichte des Papsttums je freiwillig zurücktrat: Coelestin V.

Das Drama »Der große Verzicht« ist eines der papstkritischsten Stücke in der deutschen Literatur überhaupt. Ein Stück tiefer in seiner Papstkritik als Erasmus von Rotterdams Satire auf Julius II. (»Julius exclusus e coelis«), tiefer auch als Hochhuths »Stellvertreter«, der gerade keine Tragik des Papstes zulässt, sondern nur noch Versagen und Verblendung kennt. Tiefer, weil Schneider hier eine im Katholizismus seiner Zeit völlig tabuisierte Frage durchzuspielen wagt: *Rücktritt* des Papstes aus Verantwortung vor seinem Auftrag, Machtverzicht um Christi willen. Schon in diesem Stück um Coelestin V. durchdringen sich Vergangenheit und Gegenwart:

«Zwischen den Trümmern, um das Jahr 48, stellten sich die Gestalten wieder ein, sie hatten dieselben Zweifel auf den Lippen. Denn die Katastrophe war ja keine Antwort auf die Frage nach echter Ordnung. Die Säkularisierung der Macht war nicht aufgehalten, geschweige denn aufgehoben. Die Umrisse des nächsten Unwetters zeichneten den Himmel – und sie sind nicht mehr gewichen. Wenn der Prozess der Satanisierung der Macht nicht zu durchbrechen ist, so ist es ja Sünde, an der Herrschaft teilzunehmen.«[86]

Schon »Der große Verzicht« wirft damit grundsätzlich die Frage auf, ob ein Heiliger herrschen könne auf Erden und welche Gestalt seine Herrschaft haben müsse. Ja, es stellt allen Ernstes die Frage, ob man beides zugleich sein könne: radikal Christ und Papst zugleich? Können Macht und Machtausübung christlich gerechtfertigt werden? Wenn aber nicht, was wären die Konsequenzen? Aufgabe des Amtes, gar dessen Abschaffung? Weder – noch. Schon »Der große Verzicht« ist kein revolutionäres Kampfstück. Es sieht die Notwendigkeit der Machtausübung auch von Christen, aber auch das notwendige Scheitern. Kurz: Es sieht die Tragik, die Schuld im Bleiben und im Rückzug vom Amt. Das Stück hat somit eine *doppelte Front:* Es streitet wider einen Kirchenkonformismus, der die Frage nach der Vereinbarkeit von Heiligkeit und Macht nie als Problem erlebt; als sei Machtausübung im Zeichen des Kreuzes etwas Selbstverständliches. Und gleichzeitig streitet es wider einen Kirchenskeptizismus, der in letzter Konsequenz zur Selbstaufhebung der Kirche führen würde. Coelestins Amtsaufgabe aber ist nach Schneiders Darstellung gerade nicht verallgemeinerbar. Sie ist als radikal gegen das Amt vollzogene noch einmal dessen Bekräftigung:

> »Er hat dem heiligen Amt im letzten Sinne nicht widersprochen; er scheitert ja am Felsen – und es ist kein höheres Bekenntnis zum Fels als dieses Scheitern … Das ist ein Bekenntnis ohne irdische Glorie, die Macht des Machtlosen, der Sieg dessen, der das Schwert in die Scheide steckte, einmal und für immer.«[87]

MUSS DER PAPST ZURÜCK NACH JERUSALEM?

Und genau diese Problematik der Macht des Machtlosen vertieft Schneider noch einmal – der Konflikt um die Wiederbewaffnung hatte in der Zwischenzeit öffentliche Ausmaße erreicht – in seinem zweiten Papstdrama *»Innozenz und Franziskus«*. Mit »Innozenz« (1198–1216) stellt Schneider in der Tat den mächtigsten Herrscher auf die Bühne, den die cathedra Petri je gesehen hat. Sich nicht nur als Stellvertreter Petri, sondern als Statthalter Christi, gar Gottes begreifend, von dem die weltlichen Herrscher ihre Reiche zu Lehen empfingen (Zwei-Schwerter-Theorie), führt dieser Papst sich buchstäblich als Welt-Herrscher und Welt-Schiedsrichter auf. Schon der erste Akt des Dramas sieht ihn in Welt-Korrespondenz verstrickt mit dem König von Frankreich, den Geistlichen Islands, dem Sohn des Königs von Ungarn, dem Patriarchen von Konstantinopel.

Besonders verstrickt ist Innozenz in das Machtspiel um die deutsche Königs- bzw. Kaiserkrone, ist er doch seit dem Tod des Stauferkaisers Heinrich VI. 1197 Vormund des erst drei Jahre alten staufischen Thronerben Friedrich II. Im Januar 1198 zum Papst gewählt, spielt Innozenz nun in den im selben Jahr ausbrechenden Kämpfen um die deutsche Königs- bzw. Kaiserwürde eine groteske Rolle. Deutschland ist angesichts des Machtvakuums gespalten in zwei Königslager mit widerstreitenden Loyalitäten. Die einen huldigen dem Bruder Heinrichs VI., Philipp von Schwaben, die anderen dem Sohn Heinrich des Löwen, Otto IV. von Braunschweig. Vor allem aus machtpolitischen Interessen – Durchsetzung der Oberhoheit des Papsttums über die Könige – bezieht Innozenz offen für den Welfen Otto Stellung. Ihn glaubt er, durch Konkordate unter Kontrolle zu bringen. Von ihm verspricht er sich vor allem das Ende der Umklammerung des Kirchenstaats, gehören doch Nord- und Süditalien zum Deutschen Reich. Der Staufer Philipp dagegen wird von ihm mit dem Bann belegt.

Zu einem Dilemma kommt es, als Philipp König Otto IV. 1206 militärisch besiegt. Innozenz muss sich nolens volens zu Verhandlungen mit dem gebannten Philipp bereiterklären und ihm die Königs- bzw. Kaiserkrone zusagen. Damit aber noch nicht genug. Als Philipp gegen Otto rüstet, um ihn endgültig zu unterwerfen, wird er im Juni 1208 ermordet. Plötzlich ist Otto wieder am Zug, und Innozenz muss erneut die Seiten wechseln. Nichts anderes bleibt ihm übrig, als Otto im Oktober 1209 in Rom zum Kaiser zu krönen, nur um ihn dann ein Jahr später seinerseits mit dem Bann zu belegen, als er merkt, dass Otto die ihm bezüglich Unteritalien gegebenen Zusagen nicht einhält. Gegen Otto lässt Innozenz dann im Bündnis mit einigen deutschen Fürsten in Nürnberg sein Mündel Friedrich II. zum deutschen König wählen (September 1211).

Zugleich betreibt Innozenz leidenschaftlich eine *Politik der Kreuzzüge* nach innen und nach außen. Sein zur Befreiung Palästinas organisierter vierter Kreuzzug endet aber nicht in Jerusalem, sondern in Konstantinopel, wo die Lateiner die Griechen mit Plünderung und Mord überziehen (1204), der erste Kreuzzug, der sich ausschließlich gegen Christen richtet, ein Trauma bis heute in den Beziehungen von Byzanz zu Rom. Die gleichen Gewaltexzesse nach innen. Als die Katharer und Albingenser in Südfrankreich (im Raum Toulouse) immer mehr Zulauf gewinnen, predigt Innozenz auch gegen sie gnadenlos den Kreuzzug. Zwanzig Jahre, von 1209–1229, wird das gegenseitige Abschlachten in Südfrankreich dauern.

Das ist exakt die Zeit, 1210, in der es zur ersten Begegnung dieses Papstes mit einem Bettelmönch aus Assisi kommt. Die Überlieferung will es, dass Innozenz durch einen Traum auf diese Begegnung vorbereitet ist. So lässt sich besser erklären, warum ausgerechnet dieser Papst – erstaunlich genug – von Anfang an Verständnis hat für diese radikale christliche Lebensalternative in Armut und Demut. Schneider lässt seinen Innozenz über Franziskus sagen: »Er soll seinen Ort in der Kirche haben – eben *jetzt*. Es darf nicht sein, dass die Kirche diesen Ort nicht hat.«[88]

Schneiders Drama also lebt von der Konfrontation dieser beiden Machtsphären: dem Kampf des Stellvertreters Christi um die Bändigung der Macht der Welt-Herrscher. Auch die politische Macht muss von einer höheren Macht gebunden werden, muss sich der Macht Christi unterstellen. Zugleich aber bricht die Frage auf, ob die Vertretung der Macht Christi in Form von Welt-Herrschaft überhaupt legitim ist. An diesem Konflikt wird Schneiders Innozenz zur tragischen Figur, von Otto im Machtspiel der Mächtigen getäuscht, vom Sohn des Grafen von Toulouse, dem jungen Raymund, darüber informiert, wieviele Unschuldige unter den Opfern seines Kreuzzug sind: Feuertod für Kinder und Frauen. Der Kreuzzug – ein Werk der Hölle im Namen der Wahrheit Christi. Schockiert hält der junge Raymund dem Papst ein verkohltes Kreuz entgegen, geborgen aus dem Schutt der Kirche von Lavour. Unter dem Schutt Knochen und Schädel, offensichtlich die von Frauen und Kindern, die sich in die Kirche geflüchtet hatten. Verbrannt wurden sie wie »Scheite im Herde«. So geschehen an vielen Orten in Südfrankreich. Die bittere Konsequenz des jungen Raymund:

> »Es kann ja nicht anders kommen. Denn die Städte fallen nicht, eh sie nicht im Feuer stehen oder niedergebrannt sind. Wer den Krieg aufnahm, zum Kriege aufrief, der musste dies wollen, den Feuertod der Unschuldigen. Denn die Kinder waren ja keine Ketzer, waren nicht mit Willen, und die Frauen erlitten nur, was die Männer begonnen hatten.«[89]

Das Bemerkenswerte nun: Schneider lässt seinen Innozenz begreifen, was er mit dieser Art von Kreuzzugs-Politik für die Stellvertretung Christi angerichtet hat. Warum aber kann er das? Weil sein Innozenz von Anfang an ein Zerrissener ist. Zu sehr hatte er bereits in seiner Jugend in vielgelesenen Traktaten über die Misere menschlicher Existenz geklagt und sich einer »Verachtung der Welt« hingegeben, um nicht Verständnis zu haben für christliche Radikalität, Bekämpfung der Sünde, Streben nach Reinheit. Schneider zeigt ihn uns denn auch als gespaltenen Menschen. Öffentlich ist sein Innozenz ein Herrscher ohne jeden Anflug von Zweifeln, privat aber ein von Zweifeln Beherrschter. Öffentlich ein Triumphator, privat ein Zauderer. Öffentlich ein Fanatiker, privat ein Melancholiker. Öffentlich ein Prediger des Kreuzzugs, privat ein Sucher der Kreuzesnachfolge. Nur so wird die Tragödie des Innozenz überhaupt nachvollziehbar, die Tragödie eines Christen, der scheitern muss, weil zwei Dinge gleichzeitig gegeneinander stehen: sein Amt, das göttlichen Ursprungs ist, mit dem er für die Verwirklichung von Gottes Reich auf Erden einzustehen hat, und die gleichzeitige Korrumpierung dieses Anspruchs durch das Sich-Einlassen auf diese Welt, das Gottes Willen widerspricht. Mit Innozenz also präsentiert Schneider uns einen »Stellvertreter Christi«, der die Welt beherrschen will und doch zugleich von ihr beherrscht wird; der die Fürsten binden will und doch zugleich von ihnen gebunden wird; der die Welt von allem Korrupten befreien will und dies mit Mitteln tut, die ihn selber korrumpieren.

Dabei hat Schneiders Innozenz einen radikal alternativen Lebensentwurf für die Nachfolge Christi durchaus im Blick: symbolisiert in seiner Sehnsucht nach dem einfachen Fischer Petrus, der Armutsbewegung des Franz von Assisi, der Vision eines anderen Kreuz-Zugs, zurück zu den Ursprüngen nach Jerusalem. Seine Tragödie aber besteht darin, dass er die Entscheidung für diese radikal christliche Alternative am Ende wiederum nur für sich privat vollzieht. Ganz persönlich quält ihn die Frage, wer denn dafür »bürge«, dass »der Herr dort ist, wo der Diener ist«. Ganz persönlich hat er die Vision einer *Rückkehr des Papstes nach Jerusalem*, die Vision eines Kreuzzugs ganz anderer Art, des Rückzugs nämlich unter das Kreuz: »Es geht um viel mehr, Brüder«, lässt Reinhold Schneider seinen Innozenz am Ende sagen, »darum, dass die Christenheit aufbricht nach Jerusalem. Darum, dass sie nicht mehr zu leben vermag außerhalb der heiligen Mauern.«[90]

MACHTVERZICHT UM CHRISTI WILLEN?

Wir merken schon: Nicht bloß ein »geschichtlicher Innozenz« erscheint hier auf der Bühne, sondern ein Innozenz als *Modellfall von Papsttum* schlechthin: Demonstrationsobjekt einer zeitübergreifenden und damit auch gegenwärtigen Problematik. An Innozenz zeigt Schneider, wie es um christliche Existenz und Moral *(in* dieser Welt, aber nicht *von* dieser Welt) bestellt ist. Deshalb ist sein Innozenz auch in die Welt *Pius XI.* und *Pius XII.* verschlungen, Päpste, die in *ihrer* Zeit – das Kreuz und die »christliche Tragik« überspringend – sich in Schneiders Sicht wiederum allzu bereitwillig mit der weltlichen Macht eingelassen hatten: Konkordate mit Mussolini und Hitler, Unterstützung westlicher Rüstungspolitik nach dem Krieg. Als einziger der katholischen Schriftsteller wagt Schneider es, einen Papst auf der Bühne vorzuführen, der Pius XII. zum Verwechseln ähnlich sieht, der aber anders als Eugenio Pacelli seine eigene Zwiespältigkeit durchschaut, seine eigene Gebrochenheit reflektiert. Als einziger hat er den Mut, in seinem »Coelestin«-Stück öffentlich zumindest das Problem aufzuwerfen, ob nicht der Papst »um Christi willen« Machtverzicht üben solle. Die Möglichkeiten der Literatur nutzt er aus: Modelle entwickeln, Entwürfe präsentieren, das Undenkbare denken. Was wäre die Kirche ohne diese geistige Gegenkraft der Literatur?

Großstadterfahrung

Wenn es ein Buch von Reinhold Schneider gibt, an dessen Radikalität sich viele Leser noch heute erinnern, dann ist es sein allerletztes: »Winter in Wien. Aus meinen Notizbüchern 1957/58«, im Jahr seines Todes erschienen. Ein Buch, aufregend nicht nur im Inhalt, sondern auch in der Form, die ganz entscheidend geprägt ist vom Ort der Entstehung: der Metropole Wien. Man kann nicht scharf genug sehen, dass es eine innere Korrespondenz zwischen Schreibart und Schreibort gibt, dass also die von Schneider gewählte Formensprache der Versuch einer adäquaten Reaktion auf den Raum ist, in dem er sich schreibend selbst erfahren hat. Entstanden ist das Buch in den Monaten November 1957 bis März 1958 – in Wien, in einem urbanen Zentrum, in einem Raum von besonderer Dynamik und eigentümlicher Struktur. »Winter in Wien« versteht man nur recht als Reaktion auf die spezifische Großstadterfahrung. Dieser Ort erzwingt offensichtlich andere Formen des Denkens, neue Formen der Wahrnehmung, differenziertere Perspektiven auf das eigene Leben, die eigene Geschichte und den eigenen Glauben.

EIN WINTER IN WIEN

Programmatisch heißt es schon auf der ersten Seite:»Es geht nicht um einen Austausch mit dem unauslotbaren Phänomen Wien, sondern um ein Hören, Empfangen, um die lernende Existenz in dieser Stadt, die Stern und Verlockung für mich war in frühesten Jahren und die zum erstenmal zu betreten ich erst diesen Sommer den Mut fand.« (X,177f.) Zur Großstadterfahrung also gehört die Erfahrung der prinzipiellen »Unauslotbarkeit«. Aber auch die Erfahrung, dass man angesichts des Riesenraumes nicht zum Subjekt, sondern Objekt wird. Die Perspektiven drehen sich um. Wer als Wissender kommt, wird zum Hörenden, Empfangenden; wer mit Selbstgewissheit einen Großstadtraum betritt, gerät in die Krise:»Es ist fatal, wenn ein Dichter so viel weiß wie Gott; wenn er sich auf das Geheimnis der Geschichte, auf das Mysterium der Fügung versteht« (X,181), heißt es denn auch gleich zu Anfang von »Winter in Wien«. Das Charakteristische der Großstadterfahrung ist nämlich dies: es ist die Gleichzeitigkeit des Heterogenen; es ist die sich überlagernde Präsenz von Widersprüchlichem, Unzusammenhängendem, Ungeordnetem. Die Großstadt ist ein Raum geschichtlicher Amalgame, immer neuer geistiger Legierungen. Was hat sich nicht alles über Jahrhunderte hier abgelagert? Verschiedene Völker haben ihre Spuren hinterlassen, verschiedene Kulturen, verschiedene geschichtliche Perioden, verschiedene politische Systeme, gänzlich widersprüchliche geistige Strömungen. Wer mit einer Großstadt als Lebensraum konfrontiert ist, gerät buchstäblich ins Unbegreifbare. Da ist nichts, was nicht zu dieser Wirklichkeit gehörte: das ganze Spektrum von Glück und Scheitern, Siegen und Niederlagen, von Tragödien und Komödien. Urbanität steht für Spontaneität, Bewegung, Tempo. Und Urbanität steht für das Einströmen immer neuer Sinneseindrücke, unbegreifbar, unbeschreibbar. Wer dennoch eine Großstadt beschreibt, wird bestenfalls zum Registrierenden, der eine Gesamtordnung nicht mehr findet; wird zum melancholischen Betrachter, der weiß, dass nichts mehr auf letzte Sinnstrukturen zu bringen ist. Was er findet, sind nicht Spuren der ersten, Gottes Schöpfung, sondern Spuren der zweiten, des Menschen Schöpfung. Technik, Konstruktion, Infrastruktur, Installationen aller Art. Die Stadt – sie ist das komplexeste aller menschlichen Artefakte, das ästhetisch zu faszinieren versteht, weil es sein eigenes vielbezügliches Verweissystem aufgebaut hat. Man nimmt Strukturen wahr, ohne ihren Sinn zu erkennen; man zieht Linien aus, ohne zu wissen, wohin sie führen; man wird mitgerissen im Strom und kennt doch nicht das Ziel, auf das alles zuläuft.

Reinhold Schneider ist in seinem Wiener Winter zu einem typisch modernen Großstadt-Flaneur im Stile Baudelaires geworden. Die Perspektive ist zurückgenommen auf das Subjektive und Assoziative. Und schon diese Formentscheidung signalisiert, dass man angesichts der Unbegreiflichkeit einer Großstadt keinen objektiven Wahrheitsanspruch mehr vertreten kann. Schreiben muss sich zurücknehmen auf eigene Erfahrungen, auf möglichst präzise Wahrnehmung und Beschreibung. Schneider hat dies realisiert. Die enge Korrespondenz von Inhalt und Form bringt er deshalb unmittelbar nach seiner Rückkehr von Wien, im März 1958, die dreizehn blauen Schulhefte noch im Koffer, in die er seine Aufzeichnungen »gekritzelt« hatte, nicht zufällig einem Freund gegenüber auf diese Formel: »Ich habe kein Geschichtsbild geschrieben. Heute kann man sich nur noch aphoristisch ausdrücken und auf Bruchstücke hinweisend (X,443).

BRUCHSTÜCKE, DISSONANZEN

»Winter in Wien« besteht in der Tat aus solchen Bruchstücken. Schneider erweist sich hier nun vollends als der, der er als Künstler stets war: ein Meister der Kontraste und Widersprüche, ein Virtuose des Vielebenenspiels, der mit geschichtlichen Verweisen, Anspielungen und Bezügen Komplexität herzustellen vermag. Sein Winter-Buch ist geprägt von einer *Ästhetik der Abwesenheit,* die nirgendwo deutlicher zutage tritt als in den melancholischen Meditationen über die »Kaiserstiege« im Burgtheater, dem Treppenaufgang also, über den der Kaiser einst das Haus betrat:

> »Ich schleiche mich zu Anfang des zweiten Aktes aus der Loge – und ich habe eine halbe Stunde sozusagen in königlicher Einsamkeit, in der Burg. Denn auch die braunbefrackten Diener sind nicht zu sehen, das Büfett ist abgeräumt. Großartig, in Intervallen, hebt sich die Kaiserstiege herauf in den spiegelnden Glanz des Marmors und der Kristalle. Es ist Entweihung, dass ein anderer als der

Kaiser sie beschreitet ... Die Stiege wartet auf den Kaiser, der nicht wieder-kehrt ... Der Kaiser kommt nicht. Er geruht nicht, die Stiege zu betreten. Das Klima der Welt sagt ihm nicht zu.« (X,182)

Dass aber das Klima der Welt dem Kaiser nicht zusagt, hat mit der radi-kalen Veränderung in der zweiten Hälfte des 20. Jahrhunderts zu tun. Diese steht jetzt im Zeichen von Technik und Industrie, konkret im Zei-chen der Spaltung des Atoms. Die Atombombe über Hiroshima: Sie ist das Menetekel für Schneider schlechthin. Er weiß, dass die Welt seither nie mehr so werden kann, wie sie einst war. Und es gibt eine Passage in »Winter in Wien«, wo diese Erkenntnis durch die Gegenüberstellung von Max Mell, dem Dichter Alt-Österreichs, und dem Atomphysiker Otto Hahn in einzigartiger Weise verdichtet wird. Die Welt Habsburgs und die Welt der Atomphysik, die Welt Mozarts und die Welt der Kern-spaltung – Gleichzeitigkeit des Heterogenen:

»Und die Stadt arbeitet an mir und ereignet sich innerhalb der engen Grenzen meiner Existenz und meines Sehvermögens. Das Autochen findet keuchend sei-nen Weg durch kreuzende Ströme; ich fürchte, zu spät ins Ministerium zu kom-men, wo eine kleine Feier für Max Mell stattfinden soll. Vor dem Tor, auf dem Minoritenplatz, ruft mich Otto Hahn an, der heute abend im Konzerthaus spre-chen will. Seine Bestimmung, seine Persönlichkeit beschäftigen mich immer-fort, wie mir ja die Forscher als Regenten der Zeit, in Fesseln der Zeit mehr als die Künstler zu sagen haben vom Menschlichen, vom Schicksal des Geistes, von Geschichte. Ich darf mich auf ihn berufen und werde also heute abend Einlass finden.
Die Begegnung geht mir nicht aus dem Sinn, während oben in dem edlen Ro-kokosaal, gegenüber der Minoritenkirche, vor einer kleinen Gesellschaft das Quartett Mozart spielt, Mells Verse vorgetragen werden, der Herr Minister den Jubilar auf schlicht überzeugende, herzliche Weise ehrt, der Geehrte ergriffen dankt. Er legt das Bekenntnis seines Lebens und Wirkens ab: Glaube an die Dauer, und das heißt an die Antike, das Volk und den Menschen, an Österreich, Absage an den Untergang. Und dann, aus dem vorgelesenen Vortrag über Stif-ter, dessen großes Wort: ›Mäßigung besiegt den Erdkreis.‹ Und wieder Mozart – und wir stoßen an mit dem lieben verehrten Jubilar –, und ich sehe wieder den großen Forscher im unauffälligen grauen Mantel neben dem kleinen Auto vor der Kirche der Minoriten; es dunkelt draußen; Regen kündigt sich an. Ist denn

das noch da, was uns umgibt? Was würde Stifter tun, heute, wenn er wüsste, was wir wissen müssen – und fände Mozart, Schmetterling vor Wintersanbruch, noch eine Blüte?« (X,184f.)

Zuerst also die Wahrnehmung des Ausgesetztseins und das Einge-ständnis des begrenzten Blickwinkels: Der Autor ist ganz Beobachter, mehr Objekt eigentlich als Subjekt. Das weckt beim Leser Vertrauen in die Unaufdringlichkeit und Sachlichkeit des Berichterstatters. Scharfer Schnitt: Szene im Auto, das mehr ist als Transportmittel. »Keuchend« und »kreuzende Ströme« sind symbolische Signale für das Leben des Autors selbst in dieser Stadt. Das Fahrzeug wird objektives Korrelat der eigenen Erfahrungen. Ein Prozess der Symbolisierung hat im Text be-gonnen. Schon wird die Begegnung mit Österreichs großem Schriftstel-ler Max Mell – Symbol einer versunkenen Welt Alt-Österreichs – überla-gert durch die Begegnung mit dem Atomphysiker Otto Hahn, dem Vertreter der neuen, technikbeherrschten Welt: »Regent der Zeit«. Szenenwechsel vom Auto in den Rokokosaal, von außen nach innen: Mozarts Musik, Mells Verse, die Rede des Ministers, der Dank des Ge-ehrten, ein Stifter-Satz über die Mäßigung: eine beinahe gespenstisch-unwirkliche Szene angesichts der Welt des Physikers, die Atombombe im Hintergrund. Ein raffiniertes, assoziativ arrangiertes Vier-Ebenen Spiel wird inszeniert: die Feier und ihr unverbindliches Geplauder – Stifters Wort – die Begegnung mit der bedrohlichen Welt Hahns (er wird noch einmal in reizvollem Kontrast gezeigt: die unauffällige Kleidung und der mächtige Mann, die Minoritenkirche – die Kirche der Armen und Ohnmächtigen – als Kulisse für den Vater der Atombombe) und schließlich Mozarts Musik. Widersprüchliche Ebenen stoßen gleichzei-tig zusammen, durch die Parenthese direkt nebeneinandergestellt. Der Wechsel vom Punkt übers Komma zum Semikolon signalisiert eine Ver-schärfung des Tempos. Die Notizen über das Wetter (»dunkel«, »Regen«) werden wie beiläufig eingestreut und sind doch genau kalkulierte Sig-nale; sie verstärken noch diese Szene zarter Dissonanzen in einer At-mosphäre ratloser Melancholie und fragender Traurigkeit. Dieser Autor kann ein souveräner Arrangeur der Gleichzeitigkeit des Ungleichzeiti-gen sein; ein Virtuose der Dissonanzen. Er schlägt seine Leser in Bann, um sie seinen verführerischen Assoziationen zu überlassen; er stellt Fragen, ohne seine Leser je direkt gefragt zu haben; er geht auf eine beinahe schüchtern-unaufdringliche Weise seinem Leser unter die Haut. Seine Prosa ist wie Nieselregen, der langsam und gewaltlos in die Kleider dringt, bis es einen fröstelt.

SEDIMENTE DER GESCHICHTE

Zur Großstadterfahrung gehört aber auch die Wahrnehmung der verschiedenen *Schichten von Geschichte,* gehört der Röntgenblick durch die Fassaden. Niemand unter den Schriftstellern seiner Zeit konnte wie Schneider geschichtliche Zusammenhänge aufdecken und beschreiben. So besteht auch »Winter in Wien« nicht zufällig aus ungezählten Geisterdialogen etwa mit den großen Dramatiker-Kollegen, mit Grillparzer, mit Raimund, mit Nestroy und Strindberg. Wenn er durch die Gassen geht, vernimmt er Stimmen aus den verschiedensten Epochen. Die Großstadterfahrung ist ja die Erfahrung der Gleichzeitigkeit nicht nur im Raum, sondern auch in der Zeit. Alles wird gleichzeitig hörbar und auf diese Weise wieder unverstehbar. Spiegelgasse in Wien, Nummer 21? Verstarb da nicht Grillparzer, »Ehrendoktor vieler Universitäten, Mitglied des Herrenhauses, reich an Ehren, aber auch an Bitternissen, in der missmutig empfundenen Genugtuung darüber, dass alles so schlimm gekommen war, wie er immer vorausgesagt hatte? Und nur ein paar Schritte weiter? Steht da nicht das Haus, wo Schuberts ›Unvollendete‹ aufklang, abriss, und so vollendet wurde in ihrer Unvollendetheit? Und wiederum ganz in der Nähe? Ist da nicht die Wohnung der Ebner-Eschenbach? Und nicht weit davon entfernt in einem stummen, achtlosen Palais: Konnte man da nicht zum ersten Mal Beethovens ›Eroica‹ hören? Ist nicht Haydns Dachgeschoss ganz in der Nähe?« Bewusst bricht Schneider an dieser Stelle den Gedankengang ab, um dann diese Gleichzeitigkeit der Stimmen melancholisch zu reflektieren:

> »Die Stadt spielt sich in mir ab. Österreichisch ist, um noch einmal den verehrten Dichter und Gastgeber zu zitieren, die ›schöne Fähigkeit zum hohen Traum und die Unfähigkeit, ihn zu verwirklichen‹. – Und zum Abschied wieder die bewunderte Treppe, während die Türe sich schließt vor Zeiten, Erkenntnissen, ›Kammerkonzerten‹, die, wie Trakl sagte, ›auf verfallenen Treppen verklingen‹.« (X,207)

So ist »Winter in Wien« die »Handarbeit« (X,4,13) eines Melancholikers, der weiß, dass der Großstadtraum einem immer *neue Rollen* von extremer Polarität aufzwingt. Auch er pendelt zwischen Liturgie und Leierkasten, Theologie und Theater, Kirche und Kaffeehaus, Hofburg und bescheidenem Hotel. Reinhold Schneider – ein Wien-Gast, der über den Kosmos meditieren kann und sich anschließend in die Operette flüchtet, der Geisterdialoge mit Großen der Geschichte führt und anschließend den »Bettelstudent« braucht oder in Millöckers »Vizeadmiral« (X,340) Trost sucht. Keine Synthesen und geschlossenen Bekenntnisse legt er mehr vor wie in früheren Gedichten und Traktaten, sondern eine literarische Collage, durchsetzt mit treffsicheren Aphorismen wie diesen: »Christus ist nicht der Ordner der Welt. Er ist unsere tödliche Freiheit«. (X,186) Kurze Notate, Gedankenfetzen, Erinnerungsspuren, knappe Berichte, schonungslose persönliche Wahrnehmung: das ist die Weise, in der Schneider auf Wien reagiert. Großstadterfahrungen »erzeugen« Glaubenskrisen, ja sind Glaubenskrisen; alles andere wäre unwahrhaftig, wäre Selbstbetrug.

Die Krise des Glaubens

Bruchstücke, Dissonanzen – das gilt freilich nicht nur für das, was dieser Schriftsteller schreibt, sondern auch für das, was er beschreibt. »Sie enthalten etwas ganz anderes, als man von mir erwartet« (X,443), hatte er gleich nach der Rückkehr aus Wien über seine Notate gesagt.

EIN LEBEN NACH DEM TOD?

Und was sie Unerwartetes enthalten – im Vergleich zu früheren Positionen – lässt sich als doppelte Radikalisierung beschreiben. Es ist zum einen die Problematisierung eines Glaubens an ein Leben nach dem Tod. »Ich muss dir sagen«, gesteht er einem Freund nach der Rückkehr, »an ein persönliches Weiterleben nach dem Tode glaube ich nicht mehr. Aber mir ist ganz wohl dabei.« (X,443) Das Leben war für ihn, den Kranken, oft unter Schmerzen Leidenden, ein einziger Prozess der Selbstzerstörung. Der Tod dagegen musste ihm im Kontrast dazu wie die Ruhe schlechthin erscheinen. Merkwürdige, bedenkenswerte Sätze: Dieser

Mann betet in einer Kirche um die ewige Ruhe, nicht um das ewige Leben. Er will sich von Gott nicht aufwecken lassen, weil mit dem Leben der Prozess der Selbstzerstörung weiterginge. »Wenn ich das Leben nicht will, nicht mehr wollen kann, so vermag auch Gott nichts über mich; denn Gott ist das Sein, und dieses ›Nicht mehr‹ entrückt seinem Bereich« (X,232). Stattdessen will er die Ruhe, das Verlöschen ohne Verlangen nach ewigem Leben.

HARMONIE IN DER SCHÖPFUNG?

Verbunden damit ist die gleichzeitige Erfahrung der *Problematisierung des christlichen Vatergottes.* Drei Grundeinsichten waren dafür entscheidend: die Wahrnehmung der unablässigen Tragödien der Geschichte; der Blick in den leeren, echolosen Kosmos, die Erfahrung also des »Schweigens der unendlichen Räume« sowie schließlich die Beobachtung der Gnadenlosigkeit der Evolution, die im Gesetz von Fressen und Gefressenwerden besteht, in der Durchsetzung des stärkeren Lebens durch Vernichtung des Schwachen. Die Notizen über besonders eklatante *Fälle von Grausamkeit und Gnadenlosigkeit in der Schöpfung* gehören zu den eindrücklichsten Passagen von »Winter in Wien«: »Die Bewunderung der Zweckmäßigkeit, mit der ein Tier zur Vernichtung des anderen ausgestattet ist, der Bienenwolf zum Verderb der Bienen, die Wasserspinne zum Fischfang, der Ameisenbär für die Ameisen, grenzt an Verzweiflung. Parasiten töten freilich nicht; sie haben ein Interesse am hinlänglichen Wohlbefinden des Geschöpfes, in dem sie hausen. Die aber Leben erzeugen, töten ohne Gnade.« (X,321)
Konsequenz: An eine »Harmonie in der Schöpfung«, an den christlichen »Vater-Gott«, den er in den Kriegszeiten-Sonetten noch gläubig-vertrauend angeredet hatte, konnte Reinhold Schneider jetzt nicht mehr glauben. Im Gegenteil: radikal hatte sich Gottes Antlitz für ihn verdunkelt. Der Blick auf die Schöpfung offenbart deren Absurdität:

»Man gehe nur einmal durch das Naturhistorische Museum – und Gott ist ebenso nah wie fern. Es ist unmöglich, ihn vor dieser unübersehbaren Gestaltenwelt, dieser entsetzlichen Fülle der Erfindungen zu leugnen; ihn zu leugnen vor der absurden Architektur des Dinosauriers, eine Kathedrale der Sinnlosigkeit, des Lebenswillens, der nicht leben kann; vor den bösen Gespenstern japanischer Krabben, eines hochbeinigen Liebespärchens aus dem Inferno; vor dem Octopus, dem achtfachen Kopffüßler, den man, wenn ich mich recht erinnere, im Hamburger Aquarium zur Erbauung der Besucher mit einer Riesenlanguste konfrontierte: der Verlauf der Begegnung war überraschend; der Octopus umschlang die Scheren des Gegners, zerbrach sie und saugte das Leben aus der Schale. Und der Seestern bricht die Muschel auf, stößt den Magenschlauch hinein und trinkt sie leer wie ein Ei. Von den Haien, die sich über die Walrosse werfen – von der Seite her; von der Wehrlosigkeit der Seehunde und Delphine ist nichts zu sagen und nichts vom Kampf der Riesenquallen mit den Walen; vom Frosch, der, aufrecht stehend wie ein Mensch, von dem ihn umschnürenden Egel ausgesaugt wird; nichts von der Verdammnis der Haie und dem geheimnisvollen, aber gewiss nicht schmerzlosen Untergang der Saurier und der Mammute ... Das Schaurige ist, dass menschliche Formen durch die Ungetüme spielen; das Knie des Dinosauriers erinnert an ein menschliches Knie, und die Fünfzahl der Finger und Zehen verbirgt sich noch in den Stützflossen der Elefantenrobbe. Der schönste Vogel hascht im Fluge den schönsten Schmetterling; er pflückt die Schwingen ab und lässt sie dahinwehen und verschlingt den zarten Leib, der sich für seine kurze Dauer mit ein wenig Nektar begnügte und schutzlos das Farbenspiel der Flügel, ein Blitz aus den Händen des Vaters, an die Welt verschenkte. Auch ist zur Zerstörung der Rose, wie es scheint, eigens ein grün-gold schimmernder Käfer erschaffen worden. Ich sah ihn bei der Arbeit in Muzot. Er hat, unreiner Widerspruch, keine Rose verschont.« (X,280f.)

Gott ist für Schneider angesichts solcher Sinnlosigkeiten – die Rosen auf Rilkes Grab in Muzot wurden nicht verschont – dunkel geworden: »Und das Antlitz des Vaters; das ist ganz unfassbar« (X,281). Gott trägt jetzt – wie er sagt – die »schreckliche Maske des Zerschmeißenden, des Keltertreters«. Gewiss: Schneider will gerade angesichts der »entsetzlichen Fülle der Erfindungen« in der Evolution den Glauben an Gott nicht völlig preisgeben. Aber sein Bild von Gott hatte sich nun radikal verändert. Gott ist in »Winter in Wien« weder der gütige Vater noch der Richter »dort oben«, vor dem sich der Mensch zu verantworten hätte. *Gott ist nur noch in der Niedrigkeitsgestalt der Welt, im Modus des Leidens und des Schmerzes* erkennbar und glaubbar. Die Schmerzensmutter, die Pietà, und der Glaube an die Menschwerdung Gottes rücken nun ins Zentrum, aber so, dass sie von Schneider in ihrer immanenten Theo-

Logik gewissermaßen zu Ende gedacht werden. Gott ist für den von Schmerzen und Melancholie in seiner Spätphase mehr denn je Gequälten nun endgültig und ein für allemal eingegangen in die Immanenz und teilt allen Schmerz und alles Leid der Welt. In der Pietà konnte Schneider deshalb jetzt nur noch Klage ohne Trost und den der Todesfinsternis erlegenen Sohn erblicken mit der bemerkenswerten Konsequenz: »In dieser Sicht schwindet das Bild Gottes immer tiefer in die Todesnacht.« Weihnachten war für Schneider jetzt die »Vollendung« der Menschwerdung, Gottes »letzter Schritt« – und zwar »in die Erdennacht«.

KEIN VERLANGEN NACH TRANSZENDENZ

Konsequenz: Der Glauben an einen transzendenten, jenseitigen Gott wandelt sich in den Glauben an einen Gott, der in die Immanenz der Welt radikal eingegangen ist und ihren Schmerz teilt, den *Glauben also an einen Schmerzensgott.* Der mitleidende Gott war ihm jetzt »hilfreicher« als der »wiederauferstandene«. Ja, Reinhold Schneider ist jetzt zu einer letzten Konsequenz aus dieser Theologie des Leidens bereit. Denn wenn Gott nur im Modus des Welt-Schmerzes da ist, ist seine transzendente, metaphysische, »jenseitige« Wirklichkeit und Macht damit irrelevant geworden. Auch der christliche *Glaube an die Auferweckung, an ein ewiges Leben* nach dem Tode ist ihm entglitten:

> »Der Glaube an Auferstehung setzt den Wunsch nach Auferstehung voraus – oder die Angst vor dem Nichts. Aber weder dieser Wunsch noch die Angst verstehen sich von selbst; in der Definition des Menschlichen, soweit sie überhaupt möglich ist, sind sie nicht eingeschlossen. Menschentum kann sich darstellen, formen, ohne von der Frage nach Unsterblichkeit beunruhigt zu werden: Hier ist die Grenze der Verkündigung, der Mission, des Wortes, des Christentums. Es ist nicht das Wort an alle, sondern an die Erwählten unter allen.« (X,229)

Und es war keine Frage, dass Schneider selbst sich zu diesen »Auserwählten« nun nicht mehr zählte. Der Glaube an eine Unsterblichkeit war ihm zunehmend fremd geworden:

»Wenn ich das Leben nicht will, nicht mehr wollen kann, so vermag auch Gott nichts über mich; denn Gott ist das Sein und dieses ›Nicht mehr‹ (nicht das affektive und daher verdächtige ›Nein‹) entrückt seinem Bereich.« (X,232)

Das also war der entscheidende Punkt: Schneider hielt zwar weiter an »Gott« fest, aber das *Verlangen nach Transzendenz,* nach einem ewigen Leben war in ihm *erstorben.* Nicht nur hatte er den Glauben an eine Auferweckung durch Gott verloren, sondern auch den Wunsch danach. Seine Auseinandersetzung mit der Schriftstelle Lk 10,25 (»Meister, was muss ich tun, um das ewige Leben zu erlangen«) macht dies überdeutlich. Die gesamte christliche Kultur mit all ihren Ausstrahlungen werde »von dem Ernst dieser Frage getragen«, meint er. Aber sei diese Frage dem Menschen »wesentlich«, sei sie »unabdingbar«? Antwort: Nein. Weder die Vorsokratiker noch die Stoiker hätten sie aufgeworfen; unüberschaubare Völkerscharen seien dahingegangen, ohne an ihr zu leiden ... »Was kann Christi Sieg über den Tod Menschen und Völkern bedeuten, die sich in den Tod ergeben haben, nach Ewigkeit gar nicht verlangen? Die Osterbotschaft kann sie nicht erreichen.«

Die geistige Alternative? Sie ist mit Formulierungen wie »Verlangen nach Verlöschen«, »Ergeben« in den Tod, Nichtverlangen nach »Ewigkeit« bereits angedeutet. Auffälligerweise durchziehen das ganze Buch ähnliche Aussagen von einer letzten Wunschlosigkeit, einer Sehnsucht nach Vergehen, einem Bedürfnis nach Einsamkeit und großer Freiheit: »Ich begehre nichts zu begehren, und ich wünschte nichts zu wünschen: das gelte auch für Unsterblichkeit in jeder Bedeutung« (X,389) – Formulierungen somit, die an buddhistische Vorstellungen erinnern, worauf auch die Anspielung auf »Menschen und Völker« schließen lassen dürfte, die sich in den Tod ergeben hätten, nach Ewigkeit gar nicht verlangten und die somit von der Osterbotschaft auch gar nicht erreicht werden könnten. Und in der Tat war Reinhold Schneider – unter Schopenhauers Einfluss – in diesem seinem letzten Buch dem sehr nahe, was er ungefähr zur gleichen Zeit im Zusammenhang mit Simone Weil einmal »buddhistisches Christentum« genannt hat, ein Umstand, den ihm gerade katholische Kritiker wie Hans Urs von Balthasar, der ihn vorher für sein Katholizismusverständnis vereinnahmt hatte, sehr verübelten.

SCHNEIDERS BLEIBENDE HERAUSFORDERUNG

Worin besteht für uns Nachgeborene die Herausforderung des Schrift-
stellers und religiösen Denkers Reinhold Schneider? Legt man sein letztes und größtes Werk »Winter in Wien« zugrunde, so wird man in aller
Knappheit sagen können:

(1) Reinhold Schneider hat wie kaum ein Künstler die Spannung von
Glaube und Künstlertum exemplarisch durchlitten und thematisiert.
Nicht seine Synthesen, von denen er sich selbst distanzierte, sondern
seine Dissonanzen sind uns nahe. Für uns ist er heute gerade in seinem
Scheitern wichtig.

(2) Seiner eigenen Kirche gegenüber ist Reinhold Schneiders *Kritik* von
uneingeholter Widerständigkeit. Mag sie auch von einer konservativen
Reichsidee vermittelt sein, die unter demokratischen Bedingungen so
nicht wiederholbar ist: Die Risse, Brüche und tragischen Widersprüche
christlicher Existenz im Raum weltlicher Macht hat er wie kaum einer
analysiert. Seine Kirche des Gekreuzigten spricht allem kirchlichen Triumphalismus Hohn.

(3) Als religiöser Denker hat er Probleme »vorgedacht«, deren Ausmaß
wir Nachgeborene erst heute voll begreifen. Die *Arbeit an einem neuen
Gottesbild* – die Tragödien der Geschichte, des Bios und des Kosmos vor
Augen – ist von ihm her eine unbewältigte, vielleicht unbewältigbare
Aufgabe. Reinhold Schneider ist uns gerade hier in erschreckender
Weise »gleichzeitig«. Der als »katholischer Dichter« oft genug verein-
nahmte Reinhold Schneider könnte eine der Führfiguren eines künfti-
gen Dialogs von Ost und West, Indien und Europa, Buddhismus und
Christentum sein. Seltsam zu denken, dass gerade er, der Alteuropäer,
für uns eine Leitgestalt werden könnte über das Europäische hinaus.

(4) Nahe steht er uns auch in der Arbeit an einem *neuen, komplexe-
ren theologischen Denkstil*. Die Dissonanzen, das Aphoristische als
literarische Form, die Gleichzeitigkeit des Widersprüchlichen, der Zu-
sammenstoß der Gegensätze, die unauflösbar sind: all dies ist Wider-
spiegelung einer Großstadtwelt, einer Welt der Gegensätze und Dishar-
monien, die Konsequenzen für das theologische Denken haben muss.
»Der Zweifel ernährt den Glauben, der Glaube den Zweifel«, heißt es in
»Winter in Wien«; und in der Tat muss man – wie Schneiders Wiener Gesprächspartner Friedrich Heer einmal formulierte – »wenn man die

Frömmigkeit des Reinhold Schneider verstehen will, dieses Schwebende, Bebende, diese Zerreißprobe – Glaube in Unglaube; Unglaube in Glaube, Glaube vor dem Nichts ... – wahrnehmen, will man ihren Sinn, ihre Tiefe erfahren.« Friedrich Heers Wort – es ist ein exzellenter Kommentar zu dem, was man die theologische und kirchliche Radikalität Reinhold Schneiders nach 1945 nennen muss.[91]

> »VON DEINEM GOTT WAR DIE REDE«
Paul Celan, Nelly Sachs
und ein Zwiegespräch über Gott

20 Jahre hatte sie deutschen Boden nicht mehr betreten. 1940 war sie zusammen mit ihrer Mutter dem Vernichtungswahn der Nazis nur knapp entronnen. Die Schwedin Selma Lagerlöf, mit der sie seit früher Jugend in Briefwechsel stand, hatte ihr bei der Flucht geholfen. Seither lebte sie in einer Einzimmerwohnung in Stockholm, die sie bis zu ihrem Tode 1970 benutzen wird. Während die Nazis 1942 auf der Wannsee-Konferenz die »Endlösung« beschließen, beginnt sie, eingepfercht in ein einziges Zimmer, das sie mit ihrer Mutter teilen muss, eine Gegenwelt zu entwerfen. Wie »in Flammen« schreibt sie Gedicht auf Gedicht und stemmt sich so gegen die »Wohnungen des Todes«.[92] Was sich des Nachts in ihrem Kopf abspielt, versucht sie, mit aller Macht zu bannen, um es am Morgen niederschreiben zu können; die Nachtruhe der Mutter sollte nicht gestört werden. Bilder und Metaphern seien ihre »Wunden« gewesen, der Tod ihr »Lehrmeister«, erklärt sie später. Sie habe zu schreiben begonnen, »um zu überleben«[93]: Die Rede ist von *Nelly Sachs* (1891–1970).

Gegenseitige Wahrnehmungen

Seltsam zu denken, dass aus dieser winzigen Wohnung, Bergsundstrand 23, eine große Gegenwelt deutscher Sprache herauswachsen sollte – gegen die Herren des »tausendjährigen Reiches«, hervorgebracht von einer verfolgten, körperlich überaus zerbrechlichen und psychisch übersensiblen Frau. Text für Text wird nicht nur das Leiden des eigenen Volkes beschworen; Text für Text ist die hier gefundene rätselhafte Sprache der Gegenentwurf gegen die faschistischen Schergen, Überlebens-Trotz gegen die Henker – in Rückbesinnung auf die Quellen des eigenen jüdischen Volkes: »Über meine Arbeit kann ich heute nicht viel schreiben«, berichtet sie 1946 nach New York, »ich habe nur das tiefe Gefühl, es müßte so sein, dass jüdische Künstler auf die Stimme ihres Blutes wieder zu hören beginnen müssen, damit die uralte Quelle zu neuem Leben erwache. In diesem Sinn versuchte ich auch, ein Mysterienspiel zu schreiben über das Leiden Israels. Wie weit es die schwachen Kräfte gelingen ließen, weiß ich nicht.«[94]

20 Jahre lebt sie nun schon in Stockholm. Da bekommt sie 1960 aus Meersburg am Bodensee die Nachricht, sie habe den Droste-Preis erhalten. Diese Nachricht bedeutet Rückkehr nach Deutschland. Rückkehr in das Land der Henker, die auch allernächste Verwandte der Dichterin nicht verschonten. Nein, die Traumata sind zu stark, als dass Nelly Sachs so einfach zurückkehren könnte. Anderseits aber den Preis verwerfen? Würde man damit nicht all denen Unrecht tun, die signalisiert hatten, dass es ein anderes Deutschland gibt? Nelly Sachs entscheidet sich für einen Kompromiss von hoher Symbolik: Sie nimmt den Preis an, reist aber von Stockholm nicht direkt nach Deutschland, sondern nach Zürich, um dann vom Schweizer Ufer aus über den Bodensee nach Meersburg zu fahren. Für dieses eine Mal wird sie deutschen Boden wieder betreten ...

Szenenwechsel 1960: Zehn Jahre lebt er nun schon in Paris als Übersetzer, Lektor und freier Schriftsteller. Auch er, ein Sohn jüdischer Eltern, war in seiner deutsch-rumänischen Heimat, der Bukowina, anders als seine Eltern, den Nazis nur knapp entronnen. 1945 lebt er in Bukarest, 1947 in Wien, wo sein erster Gedichtband »Der Sand aus den Urnen« erscheint. Man wird in Deutschland auf ihn aufmerksam, als er 1952 an einer Tagung der Gruppe 47 in Niendorf an der Ostsee teilnimmt. Sein zweiter Gedichtband »Mohn und Gedächtnis« wird in Kürze erscheinen. 1955 folgt der Band »Von Schwelle zu Schwelle«, 1959 »Sprachgitter«. Die Rede ist von *Paul Celan* (1920–1970), auch er eine »einzigartige Verbindung« von Jüdischem und Deutschem, dessen Besonderheit Walter Jens einmal so umschrieb: »1920 in Czernowitz geboren, aufgewachsen im mythenträchtigen Raum ostjüdischer Weisheit, umgeben von der Klarsicht chassidischer Märchen, später, unter schrecklichen Zeichen, von den Henkern vertrieben, heimgekehrt nach Paris: französisch sprechend, denkend und übersetzend in den Sprachen des Ostens, deutsch dichtend!«[95]

Wahrgenommen hatten sie die jeweiligen Arbeiten schon früh. Der Austausch ihrer Briefe setzt im Jahre 1954 ein und hatte sich vier Jahre später verdichtet. Am 9. Januar 1958 hatte Nelly Sachs ihrem Briefpartner erstmals ausführlicher erläutert, was der Kernbestand ihres »Glaubens« ist:

»Es gibt und gab und ist mit jedem Atemzug in mir der Glaube an die Durchschmerzung, an die Durchseelung des Staubes als an eine Tätigkeit wozu wir angetreten. Ich glaube an ein unsichtbares Universum darin wir unser dunkel Vollbrachtes einzeichnen. Ich spüre die Energie des Lichtes die den Stein in Musik aufbrechen lässt, und ich leide an der Pfeilspitze der Sehnsucht die uns von Anbeginn zu Tode trifft und die uns stößt, außerhalb zu suchen, dort wo die Unsicherheit zu spülen beginnt. Vom eignen Volk kam mir die chassidische Mystik zu Hilfe, die eng im Zusammenhang mit aller Mystik sich ihren Wohnort weit fort von allen Dogmen und Institutionen immer aufs neue in Geburtswehen schaffen muss.«[96]

Wusste sie damals, wusste sie je, dass Celan sich nie so ungebrochen mit einer jüdischen Tradition wie etwa der »chassidischen Mystik« oder gar mit dem »eigenen Volke« hätte identifizieren können? Wohl kaum. Anders wäre sie wohl zurückhaltender gewesen, den fast 30 Jahre Jüngeren so direkt »mystisch«-jüdisch zu vereinnahmen. Denn als er ihr seinen Gedichtband »Sprachgitter« schickt, nennt sie dieses Buch in einem Brief vom 3. September 1959 direkt seinen »Sohar«, sein »Buch der Strahlen«, eine direkte Identifikation mit dem Schlüsselwerk der jüdischen Mystik, der Kabbala. Hatte sie diesen neuen Band Celans wirklich gelesen und, wenn ja, wirklich verstanden? Zweifel sind angebracht. Anders ist die direkte Übertragung der Bildersprache der Kabbala auf Celans Gedichtband nicht zu erklären. Sie sieht ihn so, wie sie sich selbst sieht. Radikale Diskontinuitäten zu jeder religiösen, auch jeder jüdischen Tradition nimmt sie nicht wahr oder will sie nicht wahrnehmen:

»Die kristallenen Buchstabenengel – geistig durchsichtig – in der Schöpfung tätig jetzt – augenblicklich. Ich bin draußen an der Schwelle kniend voller Staub und Tränen – aber durch die Ritzen kommt es zu mir durch das Tor, das in das

Geheimnis führt im Akt der Verhüllung, dem ersten Schöpfungsakt. Damals als Gott ins Exil ging (Zimzum), um aus seinem Inneren Welt zu schaffen. Mögen alle Ihre Atemzüge weiter so gesegnet sein, das geistige Antlitz der Welt einzubeziehen.«[97]

Und doch gibt es ein hellsichtiges Wort von ihr aus dieser Zeit, das Celans Grundstimmung präzise trifft. Sie prägt dasjenige Wort, das er später über seine Büchner-Preis-Rede setzen wird: »Meridian«. Sie sollten sich »weiter einander die Wahrheit hinüberreichen«, schreibt sie am 28. Oktober 1959, um hinzuzufügen: »Zwischen Paris und Stockholm läuft der Meridian des Schmerzes und des Trostes.«[98] Damals konnte sie nicht ahnen, wie sehr sich dieses Wort bald bewahrheiten sollte, denn kurze Zeit später bedarf Celan in der Tat ihres ganzen Trostes.

Im April 1960 hatte die Witwe des Lyrikers Iwan Goll, Claire, durch einen Artikel in der kleinen Münchner literarischen Zeitschrift »Baubudenpoet« eine schon seit 1953 schwelende, jetzt aber in die größere Öffentlichkeit getragene Verleumdungskampagne gegen Celan zu intensivieren versucht, die nicht zuletzt deshalb weitere Kreise zog, weil Celan mittlerweile Anerkennung als einer der bedeutendsten deutschsprachigen Lyriker nach 1945 erreicht hatte.[99] Die Vorwürfe beziehen sich auf angebliche Plagiate französischsprachiger Gedichtbände Iwan Golls, die Celan übersetzt hatte. Die Kampagne – aufgegriffen von einigen renommierten Feuilletons – erschüttert den ohnehin in dieser Zeit tief Verstörten zusätzlich.[100] Er empfindet sie nicht nur als »Infamie«; er sieht seine Würde und Integrität aufs Spiel gesetzt, so sehr, dass er auch diese literarische Kampagne als weiteres Zeichen des ansteigenden Antisemitismus in der Bundesrepublik deutet, als deren Opfer er sich fühlt. Noch im Februar 1960 hatte er an Nelly Sachs geschrieben, als ob er die erneute Goll-Kampagne vorausgeahnt hätte:

> »Was kann ich sagen? Täglich kommt mir die Gemeinheit ins Haus, täglich, glauben Sie's mir.
> Was steht uns Juden noch bevor?
> Und wir haben ein Kind, Nelly Sachs, ein Kind!
> Sie ahnen nicht, wer alles zu den Niederträchtigen gehört, nein, Nelly Sachs, Sie ahnen es nicht!
> Denn es ist nicht allein Indolenz, es ist Niedertracht und Gemeinheit.«[101]

Aber auch Nelly Sachs lässt jetzt dem Partner gegenüber erstmals durchblicken, wie tief die psychische Krise ist, die sie selber durchmachen muss. Auch sie ist zunehmend davon überzeugt, dass neu hochgekommene antisemitische Kräfte sie verfolgen – selbst noch in Schweden. 10. Mai 1960:

»Paul, geliebter Bruder – nun fort mit anderen Anreden, Ihr Brief – ist das möglich. Aber ich weiß ich weiß, ich habe eine grauenhafte Sache hier erlebt – ganz anderer Art – bin so krank geworden – und keiner der Freunde – bis auf zwei haben *geglaubt!* Jetzt höre ich von Ihnen. Ist das möglich – Menschen – Menschen – ist das möglich! Ja – wir gehören dem Tod in innerster Bemerkung – das Leben hat die Gnade uns zu zerbrechen.«[102]

In der Zwischenzeit ist die Nachricht von der Ehrung durch den Droste-Preis eingetroffen, und Nelly Sachs ist unter diesen Umständen stärker denn je im Zweifel, ob sie das alles durchstehen wird. Im selben Brief lässt sie durchblicken:

»Nun ist es zu spät die so zögernd angenommene Einladung rückgängig zu machen. Sie wissen wie scheu ich bin, Sie wissen lieber Paul denn wir kennen uns gut. Aber ich werde allen das gleiche sagen, ich werde kämpfen genau wie Gudrun für mich einmal gekämpft hat. Ich werde alles, alles tun Sie geliebter Bruder Sie!«[103]

Deutlich wird: Der Hauptgrund, die Reise anzutreten, ist zweifellos die Aussicht, Paul Celan in Zürich zu treffen, was dieser ausdrücklich zugesagt hatte.[104] Als dies definitiv feststeht, kann sie ihm am 18. Mai schreiben:

»Habe hier im Friedensschweden etwas ganz Schreckliches durchzumachen – nichts mit Literatur nein – eine dunkle Gesellschaft mit Verfolgungsmethoden macht sich das Vergnügen. Man hat in Zürich im Hotel Storchen, Weinplatz 2, Zürich, 1 Zimmer bestellt zum 25ten.
So werden wir uns dennoch in der Hoffnung begegnen – in dunkler Sternzeit aber doch in der Hoffnung! Rembrandt: ›Segen Jakobs‹. In der Nacht blüht der Segen auf dem falsch – und doch Gott-richtig Gesegneten auf. In der Nacht möge er Ihnen aufblühen!«[105]

Eine Begegnung in Zürich – und die Folgen

Am 25. Mai 1960 kommt es in der Tat zur ersten Begegnung. Celan mit Familie am Zürcher Flughafen: »Der kleine Sohn mit einem Riesenstrauß Rosen, *Ingeborg Bachmann* … So ergreifend, alle schlossen mich in die Arme, unvergeßlich … Abends bestelltes Souper in einem Restaurant wieder mit den gleichen Freunden. Alles in herrlichster Harmonie, auch *Max Frisch* kam«. Nelly Sachs schreibt dies am nächsten Tag in einem Brief aus dem Hotel »Zum Storchen« nach Stockholm.[106] Ergriffen von all der unerwarteten Aufmerksamkeit, fährt sie im selben Brief fort: »Wie soll ich das nur fassen, alles nach so viel Dunkelheit. … Und das Hotel liegt am See, genau wie Grand Hotel in Stockholm.« Noch am selben 26. Mai, es ist »zufällig« der Feiertag Christi Himmelfahrt, kommt es im selben Hotel zum persönlichen Zwiegespräch mit Celan, nachmittags um vier, wie wir dessen Notizen entnehmen können.[107] Drei Tage später wird ihr in Meersburg der Preis verliehen, und Nelly Sachs ist noch am Tag danach wie »im Märchen«, »ganz überwältigt«.[108] Gestützt von einer Freundin, hatte sie – 20 Jahre nach ihrer Flucht aus Berlin – den »ersten Schritt auf deutschem Boden« getan.[109] Ihr war eine »Liebe« entgegengeschlagen, wie sie es »niemals auch nur geahnt« hätte. Sie macht die Erfahrung, dass ihre Gedichte »in der Welt leben, so leben – erschütternd«.[110]

Gut zwei Wochen später, nach einem Besuch bei dem Schriftsteller Alfred Andersch im Tessin – reist sie weiter nach Paris und verbringt zwischen dem 13. und 17. Juni vier intensive Tage mit der Familie Celan. Es sei »wunderbar in Paris« gewesen »und schmerzlich« zugleich, schreibt sie in der Rückschau aus Stockholm (23. Juni 1960). Celan habe ihr »alle Tatsachen gezeigt, jene entsetzlichen Angriffe gegen ihn«. Ja, sie erinnert sich an »eine innig verbundene Zeit« damals in Frankreich[111], und auch Celan selber ist von dieser Begegnung mit der älteren »Schwester« tief angerührt: »Es ist still hier«, schreibt er ihr am 1. Juli 1960. »Fast alle jene, die Deine Nähe wieder nah sein ließ, sind auf die ihnen so eigene, mir so unverständliche Weise in die Bereiche zurückgetreten, wo Deutlichkeit nicht als Gesetz gilt. Es gehört zum Schwersten dieser Zeit, dass so viele vom Wort abfallen – vom eigenen so leicht wie von dem ihnen zugesprochenen. Es ist still hier.«[112]

Halten wir noch einmal die Daten fest: Am 25. Mai ist Nelly Sachs nach Zürich gekommen. Am 26. Mai hatte im Hotel »Zum Storchen« das Zwie-

gespräch stattgefunden. Dabei hatten beide gemeinsam eine Ansichts-
karte an Rudolf Peyer geschrieben. »Unvergeßliche Zeit mit Paul Celan«,
hatte sie notiert, und er hatte einen Gruß und noch zwei weitere Zeilen
hinzugefügt: »Es ist ein heller und Storchen-Tag. Vom Münster kommt
Sonne«[113], Sprachelemente, die auch im folgenden Gedicht Verwendung
finden werden. Am 29. Mai hatte sie in Meersburg den Preis erhalten, am
30. Mai schreibt Celan – zurück in Paris – das Gedicht nieder, wie wir einer handschriftlichen Fassung entnehmen können, die das Datum »Paris, am 30. Mai 1960« trägt.[114] In dieser Fassung hatte Celan die letzten
sechs Zeilen noch mit Anführungszeichen versehen und nach dem letzten Wort drei Punkte hinzugefügt. In der Druckfassung, im Band »Die
Niemandsrose« (1963), wird diese Interpunktion weggelassen. Der Text
lautet in der ursprünglichen handschriftlichen Fassung:

ZÜRICH, ZUM STORCHEN

Für Nelly Sachs

Vom Zuviel war die Rede, vom
Zuwenig. Von Du
und Aber-Du, von
der Trübung durch Helles, von
Jüdischem, von
deinem Gott.

Da-
von.
Am Tag einer Himmelfahrt, das
Münster stand drüben, es kam
mit einigem Gold übers Wasser.

Von deinem Gott war die Rede, ich sprach
gegen ihn, ich
ließ das Herz, das ich hatte,
hoffen:
auf
sein höchstes, umröcheltes, sein

haderndes Wort –
Dein Aug sah mir zu, sah hinweg,
dein Mund
sprach sich dem Aug zu, ich hörte:
»Wir
wissen ja nicht, weißt du
wir
wissen ja nicht,
was
gilt ...«

Zum Verständnis der Beziehung ist noch wichtig: Kaum von Zürich und Paris zurück, erleidet Nelly Sachs einen schweren Nervenzusammenbruch, der sich vorher durchaus angekündigt hatte. Ihre Reise hatte »tragisch« geendet, um ein Wort von Hilde Domin aufzunehmen: »Vor Aufregung und Glück über die Wiederbegegnung mit dem geliebten und gefürchteten Land erkrankt sie (Nelly Sachs) schwer, als habe man sie mit Deutschland neu geimpft. 15 Jahre nach Kriegsende wurde ihr der Nazismus virulent, sie bekam einen schweren, mehrfach wiederaufflackernden Anfall von Verfolgungswahn und musste lange Zeit in einer Anstalt verbringen«[115], sprachgelähmt, unansprechbar. Verfolgungsängste gehören jetzt mehr denn je zum Leben dieser zerbrechlichen Frau, die glaubt, dass man sie mit anonymen Telefonanrufen, Radio- und Tonbandsignalen in den Tod treiben will, und die sich nicht abbringen lässt von der Vorstellung, ihre Wohnung sei mit geheimen Abhör- und Mikrofonanlagen versehen. Was Celan ihr in Paris im Kontext der Goll-Affäre offenbart hatte, holt nun auch sie voll ein: das Bewusstsein neuer Heimsuchungen, neuer Verfolgungen. Möglicherweise verstärkt durch all das, was der Gastgeber ihr in seinem Fall massiv zur Kenntnis gebracht hatte.[116] Sie, die Celan in Zürich und Paris zu trösten versuchte, bedarf nun selber des Trostes. Nur so erklärt sich der beschwörende Ton in einem Brief Celans vom 28. Juli 1960:

»Es geht Dir besser – ich weiß.
Ich weiß es, weil ich spür, dass das Böse, das Dich heimsucht – das auch mich heimsucht –, wieder fort ist, ins Wesenlose zurückgewichen, in das es gehört; weil ich spür und weiß, dass es nie wiederkommen kann, dass es sich aufgelöst

hat in ein kleines Häuflein Nichts. So, jetzt bist Du frei, ein für allemal. Und – wenn Du mir diesen Gedanken erlaubst – ich mit Dir, wir alle mit Dir.«[117]

Und wie wenn dies die Rettung für die Zerbrochene hätte sein können, bietet ihr Celan auf beinahe rührende Weise an:

>»Und wenn Du Lust hast, dass ich nach Stockholm komm, um noch einige schwedische Dialekte hinzuzulernen, so sag mir, bitte, auch das. Aber: ich kann mir vorstellen, dass ich nicht nur dieser Dialekte wegen käme.«[118]

Es ist diese Zeit der Sorge, in der Celan das Gottesgespräch mit Nelly Sachs wieder wichtig wird. Ohnmächtig und möglicherweise schuldbewusst muss er erleben, dass der Zustand der Gefährtin sich verschlimmert. Von einem »dunklen Netz«, das um sie gezogen sei, hatte sie zu schreiben begonnen,[119] von einem »Netz aus Angst und Schrecken«.[120] Beschwörend nimmt er deshalb noch einmal auf ihr Gottesgespräch Bezug, um der Partnerin durch Erinnerung an das kurze Glück, an den mystischen Augenblick, neues Selbstvertrauen und damit die Zuversicht einzuflößen, dass das Netz doch wieder fortgezogen werden könne. Am 19. August schreibt er ihr, im Wissen darum, dass die »Schwester« seit elf Tagen in der psychiatrischen Abteilung eines Stockholmer Krankenhauses liegt:

>»Ich denke an Dich, Nelly, immer, wir denken, immer, an Dich und an das durch Dich Lebendige! Weißt Du noch, wie, als wir ein zweites Mal von Gott sprachen in unserm Haus, das das Deine, das Dich erwartende ist, der goldene Schimmer auf der Wand stand? Von Dir, von Deiner Nähe her wird solches sichtbar, es bedarf Deiner, bedarf, auch im Auftrag derer, denen Du Dich so nah weißt und denkst, Deines Hier- und Unter-den-Menschen-Seins, es bedarf Deiner noch lange, es sucht Deinen Blick –: schick ihn, diesen Blick, wieder ins Offene, gib ihm Deine wahren, Deine befreienden Worte mit, vertrau Dich ihm an, vertrau uns, Deine Mit- und Mit-Dir-Lebenden diesem Blick an, laß uns, die schon Freien, die Allerfreiesten sein, die Mit-Dir-im-Licht-Stehenden!
>Schau, Nelly: Das Netz wird fortgezogen!«[121]

Es nützt alles nichts. Auch ein von Nelly Sachs zunächst gewünschter, dann plötzlich abgesagter Besuch in Stockholm scheitert. Sie lässt den

»Bruder« nicht zu sich. Kann sie ihn nicht mehr erkennen? Oder will sie ihn nicht mehr erkennen, weil ihr die Begegnung neue Ängste wachrufen würde? Wie auch immer: Er steht vor der Tür des Krankenzimmers, wartet auf ein Wort, wartet auf ein Zeichen. Vergebens. Jetzt ist eine unsichtbare Wand zwischen ihnen. Um so kostbarer ist das Gedicht: der in Zürich gelungene »mystische« Blick, der Moment des geheimnisvollen goldenen Schimmers im Kontext eines Zwiegesprächs über Gott. Diesen Stichworten gilt im Folgenden unser Nachdenken.

Die Verortung der Rede von Gott

Es dürfte kein Zufall sein, dass dieses Gedicht (wie nur wenige bei Paul Celan) als Titel eine präzise Ortsangabe enthält und eine genaue Zueignung trägt: Für Nelly Sachs. Denn Ort und Zueignung sind hier keine beliebigen autobiographischen Details, die man genauso gut auch weglassen könnte. Sie sind wohlkalkuliert. Und weil sie wohlkalkuliert sind, ist auch eine autobiographische Rekonstruktion nicht Produkt biographischer Neugierde, zeitgeschichtlicher Kolorierung oder gar biographischer Reduktion von lyrischen Texten, sondern Teil einer bestimmten Programmatik. Diese Programmatik lautet: Ein Gespräch dieser Tiefe und Bedeutung über Gott hat stets seinen besonderen Ort und sein unverwechselbares Gegenüber. Damit ist mehr gesagt als die Selbstverständlichkeit, dass ein Gespräch nun einmal irgendwo mit irgendwem stattfinden muss.

Damit ist gesagt: Ein Gespräch, das in den Grund aller Gründe selber geht, kann nicht irgendwo, sondern nur an einem bestimmten Ort, nicht irgendwann, sondern nur zu einer bestimmten Zeit, nicht mit irgendwem, sondern nur mit einem bestimmten Menschen gelingen. Es braucht den *Kairos der Begegnung,* es braucht den *Moment der Tiefenerfahrung,* damit »der goldene Schimmer auf der Wand« stehen, damit das Münster mit »einigem Gold übers Wasser kommen« kann. Für Paul Celan war dies offenbar nur mit Nelly Sachs erlebbar – anlässlich ihres ersten Zusammentreffens –, und dann später nochmals in Paris. Es sind »mystische« Augenblicke. Anders sind solche Sätze an die Adresse der Partnerin gar nicht zu verstehen: »Es bedarf Deiner, bedarf auch im Auftrag derer, denen Du Dich so nah weißt und denkst, Deines Hier- und Unter-den-Menschen-Seins, es bedarf Deiner noch lange, es sucht Dei-

nen Blick.« Diese einzigartige Tiefenerfahrung macht diesen Ort (zufällig ist es ein Hotel) so kostbar, macht diesen Moment (zufällig ist es der
Tag von Christi Himmelfahrt) zu einem mystischen Moment. Der Ort
als Ort ist nicht mehr austauschbar, sondern von nun an »gezeichnet«.
Er verdient es, im Gedicht »aufgezeichnet« zu werden. Indem er sein
Gedicht mit Ort und Zueignung versieht, trägt Celan der Tatsache Rechnung, dass ein Gespräch über Gott den einmaligen Ort, die bestimmte
Zeit und das unaustauschbare Gegenüber braucht, um überhaupt gelingen zu können.

Gewiss, man kann dieses Gedicht auch ohne alle biographischen Hin-
tergrundinformationen verstehen. Aber es macht eben einen Unterschied, ob man weiß, dass Paul Celan dieses Gedicht nicht bloß zur
Selbstbestätigung eines Gipfelgesprächs mit einer kongenialen Partnerin wichtig war, sondern auch in dem Moment wieder wichtig wird, als
die Partnerin – physisch und psychisch zusammengebrochen – im
Krankenhaus liegt; ob man also weiß, dass die Erinnerung an dieses Gespräch nicht der Verklärung, sondern der Angst entspringt, die Partnerin könnte als Gegenüber eines solchen Gespräches nie mehr zur Verfügung stehen. Und wie wichtig ihm diese Erfahrung war, geht aus
einem Brief noch des Jahres 1967 hervor. Siebeneinhalb Jahre liegen in
der Zwischenzeit zurück! Am 8. Dezember 1967, drei Jahre vor beider
Tod, heißt es noch einmal in einem ganz kurzen Geburtstags-Brief:
»Meine liebe Nelly, es war so gut Deinen Brief in Händen zu halten und
von Dir selbst an das Licht erinnert zu werden, das in Zürich überm
Wasser und dann in Paris aufschien. Einmal, in einem Gedicht, kam
mir, über das Hebräische, auch ein Name dafür.«[122] Es ist das Wort ZIW,
hebräischer Name für den Lichtglanz Gottes, das Celan auch in einem
Gedicht einmal verwandte und das für ihn von tiefer religiöser Bedeutung war.[123]

Das Dialogische der Rede von Gott

Jedes Gedicht hatte für Paul Celan eine dialogische Außenstruktur. Was
das heißt, machen Sätze aus seiner Büchner-Preis-Rede aus demselben
Jahr 1960 deutlich: »Das Gedicht ist einsam. Es ist einsam und unterwegs. Wer es schreibt, bleibt ihm mitgegeben. Aber steht das Gedicht
nicht gerade dadurch, also schon hier, in der Begegnung – *im Geheim-*

nis der Begegnung? Das Gedicht will zu einem Andern, es braucht dieses Andere, es braucht ein Gegenüber. Es sucht es auf, es spricht sich ihm zu.«[124] Für Celan war damit klar: Jedes Gedicht, so vollkommen es »in sich« auch sein mag, weist über sich hinaus, sucht die Begegnung, braucht ein Gegenüber, eröffnet ein Gespräch.

Damit ist mehr gesagt als die Selbstverständlichkeit, dass jedes Gedicht seine Leser will und braucht. Damit ist grundsätzlich gesagt: *Gedichte kommen aus dem Gespräch* (mit sich selbst, mit anderen, mit dem Universum) und *suchen neu ein Gespräch.* Gespräch und Begegnung sind nichts Nachträgliches für ein Gedicht, sondern das Gedicht selbst. Das Gedicht »wird Gespräch – oft ist es verzweifeltes Gespräch«, so Paul Celan in seiner Bremer Preisrede, wo er fortfährt:

> »Das Gedicht kann ja, da es eine Erscheinungsform der Sprache und damit seinem Wesen nach dialogisch ist, eine Flaschenpost sein, aufgegeben in dem – gewiss nicht immer hoffnungsstarken – Glauben, sie könnte irgendwo und irgendwann an Land gespült werden, an Herzland vielleicht. Gedichte sind auch in dieser Weise unterwegs: sie halten auf etwas zu. Worauf? Auf etwas Offenstehendes, Besetzbares, auf ein ansprechbares Du vielleicht, auf eine ansprechbare Wirklichkeit. Um solche Wirklichkeiten geht es, so denke ich, dem Gedicht.«[125]

Es dürfte freilich kaum ein Gedicht bei Celan geben, wo diese Grundgedanken so vollkommen umgesetzt sind wie in »Zürich, Zum Storchen«. Denn hier ist ja nicht nur die Außenstruktur »Gespräch«, sondern auch die Binnenstruktur. Warum? Weil das Gedicht selber noch einmal ein Gespräch verdichtet. Seine Binnenstruktur ist ja gewissermaßen als Ur-Dialog angelegt. Die erste Strophe steht im Zeichen des »Du«, die dritte im Zeichen des »Ich«, die vierte im Zeichen des »Wir«. *Du – Ich – Wir:* Form und Inhalt durchdringen sich auf einzigartige Weise. Das Gedicht ist ein Dialog nach außen und enthält einen Dialog im Innern.

Schon in der ersten Strophe wird diese dialogische Struktur sichtbar im Wechselspiel von Zuviel und Zuwenig, von Du und Aber-Du. Bei »Zuviel und Zuwenig« hat die Kritik eine Anspielung auf ein Buch der Celan bekannten Zürcher Schriftstellerin jüdischer Provenienz, Margarete Susman, erkennen wollen, die in ihrem 1946 erschienenen Buch »Das Buch Hiob und das Schicksal des jüdischen Volkes« im Hinblick auf die Katastrophe geschrieben hatte: »Wohl ist diesem Geschehen gegenüber jedes Wort ein Zuwenig und ein Zuviel.«[126] Möglicherweise aber spielt das »Zuviel« und das »Zuwenig« auch auf die verschiedenen Haltungen beider zum Judentum generell an.

Schwieriger dagegen ist schon die Deutung von »Du« und »Aber-Du«. Das »Aber« kann Wiederholung bedeuten wie in »abermals« oder Widerspruch. Dann wäre das »Aber-Du« aufzulösen mit »Du und wieder Du« oder »Du und Gegen-Du«. Das »Aber« kann freilich auch einen Grad der problematischen Übersteigerung ausdrücken, wie etwa im Wort Aberglaube. Celan selber etwa billigte als englische Übersetzung für »Aber-Du« die Wendung »Pseudo-Thou«, wie John Felstiner in seiner Biographie berichtet.[127] Dann wäre »Aber-Du« aufzulösen mit »Schein-Du«, »Pseudo-Du«. Plausibler scheint mir freilich die Bedeutung des Gegen- oder Widerparts, und zwar in Aufnahme Buberscher Gedanken vom dialogischen Prinzip. »Zwiegespräch – alles ist Zwiegespräch«, hatte Nelly Sachs etwa noch am 5. Oktober 1959 an Rudolf Peyer geschrieben. Sie machte auf ihre Weise Ernst damit, dass Wirklichkeit nicht »an sich« und isoliert, sondern nur als Beziehung, als Begegnung, als Gespräch sich erschließt. Die Wirklichkeit hat dialogische Struktur, ist Beziehung von Du und Aber-Du, Du und Gegen-Du. Im selben Brief war sie fortgefahren:

> »Aber Du – wer ist Du – [...]: da oben stehen wir beide. Kein Unterschied o nein – nur bei mir, Lieber, es hängt mit meinem Schicksal zusammen – ich atme das Du in jedem Augenblick – in jedem Augenblick – und wenn ich es wage, es in Buchstaben zu hüllen, so steht es überall. Auch bei mir in der Küche, wenn ich die Petersilie schneide oder eine Kartoffel koche. Nur ist das Universum immer in unserem Blut und Atem. Wußte nicht, als man mir hier von israelischer Seite sagte, der ›Tänzer‹ tanzt im chassidischen Rhythmus.«[128]

Und dann folgt auch diesem Gesprächspartner gegenüber die Einschätzung von Celans »Sprachgitter« als »Sohar«, an dessen Bedeutung sie keinen Zweifel lässt:

> »Ich kann mich da nur neigen und fühle mich tief mit Tränen und Staub bedeckt. Weißt Du, in der Straßenbahn kam ein Kind an der Hand seiner Mutter herein. Es hatte große dunkle Augen, blieb bei mir stehen, setzte sich, obgleich

die Mutter weiter vorne Platz nahm, strich einige Male über meinen Arm, sah mich groß an. Es war mir, als hätte die Nacht eine Fahne herausgestreckt. Habe keine Gedichte in letzter Zeit mehr geschrieben. Sehnsucht nach dem Du – lässt mich Monolog oder Dialog über die Dunkelheit hinweg führen. ›Vergebens an einem Scheiterhaufen‹ – so soll dieser Monolog mit zwei fernen Antwortstimmen heißen. Aber dieses ›Vergebens‹ ist ›da‹. Es scheint nur hiesig vergebens. Ich glaube doch an ein unsichtbares Universum, darin auch das ›Vergebens‹ aufgehoben ist.«[129]

Grenzbereiche der Sprache

Nelly Sachs hatte von »Jüdischem« gesprochen. Schon in der ersten Strophe aber schafft sich Paul Celan dazu Distanz: »Von *deinem* Gott war die Rede.« Damit ist auch »das Jüdische« gemeint. Anders gesagt: Für Celan – dessen lyrischer Kosmos ebenfalls von jüdischen Elementen durchtränkt ist – ist das »Jüdische«, wie Nelly Sachs es verkörperte, kein Ort der Glaubensidentität mehr. Es gilt als das Eigentum der Partnerin, nicht als das seine. Es ist da-von, im Doppelsinn dieses Wortes. Was mag mit »*deinem* Gott« gemeint sein? Wie mag sie ihm gegenüber von Gott gesprochen haben, so dass auch die Wendung »Trübung durch Helles« verständlicher wird? Bis auf eine Notiz Celans haben wir nichts an Informationen über den Inhalt des Gesprächs. Er hatte sich bezeichnenderweise notiert:

> »26. mai: Hotel zum Storchen 4 h Nelly Sachs, allein. ›Ich bin ja gläubig‹. Als ich darauf sagte, ich hoffte, bis zuletzt lästern zu können: ›Man weiß ja nicht, was gilt‹.«[130]

Ein bemerkenswerter Eintrag, den wir noch auswerten müssen. Zwar gibt es keine weiteren direkten Zeugnisse, aber wir können uns an die nun vorliegenden Briefe halten. Die von Nelly Sachs sind voll von religiöser Rede, ja direkter Gottes-Rede, so dass Rückschlüsse auf das in Zürich Gesprochene erlaubt sein dürften. Immer wieder durchziehen ihre Schreiben direkte Identifikationen mit dem »unerhörten Leiden« ihres Volkes, mit dem »eigenen Volk«. Immer wieder ist davon die Rede, dass bei allen Tränen, allem Schmerz und allem Leid das »Geheimnis«

sich ihr erschließe. Im Zerbrechen sah sie eine »Gnade«. Ja, sie konnte sich mit biblischen, auch neutestamentlichen Bildern trösten und diesen Trost weitergeben: »Der Einsame und die schlafenden Jünger – ewiges Bild. Wenn wir leiden, gehören wir nur noch Gott – darum verlassen uns die Freunde. Seien Sie getrost, Sie halten die Waage«.[131] Ja, auf dem Höhepunkt der Krise, unmittelbar vor der Begegnung in Zürich, schreibt sie an Celan:

> »Wenn ich jetzt den Freunden und Bekannten ans Herz lege mir zu helfen, den Hölderlin unserer Zeit zu retten aus diesem schrecklichen Wirrsal – so ist kein Hauch einer eigenen Sache dabei. Ich will beten, dass ich die Kraft erhalte diesen Kampf um die reine Seele durchzuführen!«[132]

All dies lässt zumindest in Umrissen ahnen, was Nelly Sachs Celan gegenüber in Zürich vertreten haben dürfte, wenn er sich als wörtliche Aussage der Partnerin notiert: »Ich bin ja gläubig«. Was umgekehrt erklärt, warum er sich von dieser Gottes-Rede absetzen musste.

Die dritte Strophe setzt die Gegenthese. Aufgenommen wird die distanzschaffende Rede von »Deinem Gott«, bevor das »Ich« sich dagegen absetzt: »Von Deinem Gott war die Rede, ich sprach/ gegen ihn.« Doch statt nun mit aller Kraft die Gegenthese zu entwickeln, folgt durch Zeilenbrüche und die Reduzierung von zwei Zeilen auf je ein Wort eine Selbstverlangsamung und Selbstdistanzierung des Redenden: »... Ich/ ließ das Herz, das ich hatte/ hoffen/ auf«. Und diese Selbstdistanz ist auch dann noch spürbar, wenn man das »lassen« als Selbstmotivation und nicht als Selbstzurücknahme versteht. Durch diese Selbstdistanz geht das Sprechen unwillkürlich über in stammelnde, tastende Rede. Eine Stilform, die auch auf der personalen Ebene wiederkehrt. Bewusst heißt es nicht: »Ich aber hoffte auf«, sondern: »Ich ließ das Herz, das ich hatte, hoffen«. Hier greift nicht jemand zu, hier bezieht nicht jemand selbstbewusst Gegenposition, sondern hier probiert sich jemand aus; hier macht jemand einen Schritt, als wolle er ihn jederzeit zurückziehen, als habe er Angst vor der eigenen Kühnheit; hier redet jemand, als hätte er Angst, zuviel zu reden.

Und kühn ist, worauf sich die Hoffnung bezieht: »Auf/ sein höchstes, umröcheltes, sein/ haderndes Wort«. Man wird auf diese Sprachbilder theologisch nicht allzu viel auftürmen dürfen. Sie sind zwar vom »Jüdischen« der Nelly Sachs abgesetzt, aber damit noch keineswegs als Nichtjüdisches bestimmt oder für Nichtjüdisches (etwa Christliches) vereinnahmbar. Die Gegenposition will sich gerade noch nicht als Position zu erkennen geben. Wer hier zugreift, vergreift sich, zerstört Keime eines alternativen Glaubens, der gerade dabei ist, in Grenzbereiche des Denkens und Redens hineinzuwachsen. Konsequent hat daher diese Zeile als einzige einen Gedankenstrich, der die Unabgeschlossenheit, die Offenheit des Gedankens verstärkt.

Welches »Wort« aber wird erhofft? Und wer ist mit »sein« gemeint? Das bleibt zunächst offen, doch zugleich ist das »Wort« eigentümlich qualifiziert, und zwar durch drei ungewöhnliche Adjektive wie: *höchstes*, *umröcheltes*, *haderndes*. In der Literatur zu Celan findet man an dieser entscheidenden Stelle häufig eine verkürzte Deutung. Gängig ist, nur das »hadernd« zu interpretieren und die anderen zwei Adjektive schlicht zu ignorieren. So weist etwa der Biograph John Felstiner auf eine Parallele zum Buche Hiob hin: »Verdamme mich nicht; und lass mich wissen, warum du mit mir haderst« (Hiob 10,2), gibt sich aber vorschnell mit der Erklärung zufrieden, nicht der »Glaube eines Mose«, sondern der »Mut eines Hiob« habe dieses Gedicht Celans bewegt.[133] Geht es hier aber wirklich um den Menschen Hiob, der mit Gott haderte? Das angeführte Zitat aus dem biblischen Hiob-Buch spricht ja gerade nicht von einem Hadern Hiobs mit Gott, sondern von einem Hadern Gottes mit Hiob. Eine Anspielung auf den »Mut des Hiob« liegt also bestenfalls indirekt vor.

Wer sich bemüht, das Adjektiv »haderndes« mit den beiden anderen, »höchstes« und »umröcheltes«, zusammenzudenken (und das ist der Selbstanspruch jeder seriösen Interpretation, der Wörtlichkeit des im Text Gesagten nachzuspüren), wird um die Benennung anderer Traditionen nicht herumkommen, die über die Hiob-Anspielung hinausgehen, zumal es auch in Celans Text nicht einfach um ein Menschen-Wort geht. Die Formulierung »*sein … Wort*« lässt zunächst vieles bewusst offen. Noch einmal: Um wessen »Wort« geht es? Auf wessen Wort hofft der Sprecher dieses Gedichtes?

Soviel wird man sagen dürfen: Celan treibt mit seiner Zusammenstellung der drei Adjektive das »Hoffen« in Grenzbereiche hinein, die er bei einem »jüdischen Glauben« der Nelly Sachs gerade nicht ermöglicht sieht.[134] Ihrer ungebrochenen Affirmationen jüdischer Traditionen stellt er hier offensichtlich etwas sehr Persönliches entgegen, etwas durch die eigene Erfahrung Gedecktes, das er mit zitathaften Anspielungen aber mehr offenlässt als benennt. Die Summe der Anspielungen verweist dabei auf eine Tradition, die mit der Passion des Juden Jesus von Nazareth verknüpft ist. Nur in seinem Leiden – wie es die urchristliche Tradition deutete – verbindet sich Gottes Wort (»höchstes«) mit der Erfahrung eines »Umröchelns« (Todesschrei am Kreuz) sowie eines Haderns mit Gott (Aufnahme von Psalm 22). Der Passionsbericht des Markus-Evangeliums scheint hier der Prä- und Subtext gewesen zu sein:

> »Und in der neunten Stunde rief Jesus mit lauter Stimme: ›Eliï, eliï, lema sabachtani‹, das heißt übersetzt: Mein Gott, mein Gott, warum hast du mich verlassen … Jesus schrie laut auf, dann hauchte er den Geist aus. Da riß der Vorhang im Tempel von oben bis unten entzwei. Als der Hauptmann, der Jesus gegenüberstand, ihn auf diese Weise sterben sah, sagte er: ›Wahrhaftig, dieser Mensch war Gottes Sohn‹« (15,34–39).

Damit ist Celans Vers nicht etwa »christlich vereinnahmt«. Es geht hier um nichts als die Exploration von Grenzbereichen der Gottes-Rede, die der Sprecher des Gedichtes durch das »Jüdische« seiner Partnerin gerade nicht gegeben sieht. Stattdessen macht der Sprecher Anleihen an Sprach- und Vorstellungselemente aus der jüdisch-urchristlichen Tradition. Nur sie kennt – in der Passionsgeschichte des Gottessohnes – ein Hadern »Gottes« mit Gott, das zugleich mit dem Röcheln eines Sterbenden verbunden ist. Insofern enthält diese Verszeile Celans nicht nur einen Fingerzeig auf Hiob, sondern auch einen Fingerzeig auf die Passion Jesu, der in der *christlichen* Tradition für Gott steht[135], genauer: für eine radikale Nähe zu Gott, aus der heraus auch das Hadern, Lästern, Rebellieren vor Gott gegen Gott möglich ist. So ist die autobiographische Notiz Celans vom 26. Mai nur konsequent: »Ich hoffte, bis zuletzt lästern zu können«.[136]

Das Nichtwissen als Grund und Ergebnis der Rede von Gott

Deutlich wurde: Dieses Zürich-Gedicht ist strukturell als Dialog erkennbar, als Ur-Dialog gewissermaßen. Aber nicht deshalb, weil hier

Meinung und Gegenmeinung ausgetauscht wären. Das würde dieses Gedicht von einer Konversationsübung nicht unterscheiden. Ur-Dialog ist es deshalb, weil hier durch und in der Begegnung Ausgangspositionen eine Veränderung erfahren, buchstäblich vertieft wurden. Die letzte Strophe des Gedichtes gibt davon Zeugnis. Wieder betreibt Celan Selbstzurücknahme, um ein höheres Maß an Dichte herzustellen. Es heißt nicht:»Du sahst mich an und sagtest«. Es heißt:»Dein Aug sah mir zu, sah hinweg,/ dein Mund/ sprach sich dem Aug zu, ich hörte«. Perspektivenwechsel wird somit auch hier vollzogen. So wie es in der zweiten Strophe vom Münster nicht hieß:»Ich sah das Münster«, sondern »Das Münster kam« – und zwar mit einigem Gold über das Wasser. Hier redet einer, der eine Botschaft wie von außen wahrnimmt, der sich als Empfangender erfährt, als Angerührter.

Die Synthese der letzten Strophe ist auf diese Weise vorbereitet, und das Ergebnis ist verblüffend: Sie, die Partnerin, die vorher die Wissende schien, gibt plötzlich – offensichtlich betroffen von der Gegenrede ihres Partners – ihr Nichtwissen preis. Sie, die anfangs selbstbewusst die Gläubigkeit jüdischer Tradition ins Feld geführt zu haben schien, kommt plötzlich ebenfalls ins Stammeln. Radikaler als in der dritten Strophe, als Celan seine Hoffnungen durchbuchstabierte, werden hier die einzelnen Verse noch einmal auf Kernworte reduziert, geschieht stammelnde Selbstverlangsamung im Eingeständnis der Grenze des Wissens:

»Wir
wissen ja nicht, weißt du,
wir
wissen ja nicht,
was
gilt.«

Dabei ist eine bemerkenswerte Verschiebung in der Wortwahl zu bedenken. Nach der autobiographischen Notiz Celans hatte Nelly Sachs während des Gesprächs gesagt:»*Man* weiß ja nicht, was gilt«. Diese Variante also hätte für das Gedicht zur Verfügung gestanden, auch die Möglichkeit der Verwendung der ersten Person des Personalpronomens Singular: *Ich* weiß ja nicht, was gilt. Statt für das anonyme »Man«

oder das individualistische »Ich« entscheidet Celan sich für das kollektive, integrierende »Wir«: »*Wir* wissen ja nicht, was gilt«. Warum? Weil auf diese Weise eine dialogische Synthese erreicht wird: Ich – Du – Wir. Position – Gegenposition – gemeinsames Nichtwissen. Es ist *dieses* Ende, das dieses Gedicht zu einem bewusst konstruierten Dialog macht, einem Muster-Dialog gewissermaßen, wie Celan ihn sah. Die bewusste Wahl des »wir« statt des »ich« oder des »man« lässt keinen anderen Schluss zu.

Auch im Folgenden will die Eigentümlichkeit der Wortwahl genau beachtet sein. Es heißt nicht: Wir wissen ja, dass es nichts gibt. Oder: Wir wissen ja, dass es keinen Gott gibt. Es heißt im Kontext der Gottesrede: Wir wissen ja nicht, was gilt. Wobei das nachgezogene »weißt du« einerseits intime Vertrautheit der Gesprächspartner signalisiert und andererseits einen reizvollen Kontrast abgibt im Vergleich zum anschließenden nochmals behaupteten grundsätzlichen Nichtwissen: »Weißt du, wir wissen ja nicht«. Philosophische Traditionen des wissenden Nichtwissens klingen an.

Gemeint ist offensichtlich: Wir beide müssen uns zugestehen, nicht zu wissen, was in Sachen Gottesrede gültig ist. Wir beide verfügen nicht über Gott; wir beide wissen nichts Gesichertes von ihm; wir beide haben keine krisenfesten, objektiven Erkenntnisse. Letztlich gibt es vor Gott nur das Eingeständnis, nicht zu wissen, was gilt. Ja, letztlich führt jeder echte Dialog dazu, nicht die Position des anderen zu übernehmen, nicht vor dem anderen zu kapitulieren, sondern vor der je größeren Wirklichkeit selbst die je eigenen Grenzen des Denkens und Sagens stammelnd einzugestehen. Eine Konstruktion Celans, eine bewusst der Partnerin des Gesprächs in den Mund gelegte Sprecherrolle, die sein Ideal von Dialog widerspiegelt und so ganz im Kontrast steht zur Gesprächspartnerin aus Stockholm, deren Gläubigkeit ja durch das ganze Gedicht relativiert werden soll. Ein deutliches Signal an Nelly Sachs, die Ältere, ohne Zweifel.

Über die Dialektik von Reden und Schweigen

Eine letzte Sinndimension des Textes machen wir uns mit Sätzen von Max Frisch klar. In seinem ersten Tagebuch findet sich diese Passage:

»Was wichtig ist: das Unsagbare, das Weiße zwischen den Worten, und immer reden diese Worte von den Nebensachen, die wir eigentlich nicht meinen. Unser Anliegen, das eigentliche, lässt sich bestenfalls umschreiben, und das heißt ganz wörtlich: man schreibt darum herum. Man umstellt es. Man gibt Aussagen, die nie unser eigentliches Erlebnis enthalten, das unsagbar bleibt; sie können es nur umgrenzen, möglichst nahe und genau, und das Eigentliche, das Unsagbare, erscheint bestenfalls als Spannung zwischen diesen Aussagen. Unser Streben geht vermutlich dahin, alles auszusprechen, was sagbar ist; die Sprache ist wie ein Meißel, der alles weghaut, was nicht Geheimnis ist, und alles Sagen bedeutet ein Entfernen ... Immer besteht die Gefahr, dass man das Geheimnis zerschlägt, und ebenso die andere Gefahr, dass man vorzeitig aufhört, dass man es einen Klumpen sein lässt, dass man das Geheimnis nicht stellt, nicht faßt, nicht befreit von allem, was immer noch sagbar wäre, kurzum, dass man nicht vordringt zu seiner letzten Oberfläche.«[137]

Diese Sätze helfen auch hier. Denn genauso wichtig wie die Worte auf dem Papier, das Schwarze auf dem Bogen, sind für Lyriker die Auslassungen, die Zwischenräume, die mitkomponierten Leerstellen. Sie verkörpern das Wortlose, Schweigende, Unsagbare, aus dem die Worte kommen und in das sie letzlich gehen. Grundstruktur jeder Tiefenerfahrung ist eine Dialektik von Sprache und Sprachlosigkeit, von Wortmächtigkeit und Wortarmseligkeit. Und es ist keine Frage, dass bei Paul Celan – radikaler als bei Nelly Sachs – diese Dialektik in seiner Dichtung erkennbar ist. Er war sich wie kaum ein anderer Lyriker der Tatsache bewusst, dass das Gedicht heute – wie er sagte – »eine starke Neigung zum Verstummen« zeigte. Er war davon überzeugt, das Gedicht behaupte sich heute »am Rande seiner selbst«; es rufe und hole sich, um bestehen zu können, »unausgesetzt aus seinem Schon-nicht-mehr in sein Immernoch zurück«.[138]
Celan war von daher dem auf der Spur, was auch die großen Mystiker immer wieder auf ihre Weise zu erreichen versuchten: eine Schweigesprache, eine Sprache, die durch und mit Sprache dem Wortlosen als tiefstem Grund der Wirklichkeit die Ehre gibt. Er nannte solche Gedichte, nach denen er strebte, »absolute Gedichte«, war sich aber der Paradoxie dieses Unternehmens wie keiner sonst bewusst: »Das absolute Gedicht – nein, das gibt es gewiss nicht, das kann es nicht geben! Aber es gibt wohl, mit jedem wirklichen Gedicht, es gibt, mit dem an-

spruchslosesten Gedicht, diese unabweisbare Frage, diesen unerhörten Anspruch.«[139]

Seltsame Schnittpunkte auf den Lebenslinien dieser beiden Lyriker! Wie wenn sie ein letztes Mal Seelenverwandtschaft hätten demonstrieren wollen, schneiden sich ihre Linien auch noch im Tode. Am selben Maitag des Jahres 1970 (am 12. Mai), an dem Tag, an dem Nelly Sachs im St. Görans-Krankenhaus in Stockholm stirbt, wird auch Paul Celan auf dem Cimetière Parisien in der Nähe von Orly begraben. Er war seit Anfang April, als er in die Seine ging, vermisst worden …

»GOTT LIEBT ES, SICH ZU VERSTECKEN«
Hartmut Lange und die Selbstverbrennung eines Pfarrers

Mitte der 80er Jahre las ich erstmals den 1982 erschienenen Roman »Die Selbstverbrennung« von Hartmut Lange, und seither gehört dieses Buch zu den prägenden Erfahrungen für meinen theologischen Denkweg im Blick auf die Rede von Gott unter den Prämissen neuzeitlicher Religionskritik. Warum das so ist, will ich in der Rückschau zu rekonstruieren versuchen.[140]

Der Protestatheismus

Mein Studium Ende der 60er, Anfang der 70er Jahre insbesondere in Tübingen stand im Zeichen einer neuen Auseinandersetzung der Theologie mit dem modernen Atheismus. Von Anfang an wurden wir in unseren Vorlesungen konfrontiert mit den Positionen von Karl Marx, Ludwig Feuerbach, Friedrich Nietzsche und Sigmund Freud. Eine harte Konfrontation, die uns die schärfstmögliche Legitimationskrise des Theologischen vor Augen führte.[141] Wenn Gott gar nicht existiert, dann wäre all das, worauf man sein Leben setzt, schiere Illusion, blanke Selbsttäuschung. In einer Vorlesung des evangelischen Theologen Jürgen Moltmann hörte ich zum ersten Mal das Wort »Protestatheismus«, und von allen Variationen des neuzeitlichen Atheismus war er mir stets der überzeugendste. Gemeint ist die Leugnung der Existenz Gottes aus Protest gegen die Übel in der Schöpfung, insbesondere gegen das maßlose Leiden Unschuldiger.

NOTWENDIGE ERINNERUNGEN: CAMUS – DOSTOJEWSKI

Wer könnte die Szene je vergessen, die wie keine andere in der Weltliteratur diesen Protestatheismus zur Sprache bringt, die Szene aus dem Roman »Die Pest« von *Albert Camus*, in der der Arzt Dr. Rieux mit einem Freund über seine Grundhaltung angesichts der Pest-Katastrophe spricht. »Weshalb zeigen Sie selbst so viel Aufopferung, wenn Sie doch nicht an Gott glauben?« fragt der Freund erstaunt, und Camus lässt seinen Arzt antworten:

> »Wenn er (Rieux) an einen allmächtigen Gott glaubte, würde er aufhören, die Menschen zu heilen, und diese Sorge ihm überlassen. Aber kein Mensch auf der ganzen Welt … glaube an einen solchen Gott, obwohl er daran zu glauben glaube, denn es gebe sich ihm ja niemand völlig hin, und er, Rieux, glaube, wenigstens in dieser Beziehung auf dem Wege zur Wahrheit zu sein, indem er gegen die Schöpfung, so wie sie sei, ankämpfe … da die Weltordnung durch den Tod bestimmt wird, ist es vielleicht besser für Gott, wenn man nicht an ihn glaubt und dafür mit aller Kraft gegen den Tod ankämpft, ohne die Augen zu dem Himmel zu erheben, wo er schweigt.«[142]

Motivgeschichtlich ist der Protest gegen Gott aufgrund von Katastrophenerfahrungen nicht neu. Schon *Fjodor Michailowitsch Dostojewski* hatte in seinem Roman »Die Brüder Karamasow« (1880) einen seiner Protagonisten gegen Gottes Schöpfung angesichts unvorstellbarer Grausamkeiten gegen unschuldige Kinder rebellieren lassen. Sein Iwan Karamasow hatte sich nicht nur gegen dieses Faktum empört, sondern auch gegen alle Versuche vorschneller christlicher Vergebung dieser maßlosen Verbrechen. Aber Dostojewskis Held hatte den Protest nicht bis zur Leugnung der Existenz Gottes getrieben. Sein Karamasow will »nur ehrerbietigst die Eintrittskarte« in Gottes missratene Schöpfung zurückgeben:

> »Und wenn die Leiden der Kinder dazu verwendet wurden, jene Summe von Leiden vollzumachen, die für den Kauf der Wahrheit notwendig war, so behaupte ich im voraus, dass die ganze Wahrheit einen solchen Preis nicht wert ist. Schließlich will ich auch gar nicht, dass die Mutter den Peiniger umarmt, der ihren Sohn von Hunden zerreißen ließ! Sie darf sich nicht unterstehen, ihm zu ver-

zeihen! Wenn sie will, mag sie verzeihen, soweit es sie selber angeht; sie mag dem Peiniger ihr maßloses Mutterleid verzeihen. Aber die Leiden ihres zerfleischten Kindes zu verzeihen, hat sie kein Recht; sie darf es nicht wagen, dem Peiniger zu verzeihen, auch wenn das Kind selber ihm verziehe! Wenn sich das aber so verhält, wenn sie es nicht wagen darf, ihm zu verzeihen, wo bleibt dann die Harmonie? Gibt es denn in der ganzen Welt ein Wesen, das verzeihen könnte und ein Recht dazu hätte? Ich will keine Harmonie, aus Liebe zur Menschheit will ich sie nicht. Ich will es lieber bei den ungerächten Leiden belassen. Lieber belasse ich es bei meinem ungerächten Leiden und bei meinem ungestillten Zorn, *selbst wenn ich nicht recht haben sollte*. Auch hat man die Harmonie zu hoch bewertet, es geht über meine Verhältnisse, soviel für den Eintritt zu zahlen. Darum beeile ich mich, meine Einrittskarte zurückzugeben. Und wenn ich ein ehrlicher Mann bin, so bin ich verpflichtet, sie so bald wie möglich zurückzugeben. Das tue ich auch. Nicht Gott lehne ich ab, Aljoscha, sondern ich gebe Ihm nur ehrerbietigst die Eintrittskarte zurück.«[143]

Camus ist hier radikaler, und zwar in doppelter Hinsicht. Sein Doktor Rieux negiert nicht nur die Existenz Gottes; er macht seinen Atheismus sogar zur moralischen Voraussetzung und damit Legitimation seines Einsatzes als Arzt. Nur weil Gott *nicht* existiert, engagiert er sich als Mensch für die Leidenden.

KONSEQUENZEN FÜR DIE REDE VON GOTT

Der Atheismus der Camus'schen Figur ist also die *Konsequenz ihrer Moralität*. Diese verweigert jede Rechtfertigung Gottes angesichts der Zustände in der Schöpfung und ist zugleich die Grundlage, helfend den Leidenden und Sterbenden zur Seite zu stehen. Im Sinne dieser Moralität vertritt Camus' Dr. Rieux den Protest-Atheismus in seiner schärfsten Form.

Schon die Generation meiner akademischen Lehrer sah sich hier theologisch herausgefordert. Zur Tagesordnung traditioneller Theologie wollten gerade die Maßgebenden unter ihnen nicht einfach übergehen. Polemisch-apologetisch wollten sie nicht länger reagieren. Sie nahmen den Protestatheismus vielmehr zum Anlass einer selbstkritischen Überprüfung der ihm zugrunde liegenden theologischen Prämissen.

Der Kern ihrer Argumente lautete so: Die klassische Theologie hatte Gott von aller Verantwortung für das Leiden, auch das Leiden Unschuldiger, deshalb freigesprochen, damit seine Allmacht und Allgüte gewahrt werden konnte. Der Preis dafür freilich war die grundsätzliche Ungerührtheit, Teilnahmslosigkeit und Unangefochtenheit Gottes auch noch angesichts des unschuldigen Leidens seiner Geschöpfe. Damit aber hatten all die, die Gott so gerechtfertigt wissen wollten, gegen ihre Interessen Gott erst recht dem religionskritischen Protest schonungslos ausgesetzt – dem Protest gegen die majestätische Unangefochtenheit Gottes unbekümmert um die Schreie seiner Kinder. Man hatte begriffen: Diese Form des Gottesglaubens musste die Gottesleugnung gewissermaßen wie einen Schatten nach sich ziehen. Für einen mit den klassischen Argumenten gerechtfertigten Gott wäre es in der Tat besser, »wenn man nicht an ihn glaubt« …

LEIDET AUCH GOTT?

Wenn man aber nachweisen könnte, dass ein genuin christliches Gottesverständnis es möglich macht, von einem Gott zu reden, der keineswegs erhaben über allem Leid thront, sondern in das Leid der Schöpfung involviert ist, ja selber leiden kann, wird man dann noch im Namen des Leidens gegen Gott protestieren können? Könnten dann nicht im Gegenteil Gott und das Leid widerspruchsfrei zusammengedacht werden, so dass dem Protestatheismus gleichsam die Grundlage entzogen wäre? Aber wie? Grundlage ist eine heute gängig gewordene Theologie der Liebe, die meint, auch von Gottes Leidensfähigkeit reden zu dürfen.[144] Diese Theologie entwickelt man aus dem Leiden und Sterben des Gottessohnes Jesus Christus heraus. Man glaubt sich zu der Schlussfolgerung berechtigt, dass das Geschehen auf Golgota Ausdruck der aus Liebe ermöglichten Leidensfähigkeit und Ohnmacht Gottes sei. Habe sich Gott nicht gerade durch das Sterben seines Sohnes am Kreuz als ein schwacher, ohnmächtiger Gott erwiesen, der aus Liebe leiden und sterben könne? Und entziehe eine solche Rede von Gott dem neuzeitlichen Protestatheismus nicht faktisch die Basis?
In der Tat kann man in heutigen theologischen Entwürfen und Predigten allüberall die Überzeugung finden, gegen einen »gekreuzigten

Gott« könne man nicht mehr im Namen der Kreuze der Weltgeschichte protestieren; gegen einen zur Schwachheit fähigen Gott nicht mehr die eigene Schwachheit einklagen; gegen einen aus Liebe mitleidenden Gott nicht mehr das Leiden Unschuldiger ausspielen; gegen einen sterbenden Gott nicht mehr im Namen aller ungerechten Tode rebellieren. Kurz: In der Gegenwartstheologie herrscht bei nicht wenigen das Selbstbewusstsein vor, die Theodizee-Frage kreuzestheologisch beantworten zu können. So liest man beispielsweise in einem katholisch-dogmatischen Grundlagenbuch aus dem Jahr 1982: »Der ›sympathische‹ Gott, wie er in Jesus Christus offenbart wird, ist die endgültige Antwort auf die Theodizee-Frage, an der Theismus wie der Atheismus scheitern. Wenn Gott selbst leidet, ist das Leiden kein Einwand mehr gegen Gott« (W. Kasper).[145]

Wirklich nicht? Ich bekam je länger, desto mehr meine Zweifel. Es wurde mir unmöglich, die Liebe-Leid-Theologie als endgültige Antwort auf die Theodizee-Frage auszugeben. Als sei etwa das unschuldige Leiden kein Einwand mehr gegen Gott, wenn Gott selber mitleide. Ich fand im Gegenteil: Eine solche Liebe-Leid-Theologie beantwortet nicht das Theodizee-Problem, sondern verschärft es. Denn gerade wenn Gott Mitleid und Liebe »kennt« und dies auch durch die Geschichte hindurch »unter Beweis« gestellt hat, so verschärft sich ja die klassische dreifache Rückfrage des unschuldig leidenden Menschen: Warum gerade *ich*, warum gerade *so*, warum gerade *jetzt?* Wo bleiben Liebe und Mitleid Gottes in meiner konkreten Situation, ob im Fall einer tückischen Krankheit, eines entsetzlichen Unfalls oder gar im Fall von Katastrophen? Je mehr von der Liebe Gottes die Rede ist, desto mehr stellen »die Verhältnisse« diese Liebe in Frage. Je höher die Moralisierung Gottes, desto tiefer der Fall des betroffenen Menschen, wenn die Krisen kommen. Andererseits schien mir auch der Protest-Atheismus keine überzeugende Option. Der einfache Rückschluss vom Leid zur Nichtexistenz Gottes schien mir Grundfragen nach der Letztverantwortung für die Schöpfung nicht zum Stillstand bringen zu können. Auch sie verschärfen sich eher noch, wenn Gott nicht existiert. Ich suchte nach einer anderen, für mich glaubwürdigeren Position. Ich suchte nach einem dritten Weg zwischen Protestatheismus und Liebe-Leid-Theologie.

Der Roman »Die Selbstverbrennung«

Katalysatorisch wirkte in diesem Prozess die Lektüre des Romans »Die Selbstverbrennung« von Hartmut Lange, erschienen 1982.[146] Schauplatz dieses Buches ist ein kleines Dorf an der Elbe in der früheren DDR. In dieses Dorf zurückgezogen hat sich ein marxistischer Philosoph namens Sempert, um an einem philosophischen Traktat »Zum Lobe der materialistischen Vernunft« zu arbeiten. Charakteristisch für sein Denken ist – so erfahren wir als Leser – »die unbedingte Freude an der Fähigkeit menschlichen Erkennen-Könnens«, der Glaube an die Möglichkeit zur »Einsicht in die objektiven, gesetzmäßigen Prozesse dieser Welt«: »Es war dies eine Weltsicht, die auch dem Staat, in dessen Machtbereich Sempert lebte, in all seinen Institutionen das Ansehen strenger, selbstbewusster Vernünftigkeit gab«.[147] Und gerade in der Abgeschiedenheit seines ländlichen Refugiums will dieser Philosoph nun »Stunden rauschhafter Konzentration« auf seine Arbeit erleben.[148]

KOLDEHOFF – EIN VERZWEIFELTER PFARRER

Doch ausgerechnet in diesem Dorf wird Sempert mit der Figur eines protestantischen Pfarrers konfrontiert, Koldehoff mit Namen. Mehr neugierig als wirklich interessiert, beobachtet er die Aktivitäten dieses Mannes rund um dessen Kirche, der mit seiner Familie (Frau, Tochter Annemarie, Sohn Gerd und Schwager Eberhard) eine karge Pfarrei mit nur wenigen alten Menschen betreut. Alles zeugt von einer unsäglichen Tristesse. Und doch fühlt sich Sempert, der, kaum ist er angekommen, schon zur Abreise entschlossen ist, seltsam hingezogen zur Welt von Vater und Tochter, so dass er seinen Rückzug noch einmal verschiebt. Ein »Gefühl der Betroffenheit« kann er nicht unterdrücken, als er einer »Welt« zusieht, die er »belächelt und für hoffnungslos abseitig gehalten hatte, für befangen in einem legendären Aberglauben«.[149]

Was Sempert nur ahnt, bekommt der Leser nun mitgeteilt: Pfarrer Koldehoff ist in der Tat ein außergewöhnlicher Mann, ein Theologe ganz eigenen Profils, kaum einzuordnen, mit traditionellen Kategorien nicht zu greifen. Stundenlang zum Beispiel verkriecht sich dieser wortkarge Mann in sein kleines Observatorium, um als Hobby astronomische Studien zu betreiben. Seiner Umgebung wird er dadurch immer fremder.

Schwager Eberhard, den das Schicksal (ehemaliger SS-Offizier) zum Zyniker gemacht hat, hält ihn für verrückt: »Dein Mann ist übergeschnappt«, sagt er zu seiner Schwester, »er sitzt nächtelang vor seinem Teleskop, dann zieht er sich doch lieber in die Sakristei zurück. Die Kirche darf er nicht verändern, aber in der Sakristei hat er allen Gips und das verstaubte Holz abnehmen lassen. Er hat bis auf einen Stuhl jedes Möbelstück entfernt, und an die weißgekalkte Wand hat er ein Kruzifix aus Messing gehängt. Und was tut er? Er sitzt in der Dämmerung auf einem Stuhl und starrt auf das Kruzifix. Als ob es da etwas zu sehen gäbe.«[150] Sohn Gerd glaubt seinen Vater längst durchschaut zu haben. Was tut ein Theologe, der nicht an Gott glaubt? Er »betrügt die Leute, denn er hat mir gesagt, die Bibel geht uns eigentlich nichts mehr an.«[151] Vor allem die eigene Ehefrau leidet unter der grüblerisch-melancholischen Grundstimmung und der schweren Identitätskrise, die ihr Mann als Theologe und Christenmensch durchlebt. Von seiner Frau im eigenen Haus getrennt lebend, oft in brütendes Schweigen versunken, wird Koldehoff mit den Erwartungen kaum fertig, die an ihn als Theologen gerichtet werden:

> »Elfriede, wir haben einige Jahre glücklich miteinander gelebt, und wir glaubten, es würde für den Rest unseres Lebens reichen, und nun sehen wir, es reicht nicht. Und nun weiß ich wieder, was ich vor unserer Ehe wußte: Dass wir einander, sosehr wir es möchten, doch nicht helfen können. Jeder von uns ist allein, und jeder von uns, so nützlich oder unnütz er sich täglich abzulenken weiß, kann letzten Endes doch nichts anderes tun als abzuwarten, bis ... Glaube mir, Elfriede, ich bemühe mich. Ich steige jeden Sonntag auf die Kanzel und tröste die Leute. Ich sage ihnen, sie sollen Geduld haben, in einigen Jahren sei alles anders. Aber was ist dann anders? Dann sind sie gestorben. Ich tröste die Leute mit ihrem Tod. Ich bemühe mich, Elfriede, aber ich kann auf die Dauer nicht zynisch sein.«[152]

EINE PREDIGT VON DER SCHULD GOTTES

Natürlich lässt Lange sich als Schriftsteller die Chance nicht entgehen, die Welt des erkenntnisoptimistischen Philosophen mit der Welt des erkenntniskritischen Theologen zu konfrontieren. Anlass eines Gesprächs zwischen beiden ist eine Predigt, die Sempert – immer stärker angezogen von diesem ungewöhnlichen Pfarrer und verliebt in dessen Tochter – in der Kirche mit anhört. Motto der Predigt:»Bewusstsein als Verhängnis«. Die entscheidende Passage lautet:

»Koldehoff sprach von jenem Sündenfall, mit dem der Mensch sich selbst unrettbar dem Elend einer bewussten Existenz ausgeliefert hatte, indem er nämlich so vermessen war, entgegen der Ermahnung des Herrn, vom Baume der Erkenntnis zu essen. Und dies sei seine lebenslängliche, untilgbare Strafe: Dass der Mensch nun (und er, Koldehoff, wisse, wovon er rede, er leide unter dieser Strafe von Kindheit an), in den Stand der Erkenntnis gesetzt, immer nur und ohne Hoffnung die Sinnlosigkeit seines Lebens erkennen muss. Dies sei die Hölle des Menschen auf Erden. Aber an dieser Hölle sei nicht allein der Mensch schuldig, auch Gott, der Herr, könne nicht frei von Schuld sein, indem er nämlich diesen überflüssigen, betrügerischen Baum der Erkenntnis überhaupt erst hatte wachsen lassen.

Zuletzt schlug Koldehoff vor, dem Herrn seine Schuld durch besonders intensives Gebet zu vergeben und ihn um Verständnis dafür zu bitten, dass der unbedingte Glaube, das verlorene Paradies des Menschen, da Gott den Baum der Erkenntnis weiterhin blühen und gedeihen lasse, nun allerdings immer schwerer zu erringen sei.

Die Gemeinde sprach das ›Vater unser‹, dessen Worte ›und vergib uns unsere Schuld, wie auch wir vergeben unsern Schuldigern‹ nun durch Koldehoffs Predigt etwas Anzügliches erhielten, und Sempert war beeindruckt, wie sehr Koldehoff mit seiner ehrlichen, vorbehaltslosen Art auf seine Zuhörerschaft wirkte, die dem Hintersinn seiner Ausführungen unmöglich hatte folgen können. Obwohl die Gemeinde der älteren Leute nichts oder kaum etwas verstand, spürte jeder den verzweifelten Ernst, der ihren Seelsorger bewog, derartiges von der Kanzel herab zu verkünden, und so war jeder bereit, wenn auch leicht verwirrt, mit eben der Inbrunst, die Koldehoff ihm anriet, zu beten.«[153]

»Schuld Gottes«; Vergebung der Schuld Gottes? Ich war elektrisiert, als ich diese Passage zum ersten Mal las. Hier war ein Gedanke ausgesprochen, den die theologische Tradition völlig ausgeblendet hatte, ja – wenn innertheologisch vertreten – wohl mit dem Häresie- oder gar Blasphemie-Verdikt zu unterdrücken gesucht hätte. Ich aber sah hier

plötzlich die Möglichkeit einer dritten Option der Gottesrede angesichts der Katastrophen in der Geschichte: einer dritten Option jenseits
von Protestatheismus und Liebe-Leid-Theologie.

Dabei war mir von vornherein klar, dass die Rede von Schuld und Vergebung gegenüber Gott hier mit Blasphemie, d. h. mit Gotteslästerung
oder Gottesschmähung, nicht das Geringste zu tun hatte, schon gar
nicht mit menschlicher Hybris. Diese Rede ist ja in Langes Roman (als
Figurenrede) verknüpft mit der *abgründigen* Erfahrung des menschlichen Bewusstseins, Intellekts und Verstandes. Die Grunderfahrung Koldehoffs ist gerade nicht die einer »selbstbewussten Vernünftigkeit«,
sondern einer »bewussten Existenz« als Fluch, als »lebenslängliche, untilgbare Strafe«, da Menschen mit den Instrumenten ihres Verstandes
nun einmal in der Lage sind, angesichts von Kosmos und Geschichte
die Marginalität und Bedeutungslosigkeit ihres Lebens zu durchschauen. Denn was liefern gerade die Erkenntnisse der Naturwissen-
schaft und der Kosmologie? Antwort dieses Pfarrers: Dass »da draußen«
Gas oder Strahlung sei, die des Menschen Existenz vernichten würden,
und dass der Mensch aus dem gleichen Stoff bestehe, nur mit einer anderen Anordnung der immer gleichen Bausteine. Und wörtlich:

> »Meine Existenz ist also eine Sache der Form, und verschiedene Formen ein und
> derselben Sache entstehen und vergehen bekanntlich durch Zufall. Bescheide-
> dene Frage: Wie kann ich einer alten Frau, die vor mir auf der Bank betet, weil
> sie sich um ihr Leben betrogen fühlt und auf eine gerechtere Existenz nach ih-
> rem Tode hofft, verheimlichen, dass ihr Leben und Sterben ebenso wenig von
> Belang ist wie der tägliche Wetterwechsel?«[154]

Gottesverdunklung

Die Rollenkrise dieses Pfarrers spiegelt also nur die *tiefere geistige Krise*
wider, in der sich dieser Mann befindet. Wissenschaft ist ihm – ganz im
Gegensatz zu Sempert – gerade kein Anlass, stolz auf die Erkenntnisfä-
higkeiten des menschlichen Verstandes zu sein.

Im Gegenteil: die Erkenntnispotenziale sind ihm Grund für seine Melancholie, Ursache seiner grüblerischen Verzweiflung. Gerade die Beschäftigung *mit* der Wissenschaft hat diesen Pfarrer zu der Erkenntnis gebracht, dass es der Verstand sei, der den Menschen »zuletzt mit aller Sicherheit unglücklich« mache, spielen doch gerade ihre Erkenntnisse dem Menschen das Bewusstsein zu, den Platz in der Natur gar nicht zu haben, den sein Selbstwertgefühl und Intellekt von ihm fordern. *Der Selbstdenker wird zum Selbsthenker.*

Von daher erklärt sich die eigentümliche Zerrissenheit dieses Theologen. Von daher erklären sich aber auch dessen Sehnsüchte, dessen Glücksmomente, die immer dann eintreten, wenn der Verstand ausgeschaltet, wenn die bewusste Existenz zugunsten des Gefühls der Selbstvergessenheit aufgegeben werden kann. Von daher versteht sich die merkwürdige Sehnsucht nach Dunkelheit, nach einem Zustand also, in dem Schlafen und Wachen, Bewusstes und Unbewusstes, Selbstbewusstsein und Selbstvergessenheit in die Schwebe geraten und das Vorsprachliche, das nicht mehr Denken- und Sprechenmüssen zu triumphieren beginnt:

> »Ich sitze, wenn die Umstände es erlauben, allein in der Sakristei zwischen weißgekalkten Wänden und beobachte auf dem Kruzifix meines Heilands die Schatten der hereinbrechenden Dunkelheit, und ich denke dabei an ... nichts. Bis die Dunkelheit meinen Blick trübt und ich nicht weiß, ob ich schlafe oder wach bin. So kann ich stundenlang sitzen. Ich werde ruhig, ich überlasse mich ganz und gar dem angenehmen, entlastenden Gefühl der Selbstvergessenheit. Ich wehre mich nicht mehr gegen mein Eingeständnis: Ich kenne keinen Grund, für den es sich lohnen würde, die Sakristei noch einmal zu verlassen.«[155]

Aus der Einsicht in die mögliche Sinn- und Bedeutungslosigkeit der eigenen Existenz aber folgt bei Koldehoff *keine Absage an die Existenz Gottes* in der Tradition des neuzeitlichen Atheismus. Nicht zufällig hat er sich über die Tür seiner Bibliothek den Spruch angebracht: »Dies verrät äußerste Geistesschwäche, wenn man nicht erkennt, wie groß das Elend des Menschen ohne Gott ist.«[156] Koldehoffs Denken wird von zwei Grundgedanken bestimmt, deren Paradoxie nur die »Unmöglichkeit« seiner gesamten Existenz widerspiegelt. Im Gespräch mit Sempert fasst er sie in prägnanten Sätzen zusammen:»Ich war in allem, was ich tat, immer nur auf der Suche nach – Gott. Und dies war mein Elend. Denn dies verrät äußerste Geistesschwäche: Wenn man nicht erkennt, wie groß das Elend des Menschen ohne Gott ist.«[157] Beides also verkörpert Koldehoff in einer »unmöglichen« Gleichzeitigkeit: Die Suche nach Gott führt Menschen ins Elend, dieses Elend kann aber nicht dadurch aufgelöst werden, dass der Mensch die Existenz Gottes schlicht in Abrede stellt, wäre doch das Elend des Menschen ohne Gott nicht geringer als das Elend des Menschen mit Gott.

DAS ELEND DES MENSCHEN MIT UND OHNE GOTT

Wie ist das zu verstehen? Worin besteht das Elend mit und ohne Gott? *Das Elend mit Gott* besteht in der Erkenntnis, dass das dem Menschen durch die Instrumente der Vernunft ermöglichte Durchschauen der Sinn- und Bedeutungslosigkeit des Lebens auf Gott den Schöpfer selbst zurückfallen muss. Koldehoff macht Ernst mit der Einsicht, dass die philosophischen und moralischen Probleme sich verschärfen, wenn Gott existiert, das heißt, wenn eine Instanz von Sinn und Hoffnung postuliert wird, die mit den empirischen Erfahrungen der Welt vermittelt werden muss, aber nicht vermittelt werden kann. Bei Langes Figur ist also die *Existenz* Gottes das Problem, nicht Gottes NichtExistenz. Und schärfster Ausdruck dieses Problems ist die Rede von einer *Schuld Gottes*.

Von Koldehoffs Standpunkt aus ist dies nur konsequent. Denn wenn die Rede von Gott unverzichtbar ist, die Annahme der Existenz Gottes aber den Menschen in ein ausweglosses Dilemma treibt, dann muss dieses Dilemma auch Konsequenzen für die Rede von Gott haben. Denn der Glaube an Gott als den Schöpfer der Welt impliziert die Frage nach der Verantwortung Gottes für die Welt. Insofern aber dem Menschen die Erkenntnisinstrumente gegeben sind, mit deren Hilfe er sich »bis auf die Knochen« selbst zu durchschauen fähig ist, ja selbst verurteilen kann, provoziert dies Fragen nach der *Verantwortung Gottes als Letztursache* dieser gegebenen Lage. Im »mythischen« Bild vom Paradiesbaum, dem Baum der Erkenntnis, ausgedrückt, heißt dies: Indem Gott den betrügerischen Baum der Erkenntnis für den Menschen hat wachsen lassen, durch den der Mensch seine unbedeutende Existenz in der Welt erst erkennen kann, ist Gott zum Mitschuldigen am Elend des Menschen geworden. Der Glaube an Gottes Güte und Weisheit ist so nicht mehr möglich. Das Paradies ist ein für alle Mal verloren, ja ist mit dem blühenden Baum der Erkenntnis ein für alle Mal dahin.

Genauso wichtig aber ist der Gegengedanke: Das Grunddilemma des Menschen kann auch mit Ausweichen in den Atheismus nicht aufgelöst werden. Denn ein Mensch ohne Gott gerät erst recht in eine elende Situation. Ohne die Voraussetzung einer Instanz von Sinn und Hoffnung wäre er erst recht den Instrumenten seines Bewusstseins gnadenlos ausgeliefert und schon gar nicht in der Lage, zu begründen, warum sein Leben belangvoller sein soll als der tägliche Wetterwechsel. Der Mensch ohne Gott wäre noch unbarmherziger dem Rätsel »Vergänglichkeit« und »Tod« ausgeliefert, und damit der Möglichkeit, dass sein Leben in eine letzte Banalität, d. h. Bedeutungslosigkeit und Hoffnungslosigkeit, versinkt.

Diese Gedankenführung erscheint im Roman so zwingend, dass der Autor auch seinen Philosophen diesen Erkenntnisweg am Ende nachvollziehen lässt. Zunächst hatte Sempert noch in Reaktion auf die radikale Erkenntniskritik die Fähigkeit des menschlichen Bewusstseins vehement verteidigen dürfen. Das Bewusstsein des Menschen sei doch in der Lage, jedes Verhängnis, das dem Menschen durch seine eigene und sonstige Natürlichkeit gegeben sei, früher oder später aufzuheben. An Gottes wissender Allmacht zu partizipieren, könne kein Unglück, eher eine einmalige Gelegenheit sein, die Mangelhaftigkeit, die Beschränktheit der menschlichen Existenz Schritt für Schritt abzustreifen und Gott ähnlicher zu werden. Ja, Sempert hatte nicht die Inanspruchnahme eines alten Theologumenons für seine materialistisch begründeten Erkenntnisoptimismus gescheut:

> »Wenn Koldehoff Gott schon aus seiner höchsten Leistung, dem Setzen eines Baumes der Erkenntnis, heraus begriffen hätte, hätte er auch gleich dem wichtigsten Versprechen der Heiligen Schrift eine andere Wendung geben können, nämlich: Dass, immer im Hinblick auf die Möglichkeit zur Vernunft, nicht die Menschwerdung Gottes, sondern die Gottwerdung des Menschen der eigentliche, heute noch gültige Erlösergedanke sei.«[158]

Doch angesichts der Gebrochenheit und Hinfälligkeit des menschlichen Körpers muss auch Sempert Abschied von solch kühnen Positionen nehmen. Betroffen durch die Begegnung mit einer alten, schon vom Tod gezeichneten Frau namens Hanna rückt er von seiner materialistischen Prämisse ab, dass das Schicksal des Einzelnen angesichts des Kollektivs nichts zähle und jeder Versuch der Überwindung der Vergänglichkeit religionskritisch zu denunzieren sei. Auf einmal artikuliert auch er eine »Sehnsucht nach Metaphysik als Bedürftigkeit«, und nicht zufällig fällt in diesem Zusammenhang der Name *Blaise Pascal:*

> »Er (Sempert) lag ganz still und erinnerte sich an eine Bemerkung Pascals, in der dieser sein Erstaunen darüber zur Kenntnis gegeben hatte, dass Gegner der christlichen Lehre immer fröhlicher und selbstbewusster wurden, je mehr sie zu erkennen glaubten, dass der Tod, da sie Gott leugneten, nichts weiter als eine endgültige Vernichtung war … Aber sollte ausgerechnet der Einsichtige, Feinsinnige, Empfindsame, der unfähig war, über die Sinnlosigkeit seiner Existenz zynisch hinwegzusehen, für diese Feinsinnigkeit, Empfindsamkeit, Einsichtigkeit, besonders bestraft werden? Sempert schauderte. Und je länger er über die Blindheit, die Gleichgültigkeit des Materiellen, in denen auch er sich eingebettet sah, nachdachte, desto stärker empfand auch er, wie sehr gerade dem nüchternen, illusionslosen, rein auf das Erkennen gerichteten Verstand jene Sehnsucht nach Metaphysik als Bedürftigkeit beigegeben war, der Koldehoff, wohl in Anlehnung an Pascal, über der Türe zu seiner Bibliothek Ausdruck gegeben hatte: ›Dies verrät äußerste Geistesschwäche, wenn man nicht erkennt, wie groß das Elend des Menschen ohne Gott ist.‹ Wie wahr, dachte Sempert, aber er weigerte sich bis zuletzt, daran zu denken.«[159]

Damit ist eine bemerkenswerte Wandlung bei dieser Romanfigur erreicht, ein unerwarteter Rollentausch und Positionswechsel. War Sempert anfangs ganz und gar der selbstbewusste Religionskritiker in der Tradition von Marx bis Lenin, der die Welt von »Religion« und »Metaphysik« als Welt »frommer Phrasen« und »naiver Abseitigkeit« zu denunzieren pflegte, ist er es am Ende, der sich eine »Sehnsucht nach Metaphysik als Bedürftigkeit« zugesteht, ohne dass er die Konsequenzen denkerisch schon zu ziehen bereit wäre, zumal ihn die Nachricht, dass Annemarie aufgrund einer unheilbaren Krankheit den Tod unmittelbar zu erwarten habe, in noch größere Verwirrung stürzt. Semperts künftiges Schicksal bleibt im Roman bewusst offen. Nach dem Tod Annemaries (und nachdem die Koldehoffs bereits nach Stralsund gezogen sind) kehrt er noch einmal in das Dorf zurück, mit der Absicht, seinen Traktat zu überarbeiten, um dann spurlos zu verschwinden. Man vermutet, er sei in den Westen gegangen ...[160]

Auch bei Koldehoff gibt es eine Veränderung – zum Schlimmeren freilich. Gerade der Tod von Annemarie radikalisiert noch einmal seine Fragen an den Grund seiner Existenz. Die Verzweiflungsspirale dreht sich in seinem Fall immer unerbittlicher ins Abgründige. Unwirsch sagt er in dieser Phase zu seiner Frau:

> »Elfriede« [...] »wenn du endlich begreifen würdest, dass die Frage nach dem Warum deinem Herrn und Heiland vorbehalten bleibt. Die Natur, die du vom Fenster aus beobachtest, und dazu gehören auch die immer wieder grünenden Linden, die Natur jedenfalls kennt nur ein sinnloses Fressen und Gefressenwerden, so dass es sich letzten Endes gleich bleibt, wann und wohin Annemarie ihren letzten Gang zu gehen gezwungen ist.«[161]

Bemerkenswert vor allem: Während Sempert in den Gedanken Pascals eine Perspektive für sich zu finden scheint, verliert Koldehoff gerade auch diese.

SELBSTVERBRENNUNG ALS FLUCHTWEG?

Immer öfter greift Koldehoff jetzt zu den autobiographischen Aufzeichnungen des englischen Philosophen und Mathematikers *Bertrand Russell*. Gierig saugt er dessen Gedanken über die Existenz des Menschen im Kosmos ein, die seine innere Zerrissenheit freilich nur noch verstärken. Einerseits machen sie es ihm unmöglich, »die Wette auf die Existenz Gottes«, die er vorher mit Pascal noch abzuschließen bereit war, länger einzugehen, andererseits kann er sich mit der »schwermütigen Verzweiflung« Russells nicht identifizieren:

> »Nun aber ist das ganze Universum Gefängnis geworden. Es herrscht Dunkelheit draußen, und wenn ich sterbe, wird Dunkelheit drinnen herrschen. Nirgends ist Glanz oder Weite; nur Belanglosigkeit für einen Augenblick, und dann

nichts … Aber er war eben zu jener Wette, die Pascal so kühl und aus der Trostlosigkeit seiner wissenschaftlichen Anschauung geleistet hatte, nicht fähig. Ebenso war er unfähig, die schwermütige Verzweiflung Russells, der Gott mit Hilfe seines Verstandes gesucht, aber nicht gefunden hatte, zu ertragen. Dies konnte er sich nicht verzeihen, und er setzte sich, wenn er in der Sakristei vor dem geschnitzten Kruzifix zu beten versuchte, in seiner Selbstachtung so sehr herab, dass er sich ekelte und endlich in die absurde Vorstellung flüchtete, dem Beispiel seines Kollegen aus Zeitz, dessen Motive und Absichten er nicht kannte und nach denen er sich auch nie näher erkundigt hatte, zu folgen.«[162]

Selbstverbrennung als Fluchtweg? Die Erwähnung des »Kollegen aus Zeitz« verweist auf den authentischen Fall des protestantischen Pfarrers *Oskar Brüsewitz*, der am 18. August 1976 in der Stadt Zeitz aus Protest gegen den DDR-Kommunismus tatsächlich seinen zuvor mit Benzin übergossenen Körper angezündet hatte und vier Tage später an den Folgen dieses Selbstverbrennungs-Versuchs gestorben war. Ein Vorbild für den mit DDR-Verhältnissen wohlvertrauten Hartmut Lange? Nein. Obwohl der Roman häufig auf diesen Fall anspielt[163], trifft die Koldehoff in den Mund gelegte Auskunft, »Motive und Absichten des Mannes aus Zeitz seien ihm unbekannt«, auch auf den Autor zu.[164]

Der »Fall Brüsewitz« liegt denn auch inhaltlich völlig anders als der »Fall Koldehoff«; jüngste kirchengeschichtliche Untersuchungen zum »Fanal« von Zeitz bekräftigen dies.[165] Brüsewitz war in seiner Christus-Gläubigkeit ungebrochen und wollte diese offensiv in einer repressiv-atheistischen Gesellschaft bekennen und leben. Ursache seiner existentiellen Verzweiflung war die ständige Zurückdrängung der Kirche ins Private durch den Staat, ja die fast vollständige Unterdrückung all ihrer öffentlichen Aktivitäten. Ursache von Koldehoffs Verzweiflung dagegen ist eine persönliche Denk- und Glaubenskrise, die sich ganz im Privaten abspielt, fern jeder öffentlichen Aktion. Während Brüsewitz – beeinflusst durch die Tradition des missionarisch-pfingstlerischen Freikirchentums – seinen Selbstverbrennungs-Tod als Martyrium für Christus begriff und dadurch die nach seinem Verständnis zu devot mit dem Staat sich arrangierende Kirche aufrütteln wollte, dokumentiert Langes Pfarrer mit seinem Selbstverbrennungs-Wunsch nur seine Verzweiflung über die Unfähigkeit, Glauben an Gott angesichts von Kosmos und Geschichte überhaupt noch glaubwürdig leben zu können.

Eine theologische Antwort: Warten auf Theodizee

Versucht man, die verschiedenen Positionen im Roman zusammenfassend einzuordnen, wird man ein Doppeltes feststellen müssen.

DAS SCHEITERN DER KLASSISCHEN UND MODERNEN THEODIZEE

(1) Angesichts des Elends einer »bewussten Existenz«, die in der Möglichkeit zur Durchschauung einer letzten Sinn- und Bedeutungslosigkeit des menschlichen Daseins gipfelt, ist die *klassische Theodizee* zugunsten Gottes *gescheitert*. Langes Pfarrer ist nicht bereit, Gott allein auf Kosten des Menschen zu rechtfertigen. Er verweigert die Theodizee, verweigert die Gerechtsprechung Gottes angesichts des Negativen in dieser Welt. Das kommt besonders eindrücklich in der Rede von einer Vergebung der Schuld Gottes zum Ausdruck, wie sie in Koldehoffs Predigt vorgekommen war. Bricht die Rede von einer Schuld Gottes bereits ein Tabu traditioneller Theologie, so scheint die Rede von der Vergebung der Schuld des Ewigen durch den endlichen und vergänglichen Menschen völlig alle Maße zu sprengen. Doch Lange setzt jeden Vorwurf der Hybris an die Adresse seines Pfarrers dadurch außer Kraft, dass er diesen selbst als gebrochenen, demütigen, grüblerischen und zweifelnden Menschen schildert. Hinzu kommt: Die Rede von der Vergebung der Schuld Gottes ist Teil eines *Gottes-Dienstes,* von dessen Ernsthaftigkeit die Zuhörer durchaus beeindruckt sind, ja Teil eines Gebets. Im *Gebet zu Gott* soll der Mensch Gott dessen Schuld vergeben. Die Vergebungsrede ist also nicht Teil einer Rede gegen Gott, sondern einer Rede zu Gott.

(2) Gescheitert ist auch die *aufklärerisch-optimistische Anthropodizee,* die Rechtfertigung des Menschen durch sich selbst. Auch diese gegen die klassische Theodizee entwickelte neuzeitliche Theorie von der Schuldunfähigkeit des Menschen bricht in dem Moment zusammen, wo dem Menschen sein »Sündenfall« bewusst wird, mit dem er unrettbar dem Elend einer »bewussten Existenz« ausgeliefert ist. Theodizee und Anthropodizee können deshalb nicht länger gegeneinander ausgespielt werden. Weder ist Gott auf Kosten des Menschen noch der Mensch auf Kosten Gottes zu rechtfertigen. Gott und Mensch sind verwickelt in ein- und dieselbe Schuldgeschichte, angesichts der Tatsache,

dass es Gottes Willen entsprach, den Menschen über sein Verhängnis in Kenntnis zu setzen, und angesichts der Tatsache, dass das Verhängnis des Menschen auch dann existiert, wenn es Gott nicht gäbe. Gott und Mensch sind verstrickt in ein und dieselbe Schuldgeschichte.

Das theologische Gespräch mit Hartmut Lange ist von hier aus zu eröffnen. Gemeinsamer Ausgangspunkt ist: Weder der Protestatheismus noch die Liebe-Leid-Theologie sind eine adäquate, d. h. glaubwürdig nachzuvollziehende Antwort auf die prekäre Stellung des Menschen vor Gott in Kosmos und Geschichte. Während der Protestatheismus den Glauben an Gott angesichts der Leidensgeschichte schlicht für sinnlos erklärt, stellt die Rede vom leidenden, schwachen und ohnmächtigen Gott die Provokation der Theodizee-Frage still. Ausgangspunkt einer nach meiner Überzeugung heute glaubwürdigen Rede von Gott ist ebenfalls die prinzipielle Verweigerung der Theodizee. Hier liegt der mit Langes Roman gemeinsame Ausgangspunkt: Theodizee ist nicht von Menschen leistbar, sondern kann angesichts der prekären Stellung des Menschen vor Gott nur verweigert werden.

DIE VERWEIGERUNG DER THEODIZEE

Für Langes Pfarrer-Figur aber hieß Verweigerung der Theodizee faktisch Verunmöglichung aller Theodizee, weil der Mensch von Gott buchstäblich nichts mehr erwartet, weder eine Rechtfertigung durch den Menschen noch eine Selbstrechtfertigung. Ja, im Gegensatz zu Sempert war in Koldehoff auch jede »Sehnsucht nach Metaphysik als Bedürftigkeit« abgestorben. Seine Sehnsucht richtete sich auf die Ausschaltung des Bewusstseins, auf Selbstvergessenheit. Und mit dieser Sehnsucht nach Selbstvergessenheit korrespondierte dann das »Gedankenspiel« mit einer möglichen Selbstverbrennung. Was folgt daraus?

Daraus folgt, dass Langes Pfarrerfigur zwar die Existenz Gottes bejahen kann, aber jeden Glauben an den sich selbst durchsetzenden und sich selbst rechtfertigenden Gott verloren hat. Seine »Theologie der Dunkelheit« richtet sich buchstäblich an »nichts«, ist identisch mit einer Meditation ohne Gegenstand, ohne Bewusstsein, wobei »nichts« hier nicht nihilistisch misszuverstehen ist. »Nichts« ist hier Synonym für die nicht mehr kategorial zu greifende, sich aller sprachlichen Objektivierung entziehende Transzendenz. Daran ändert auch Koldehoffs Zugeständnis nichts, dass er in die Sakristei geflüchtet sei, um das Bild des gekreuzigten Dulders vor Augen zu haben, dass ihm hierbei »auch Gebete geholfen« hätten und »dass er den Herrn als Erlöser ... doch am eigenen Leib verspürt« habe.[166] Denn die hier verspürte »Erlösung« besteht ja bei Koldehoff aus nichts anderem, als im Hingegebensein an das mystische Dunkel, bei dem alle Sprache, alles Bewusstsein ausgeschaltet ist. Koldehoff kann deshalb ganz konsequent formulieren: »Die Bibel ist ein naives, menschenfreundliches Buch, aber sie hat tausendmal recht, wenn sie behauptet: Es war unser Sündenfall, von jener Frucht zu essen, die uns ein für allemal die Augen geöffnet hat. Wir müssen umkehren. Wir müssen Gott neu erfinden und notfalls auf allen Verstand pfeifen.«[167]

Hier muss von einer heutigen theologischen Reflexion her eine Alternative entwickelt werden. Wer den Rahmen einer biblisch fundierten und verantworteten theologischen Reflexion nicht verlassen will (und das ist die im Folgenden gesetzte Prämisse), wird einwenden müssen: Auch biblische Traditionen kennen das Motiv der Verweigerung der Theodizee, diese bleiben aber verbunden mit dem Festhalten am Glauben an die *Selbstdurchsetzung* Gottes. Verweigerung der Theodizee ist biblisch verknüpft mit Erwartungen an Gott. Die Hebräische Bibel kennt dafür die Tradition der Klage und Anklage. Sie ist dokumentiert in den rebellischen Reden des Buches Hiob, in den Klageliedern des Propheten Jeremia und in den Klagepsalmen. Es ist eine Theologie des Protestes gegen Gott vor Gott. Sie lebt von der Hoffnung, dass Gott sich in Zukunft wieder als Gott erweisen möge, so wie Menschen ihn in der Vergangenheit erfahren haben.[168] Hätte man diese Hoffnung nicht, so wäre ein Protest gegen Gott aus Erwartungen sinnlos. Der Widerspruch gegen Langes Pfarrerfigur kommt also aus dem unaufgebbaren Festhalten an Erwartungen gegenüber Gott. Wer aber wie Langes Koldehoff jede Hoffnung auf eine künftige Selbstdurchsetzung Gottes aufgegeben hat, der hat auch die eschatologische Hoffnungsperspektive ausgeblendet, wie sie dem Alten und dem Neuen Testament gemeinsam ist: »Er wird alle Tränen von ihren Augen abwischen. Der Tod wird nicht mehr sein, keine Trauer, keine Klage, keine Mühsal, denn was früher war, ist vergangen« (Offb 21,4).

Eine biblisch und theologisch verantwortbare Alternative lautet: Warten auf Theodizee, warten auf eine Selbstrechtfertigung Gottes. Den Menschen bleiben auf diese Weise Freiheit und Würde, die Erfahrungen des Übels immer wieder klagend, anklagend oder bittend Gott ins »Angesicht« zu sagen. Diese Erfahrung des Übels wird damit zum Ort der klagenden, bittenden oder protestierenden Gottesrede, zu der gerade die Hebräische Bibel immer wieder ermutigt. Diese klagende, bittende oder protestierende Gottesrede freilich wird umso glaubwürdiger, je mehr der Mensch seinen eigenen Anteil an Verantwortung für das Übel nicht ausklammert, sondern mitthematisiert. Bevor Menschen Gottes Verantwortung einklagen, tun sie gut daran, selbstkritisch ihre eigene zu benennen. Für das nichtverschuldete, nicht zu verantwortende Übel aber (etwa unschuldiges, ungerechtes Leiden) werden Menschen gerade durch die biblische Überlieferung legitimiert, Gott die Provokation nicht zu ersparen und die Anfechtung direkt mit ihm auszumachen. Eine Theologie der Klage gegen Gott vor Gott hat hier ihren Ort, ihre Plausibilität und Legitimation. Sie ist das Gegenteil einer mit dialektischen Manipulationen am Gottesbegriff arbeitenden Liebe-Leid-Theologie, die meint, die Theodizee-Frage kreuzestheologisch »gelöst« zu haben.

Umgekehrt gilt im Blick auf Gott: Das Scheitern der klassischen Theodizee à la Leibniz ist Indikator der Einsicht, dass es vom Menschen aus prinzipiell keine Rechtfertigung Gottes geben kann. Wenn das Scheitern einer solchen Theodizee diese Einsicht erzeugte, dann ist es ein »glückliches Scheitern« gewesen, das nur den Grad der Selbstüberschätzung freilegte, die hinter dem Gedanken steckt, der Mensch könne je von sich aus Gott rechtfertigen. Eine biblisch begründete und theologisch glaubwürdige Alternative dazu aber ist weder eine religionskritische »Erledigung« der Gottesrede noch eine dialektische Manipulation am Gottesbegriff. Sie besteht in der nüchternen *Hoffnung auf eine Selbstrechtfertigung Gottes* angesichts des Übels, der Hoffnung also darauf, dass Gott selbst eines Tages die verbliebenen Rätsel seiner Schöpfung auflösen wird. Im Sinne Elie Wiesels kann man deshalb vom Warten auf Theodizee sprechen, Warten darauf, dass Gott sich selbst gerecht spricht.[169] Vorausgesetzt wird dabei, dass dem »Transzendenzbegehren« (H. Lange) des Menschen ein »Immanenzbegehren« Gottes entspricht. Die Kategorie der Selbstrechtfertigung ist also eine dem Gottesbegriff entsprechende Kategorie, die verhindert, dass der lebendige Gott mit den Produkten unserer rationalen Theodizee verwechselt oder zum Wunschgötzen unserer religiösen Sehnsuchtsphantasien wird. Und die gleichzeitig verhindert, die Auseinandersetzung mit dem lebendigen Gott aufzugeben, zu beschwichtigen oder zu verharmlosen.

Das theologische Gespräch mit dem Werk Hartmut Langes steht noch ganz am Anfang. Hier ist ein erster Versuch gemacht worden. Die Auseinandersetzung muss weitergehen, gerade auch unter Einbeziehung von Essays oder Selbstdeutungen des Autors. Beispiel dafür ist Hartmut Langes Rede zur Eröffnung der Guardini-Stiftung am 2. September 1988. Hier markierte er seine Position noch einmal scharf in Auseinandersetzung mit Romano Guardini:

> »›Jedes Seiende ist mehr als es selbst‹, schreibt Guardini, ›jedes Geschehnis bedeutet mehr, als einen dürren Vollzug‹, aber eben dieses Mehr-sein oder Mehrbedeuten ist für mich ein ›Erfaßtwerden von der Geheimnisströmung der Welt‹ und nicht, wie Guardini es deutet, eine komplexe Kausalität bis hin zu Gott. Mich tröstet die im Unbestimmten belassene, durch keinerlei Vorstellung festgezurrte Transzendenz, und ich würde mich in dem Pascalschen ›Gott liebt es, sich zu verstecken‹ aufgehobener fühlen als in der Offenbarung.«[170]

Das theologische Gespräch mit dem Werk Hartmut Langes ist eröffnet. Erste Stichproben zeigen, wie fruchtbar es sein könnte.

FERNHORIZONTE

> »SEI KEINEM JUD' UND MUSELMANN ZUM TROTZ EIN CHRIST«
Gotthold Ephraim Lessing im Spannungsfeld von Judentum, Christentum und Islam

Die Aktualität von »Nathan, dem Weisen«

»Timelessness is a good thing in a play, but timeliness is better. The 18th century drama ›Nathan the wise‹ wins on both counts.« Besser als der Theaterkritiker der New York Times, der am 20. Oktober 2002, gut ein Jahr nach dem 11. September, eine Aufführung von »Nathan der Weise« am Pearl Theater in New York besprach, kann man Lessings Stück nicht charakterisieren: »Zeitlosigkeit ist gut, Zeitgemäßheit ist besser. Das 18. Jahrhundert-Drama ›Nathan der Weise‹ gewinnt in beider Hinsicht.« Warum? »Das Stück, das Spannungen zwischen Christen, Muslimen und Juden dramatisiert, verliert schwerlich seine Dringlichkeit im heutigen weltpolitischen Klima.« In der Tat: Nicht nur in New York wurde »Nathan der Weise« gespielt – in Reaktion auf »Nine Eleven«. Nach dem 11. September 2001 hat es auf deutschsprachigen Bühne nicht weniger als 24 »Nathan«-Inszenierungen gegeben![171] Entweder waren sie schon vorher geplant (wie in Dresden, Magdeburg oder Rostock) und gewannen plötzlich »brennende Aktualität«[172] oder wurden spontan ins Programm genommen wie von Claus Peymann und seinem Berliner Ensemble.

»NATHAN«-INSZENIERUNGEN NACH DEM »11. SEPTEMBER«

Angesichts der hochdramatischen weltpolitischen Ereignisse konnte die Reaktion der Kritik nur äußerst gegensätzlich sein. Und doch blieb die Meinung, »durch Auschwitz und die Zerstörung der New Yorker Zwillingstürme« sei die Sache des Stückes »widerlegt«, ja eine Wiederaufführung des »Nathan« gelinge heute nur »um den Preis, dass die Intentionen des Autors ins Gegenteil verkehrt« würden, eher die Ausnahme.[173] Für die meisten Kritiker standen die Neuinszenierungen im Zeichen des Dennoch, des Trotzdem: »Gerade nach den Ereignissen am 11. September«, sagte etwa der Regisseur der Rostocker Inszenierung, deren Personal ausschließlich aus Frauen (!) bestand, »ist mir sehr wichtig, was der Text impliziert: eine sehr große Toleranz nämlich, eine nichtlebbare Toleranz aber auch. Das ist die Tragik.«[174] Gerade deshalb aber wurde für ihn das Stück unabweisbar. Nach den Bildern aus New York hatte er den »Nathan« spontan noch aus dem Programm nehmen wollen: »Dann haben wir sehr ernst und klar den Text hinterfragt, und dabei wurde es für mich wieder wichtig, das Stück zu bringen. Ich habe auf jedwede Mätzchen verzichtet. Ich bin noch statischer geworden und noch mehr auf's Wort gegangen. Wir haben zu einer neuen Ernsthaftigkeit gefunden.«[175] Diese neue Ernsthaftigkeit empfand auch ein Kritiker des Mannheimer »Nathan«: »Den Nathan nun, nach dem 11. September, erst recht!«, bekannte er, um zu folgern: »Was ich als Bühne und auf der Bühne sehe, ist der unendliche Möglichkeitsraum in uns, der so wahr ist, wie er außerhalb unserer selbst nie Wirklichkeit wurde, bislang. Nathan, ein Innenweltraumabenteuer.«[176]

Es gab aber auch kaum eine Alternative in der deutschen Literatur, wenn man in diesem »weltpolitischen Klima« nach einem »Lehrstück« für das Theater suchen wollte. Welches andere deutschsprachige Stück spiegelt denn die uns bedrückende Weltproblematik in einem offensichtlich neuentfachten »Kampf der Kulturen«? Wie seit dem 17. Jahrhundert nicht mehr, sieht sich die westlich-christliche Zivilisation konfrontiert mit einem militanten, ja terroristischen Islamismus. Es gibt kein zweites Stück in der gesamten deutschen Literatur, das einerseits das Konfliktpotenzial zwischen Judentum, Christentum und Islam spiegelt und gleichzeitig das Modell einer Versöhnung von Juden, Christen und Muslimen anbietet. *Goethes* »West-östlicher Divan«

(1819)? Er betrifft das Zwiegespräch von christlich-westlicher und islamisch-orientalischer Kultur. Vom Judentum ist hier keine Rede. *Heines* Tragödie »Almansor« (1829)? Sie handelt vom Konflikt zwischen Christentum und Islam in Spanien und spiegelt das Konversionsproblem für Juden bestenfalls indirekt. *Friedrich Rückerts* große Orient-Dichtungen und -Nachdichtungen? Sie betreffen den Kulturtransfer zwischen Ost und West; das Jüdische spielt keine Rolle. Wir haben in der deutschen Literatur noch im 20. Jahrhundert entweder Dokumente einer Begegnung zwischen Judentum und Christentum oder zwischen Abendland und Morgenland, Orient und Okzident. Nur Lessings »Nathan« ist »trialogisch« strukturiert. Wie immer man also ästhetisch, politisch und theologisch zu Lessings »dramatischem Gedicht« stehen mag: Wir haben keinen anderen großen Referenztext in der deutschen Literatur, wenn es um das Verhältnis von Juden, Christen und Muslimen geht.

Von daher erklärt sich, warum Lessings Drama – trotz aller Desillusionierung durch die Geschichte insbesondere des 20. Jahrhunderts – von vielen Kritikern auch heute noch als »grandioses Dennoch und Trotzdem« angesehen wird: »Gegen die Ringparabel etwa spricht allein die Barbarei. Oder der Untergang der Menschheit. – Nicht zufällig saßen mehrere Bundesminister im Parkett«[177] und lauschten der Inszenierung des »Berliner Ensemble«, schrieb ein Kritiker, wobei man die Bemerkung in der Tat kaum unterdrücken kann, dass Angehörige der politischen Klasse im Westen nicht eigentlich die Adressaten dieses Stückes sind. »Diejenigen« – so der Kritiker der New Yorker Inszenierung zu Recht – »die dieses Stück am nötigsten sehen müssten, sind solche, die die Aufklärung als einen Ausbruch von Häresie in kontinentalem Maßstab betrachten. Es sind solche, die daran erinnert werden sollten, dass Saladin nicht nur für seinen Glauben und für seine Macht gelobt wurde, sondern auch für seine Toleranz. Schlag nach bei Dante.«[178]

Wir schlagen nach bei Dante und finden: Im vierten Gesang von »Il Inferno« (Vers 129) treffen wir in der Tat auf Sultan Saladin. Als Nichtchrist kann er sich nicht im Paradies aufhalten, aber als guter Nichtchrist befindet er sich am mildesten aller Straforte, der Vorhölle – neben berühmtesten Helden des klassischen Altertums wie Electra, Hektor und Aeneas, auch »inmitten der Familie der Philosophen«: Sokrates und Platon, Demokrit und Heraklit. Der Kreis der hier genannten Personen bildet eine Art Kanon der Prominenten, wie er zu Dantes Zeiten gültig war, und zeigt, welchen Gestalten der Antike das Mittelalter Anerkennung zollt. Auch der Muslim Saladin gehört dazu. Er ist eine Schlüsselfigur zur Dokumentation muslimisch möglicher Ritterlichkeit schon im Mittelalter, erst recht im 18. Jahrhundert. Lessing macht nicht zufällig ihn zu seinem muslimischen Helden – als Modell nicht nur von Ritterlichkeit, sondern von Toleranz und Menschlichkeit.

EIN ISLAM-BILD GEGEN LESSINGS INTENTION

In neuesten Inszenierungen auf deutschen Bühnen aber war davon kaum etwas zu spüren. Vielfach ignoriert wurde, dass Lessing bewusst nicht nur einen beeindruckenden jüdischen Helden auf die deutsche Bühne bringt, sondern bewusst auch positiv gezeichnete muslimische Figuren, was im Kontext der zeittypischen europäischen Islam-Verachtung nicht weniger kühn war. Weitgehend ignoriert wurde, dass Lessing mit seinem Nathan *auch* das Interesse verfolgt, eine islamisch geprägte Menschlichkeit gegen eine gesetzliche Orthodoxie stark zu machen, dass er also *auch* in innermuslimische Diskurse eingreift – und zwar im Interesse einer positiven Verbindung von Islam und Menschlichkeit. Dabei hätte man Lessings Strategie durch einen Blick in seine geplante Vorrede zum »Nathan« leicht entdecken können:

»Wenn man sagen wird, dieses Stück lehre, dass es nicht erst von gestern her unter allerlei Volke Leute gegeben, die sich über alle geoffenbarte Religion hinweggesetzt hätten, und doch gute Leute gewesen wären; wenn man hinzufügen wird, dass ganz sichtbar meine Absicht dahin gegangen sei, dergleichen Leute in einem weniger abscheulichen Lichte vorzustellen, als in welchem der christliche Pöbel sie gemeiniglich erblickte: So werde ich nicht viel dagegen einzuwenden haben. (…) Wenn man aber sagen wird, dass ich wider die poetische Schicklichkeit gehandelt, und jenerlei Leute unter Juden und Muselmännern wolle gefunden haben: so werde ich zu bedenken geben, dass Juden und Muselmänner damals die einzigen Gelehrten waren; dass der Nachteil, welchen geoffenbarte Religionen dem menschlichen Geschlechte bringen, zu keiner Zeit einem vernünftigen Manne müsse auffallender gewesen sein, als zu den Zeiten der Kreuzzüge, und dass es an Winken bei den Geschichtsschreibern nicht fehlt,

ein solch vernünftiger Mann habe sich nun eben in einem Sultane gefunden.«
(IX,665f.)[179]

Das ist also der Lessingsche Kontext: Ein »christlicher Pöbel« pflegt
Menschen, konkret: Juden und Muslime, die nicht in ihre gängigen
Schemata passen, in »abscheulichem Licht« darzustellen. Gegen diesen
Komplex des seit Jahrhunderten gewachsenen vulgären Antijudaismus
und Antiislamismus betont Lessing strategisch die kulturellen Leistungen von Menschen anderer Religionen, betont die Gewährung von Reli-
gions- und Gewissensfreiheit in ihrem Herrschaftsraum sowie religiöse
und philosophische Tiefe bei ihren »Gelehrten«, betont umgekehrt die
Skandalgeschichte des Christentums, wie sie sich in den »Kreuzzügen«
manifestiert. Dass diese Strategie auf massiven Widerstand stoßen
würde, ist ihm klar. Die Verletzung der »poetischen Schicklichkeit« ist
dabei gewiss noch der leichteste Vorwurf. Ein Muslim (Beispiel: Sultan
Saladin) gehört zu den »guten Leuten«, ist ein Mann der Vernunft, der
Moral, der Menschlichkeit. Und diese seine Vernunft, Moral und
Menschlichkeit hat er nicht trotz des Islam, sondern durch den Islam,
durch seinen Glauben als Muslim: Das musste in Deutschland einer Öffentlichkeit erst noch bewusst gemacht werden, die in antijüdischen
und antimuslimischen Stereotypen erstarrt ist.
Auf deutschen Bühnen aber war jüngst von alldem wenig zu sehen. Im
Gegenteil. Die Muslime in »Nathan«-Inszenierungen kommen meist
schlecht weg. Der Sultan und Sittah? »Operettenorientklischees der al-
bernsten Sorte«![180] Saladin? »Salontunte mit gemaltem Menjou-Bärtchen«, »Schlafanzug-Sultan (mit) geistig grotesker Operettenmiene«,
ein »Kleinganove mit großem Herzen«![181] Und wenn schon Anklänge an
seine orientalische Herkunft nicht wegzuinszenieren waren, dann war
Saladin in jedem Fall ein »zwielichtiger Orientale«. Wie ein Kritiker der
Neuen Zürcher Zeitung zur Berliner Inszenierung bemerkte: »Der Sultan … stakst als schnöseliger Angeber herum, geschönt durch lange
Bartspitzen und die Signalfarbe Blau auf Wams, Schuhen und wippen-
der Feder«.[182] In der Tat: Die meisten Inszenierungen auf deutschsprachigen Bühnen kamen über eine »operettenhafte Optik« bei Saladin
nicht hinaus und statteten den Sultan entsprechend mit einem »Mär-
chenprinzen-Turban-Kostüm« aus.[183] Ernstgenommen im Sinne Lessings wurde Saladin als Muslim kaum.

Wer aber angesichts der Umbrüche in der islamischen Welt die Lessingschen Intentionen in ihr Gegenteil verkehrt, schreibt die jahrhundertealte Verachtungsgeschichte gegenüber dem Islam weiter, die gerade auch in intellektuellen Kreisen Europas schon zu Lessings Zeiten herrschte (Voltaire und die Folgen).[184] Nichts hat man begriffen von dem, worum es Lessing mit seinem Stück ging und geht. So wie er mit Blick auf die jüdische Welt für Menschlichkeit aus jüdischer Überzeugung stritt, für das, was Martin Buber später »jüdischen Humanismus« nennen sollte, so stritt Lessing auch im Blick auf die islamische Welt für die Wahrnehmung von Menschlichkeit. Ich nenne das kalkulierte oder strategische Aufwertung des Verachteten im interkulturellen und interreligiösen Diskurs.

Lessing konkretisiert dies dadurch, dass er im »Nathan« eine positiv gezeichnete jüdische Figur und drei positiv gezeichnete muslimische Figuren auf die Bühne bringt. Mehr noch: Die eigentliche werkgeschichtliche Originalität und zugleich gesellschaftliche Provokation des »Nathan« besteht gerade darin, dass hier erstmals in dieser Weise kalkuliert aufgewertete *muslimische Figuren* auf einer deutschen Bühne stehen. Das Jüdische war ja schon in Lessings frühem Stück »Die Juden« (1749) durch die Figur des »Reisenden« aufgewertet worden; der »Nathan« ist dessen Fortschreibung und einzigartige Überbietung, aber in Sachen Judentum gerade nicht originell. Originell ist die Aufwertung von Muslimen *auf einer Bühne.* Lessings »Nathan der Weise« ist also *auch* als ein proislamisches, genauer: ein *promuslimisches Stück* zu lesen.

Der Islam als »Religion der Vernunft«

Seit 1770 Bibliothekar zu Wolfenbüttel in den Diensten des Herzogs von Braunschweig-Lüneburg, hatte sich Lessing seit 1774 in eine immer leidenschaftlicher geführte theologische Kontroverse verstrickt, ausgelöst durch seine Veröffentlichungen von Ausschnitten aus einem Manuskript des Hamburger Orientalisten Hermann Samuel Reimarus (1694–1768), der zu diesem Zeitpunkt schon nicht mehr lebt und dessen Namen Lessing der Öffentlichkeit bewusst verschweigt. Seinen Höhepunkt erreicht dieser Streit um die »Fragmente eines Ungenannten« durch das Eingreifen des Hamburger Hauptpastors Melchior Goeze

(1717–1786), der die Reimarus-Texte als Frontalangriff auf den angeblich göttlich verbürgten Wahrheits- und Heilsanspruch der christlichen Religion versteht.

DIE PROVOKATION DES SAMUEL HERMANN REIMARUS

Es ist denn auch unerhört, was dieser Hamburger Orientalist etwa zu einer Religion wie dem Islam geschrieben hatte: Der Islam sei eine ganz und gar vernünftige, »natürliche« Religion. Dies etwa konnte man in einem der von Lessing veröffentlichten Stücke lesen:

»Des Mahomets Alkoran (…) und der Türkische Glaube hat zwar einen bösen Ruf bei uns, nicht allein, weil der Stifter dieser Religion Betrügerei und Gewalt gebraucht, sondern auch weil viele Torheiten und Irrtümer, nebst manchen unnötigen äußerlichen hergebrachten Gebräuchen, sich eingemischet finden. Ich will ihm auch gar nicht das Wort reden, vielweniger denselben der christlichen Religion zum Nachteil erheben. Doch bin ich versichert, dass unter denen, die der Türkischen Religion dies und jenes Schuld geben, die wenigsten den Alkoran gelesen haben, und dass auch unter denen, die ihn gelesen, die wenigsten den Vorsatz gehabt, den Worten einen gesunden Verstand, dessen sie fähig sind, zu geben. Ich getraute mir, wenn dieses mein Hauptabsehen wäre, das vornehmste der natürlichen Religion aus dem Alkoran gar deutlich, zum Teile gar schön ausgedruckt darzutun, und glaube, dass ich bei Verständigen leicht darin Beifall finden werde, dass fast alles wesentliche in Mahomets Lehre auf natürliche Religion hinauslaufe. Der gelehrte *Thomas Hyde*, den man sowohl der Sachen kundig als unparteiisch halten muss, lobt den Mahomet als ›verae Religionis Abrahami restauratorem‹, der die wahre Religion Abrahams wieder hergestellt habe: und der getreueste Übersetzer und Ausleger des Alkorans, *George Sale*, zeigt in seiner Einleitung zum Alkoran, dass der Grundsatz der Lehre Mahomets auf der Einheit Gottes beruhe, oder auf der Wahrheit, dass nur Ein Gott sei, und sein könne: dass der Vorsatz, die heidnischen Araber von der Abgötterei zur Erkenntnis dieses einigen Gottes zu bringen, edel und höchlich zu loben gewesen« (VIII,130)

In dieser Reimarus-Passage kommen Grundzüge einer neuen, von Polemik freien Einschätzung des Islam zur Geltung, wie Lessing sie spätestens seit seinem Religionsdialog »Die Rettung des Hieronymus Cardanus« (1754) teilt und wie sie sich im Zeitalter der Aufklärung jetzt allmählich Bahn brechen wird.[185] Ich fasse die Grundzüge der Argumentation zusammen. Ohne sich mit dem Islam zu identifizieren oder ihn gegen das Christentum auszuspielen, stellt Reimarus in aller – durch Fachliteratur (Thomas Hyde und George Sale) erhärteten – Sachlichkeit fest:

(1) *Psychologisch* ist unverkennbar, dass unter Christen in Europa kaum Bereitschaft zu einem inneren Verständnis des Islam vorhanden ist. Nicht nur sind Vorurteile (»Betrügerei«, »Gewalt«) und Ignoranz (die Wenigsten haben den Koran gelesen) weit verbreitet. Vielmehr ist selbst bei denen, die den Koran lesen, Missgunst und Antipathie gang und gäbe. All das sind Spätfolgen der mittelalterlichen und reformatorischen Konfrontationstheologie gegenüber dem Islam, mit der Reimarus jetzt entschieden bricht. Er tut dies, indem er dem Koran das höchste Lob spendet, zu dem er als »Deist« oder Anhänger einer »natürlichen« Religion fähig ist: Der Koran – so macht er sich anheischig, persönlich nachzuweisen – enthält das »Vornehmste« der natürlichen Religion. Der Koran ist also ein Buch, in dem Reimarus schon vorweggenommen sieht, was er jetzt und künftig anstrebt: eine gelungene Synthese aus Vernunft und Glauben.

(2) *Geschichtlich* ist unabweisbar, dass das Erscheinen des Islam einen *Aufklärungsfortschritt* in der Geschichte der Religionen darstellt: Ein Volk wie die Araber wurde vom Niveau der »Abgötterei« auf das Niveau einer monotheistischen Religion gehoben – als Grundlage für »gute Sitten und Tugenden«. Diese Einsicht bricht mit dem »bösen Ruf« des Islam in Europa. Gemeint ist die in christlicher Theologie lange tradierte Vorstellung, der Islam sei nichts anderes als eine – gemessen am Christentum – historische Dekadenzerscheinung: Häresie, Heidentum, Teufelswerk.

(3) *Theologisch* ist unabweisbar, dass im Koran des Propheten Mohammed nicht irgendein »Aberglaube«, sondern die Verehrung des einen und wahren Gottes propagiert wird. Mohammed hat nicht irgendeinen neuen Götzenkult eingeführt, sondern die »wahre Religion Abrahams« wiederhergestellt. Der Gott, den Mohammed verkündet, ist auch der Gott, der sich dem biblischen Urvater Abraham geoffenbart hat. Der Islam ist somit kein Abfall vom Glauben, sondern steht in Kontinuität mit

dem in der jüdisch-christlichen Bibel grundgelegten Glauben an den einen und wahren Gott.

(4) *Philosophisch* ist unabweisbar, dass der Islam als Religion auf der Verkündigung des *einen* Gottes beruht. Diese Lehre von der Einheit und Einzigartigkeit Gottes aber macht den Islam zu einer streng vernunftorientierten Religion. Nichts verlangt der Koran an Gottesglauben und Sittlichkeit, was mit Vernunftgründen nicht zu rechtfertigen wäre. Der Islam kann von daher als eine vernunftgemäße, »natürliche« Religion verstanden werden.

LESSING UNTER ZENSUR

Man wird von daher die Aufregung in Kreisen lutherischer Orthodoxie verstehen können. Alle Kategorien, mit denen man seit dem Mittelalter und der Reformation den Islam als häretische oder dämonische Religion abqualifiziert hatte, wurden hier mit einem Schlag zunichte. Der Islam – eine Religion in Kontinuität mit der jüdisch-christlichen Offenbarung, eine Religion der Vernunft?

Nachdem es Goeze offensichtlich gelingt, die staatlichen Behörden vom subversiven Charakter dieser theologischen Kontroverse für die Gesellschaft zu überzeugen, greift Lessings Arbeitgeber ein. Im Namen des Herzogs wird ihm am 13. Juli 1778 befohlen, das ganze Reimarus-Manuskript einzuschicken, die weitere Publikation daraus einzustellen und sich bei künftigen Veröffentlichungen zu theologischen Fragen der Zensur zu unterwerfen; widrigenfalls drohten Sanktionen. Versiert freilich in publizistischen Fragen wie er ist, findet Lessing Auswege. Der erste besteht darin, das Zensurverbot kaltlächelnd zu unterlaufen und außerhalb Braunschweigs dennoch zu publizieren. So geschehen mit der im September oder Oktober 1778 öffentlich erfolgten (und letzten) Antwort an Goeze, die in Hamburg ohne Nennung des Verlegers und Verfassers erscheint (IX,471–479).

Der zweite Ausweg heißt »Nathan«. Schon Mitte 1778 hatte es in einem Brief an Bruder Karl geheißen, er habe des Nachts einen »närrischen Einfall« gehabt. Vor vielen Jahren habe er einmal ein Schauspiel entworfen, dessen Inhalt eine »Art von Analogie« mit seinen gegenwärtigen Streitigkeiten aufweise, wie er sie sich damals nicht habe träumen lassen. Grundlage der Idee sei eine Geschichte aus Boccaccios Novellensammlung »Il Decamerone«. Es ist eine Geschichte von drei Ringen, erzählt von einem Juden, erzählt vor Sultan Saladin. Und Lessing fügt hinzu: »Ich glaube, eine sehr interessante Episode dazu erfunden zu haben, dass sich alles sehr gut soll lesen lassen und ich gewiss den Theologen den ärgern Possen damit spielen will, als noch mit zehn Fragmenten«.[186]

Das Bild der Muslime im »Nathan«

Geschichtlicher Hintergrund ist bei Lessing der dritte Kreuzzug der Jahre 1189 bis 1192. Seit 1187 hatten muslimische Heere unter Sultan Saladin Jerusalem zurückerobert, woran auch ein neues Kreuzfahrerheer nichts ändern kann, das unter der Führung des englischen Königs Richard Löwenherz und des französischen Königs Philipp II. (der deutsche Kaiser Friedrich Barbarossa stirbt auf dem Weg nach Jerusalem) in Palästina auf den Plan tritt. 1192 kommt es zum Waffenstillstand Saladins mit seinen christlichen Kontrahenten. Und genau zu diesem Zeitpunkt lässt Lessing seine erfundene Geschichte spielen. Sein Saladin hat einen jungen christlichen Ordensritter, im Stück der »Tempelherr« genannt, überraschend begnadigt. Und während dieser in Jerusalem herumläuft, wie betäubt von so viel Gnade, entdeckt er ein brennendes Haus und rettet daraus ein junges Mädchen. Er erfährt: Das Mädchen heißt Recha, und das Haus gehört dem reichen jüdischen Kaufmann Nathan, der zur Zeit auf Geschäftsreise ist.

Seltsam freilich: Als die Gesellschafterin des jungen Mädchens, Daja, eine Christin, und später auch Nathan, der Vater, ihm Dank abstatten wollen, wehrt der junge Mann ab. Als ihm aber nur wenig später Recha selber entgegentritt (III/2), verliebt er sich sofort in sie und will sie auf der Stelle heiraten (III/9). Nathan zögert, wodurch der Tempelherr außer sich gerät, zumal er durch die intrigante Daja erfährt, dass Recha gar nicht Nathans Kind, sondern eine Christin ist (III/10). Der angebliche Vater hat damit ohnehin jedes Recht verwirkt, das »Christenkind« einem Christen vorzuenthalten. Wutentbrannt läuft der Tempelherr zum Patriarchen, dem obersten Christen in Jerusalem, um zu erkunden, was mit Juden geschieht, die Christenkinder von ihrem Glauben abgebracht haben. Dessen gnadenlose Auskunft (auf den Scheiterhaufen mit ihnen!) stößt ihn freilich so sehr ab, dass er den Fall nicht weiter enthüllt und zu Saladin geht.

Dieser hatte in der Zwischenzeit die Bekanntschaft des Juden Nathan gemacht. Denn Saladin ist in Geldverlegenheit, da seine Steuereinnahmen aus Ägypten seit Jahren ausbleiben. Seine Schwester Sittah, Partnerin und Beraterin in allen Fragen, muss ihm bereits finanziell aushelfen. Auf der Suche nach neuen Geldgebern hatte sie den Namen des reichen Juden Nathan ins Spiel gebracht, und obwohl Saladins Schatzmeister, der Derwisch Al-Hafi, abrät (als Freund Nathans weiß er um Saladins aussaugendes Finanzgebaren), hatte der Sultan den reichen Juden vorladen lassen. Es war zu einer folgenreichen ersten Begegnung gekommen, bei der Saladin sein »Opfer« zunächst mit der Frage nach der wahren Religion einzuschüchtern versucht hatte. Darauf erfolgt Nathans »Geschichtchen« von den drei Ringen (III/7), und Saladin, betroffen von dieser Parabel, hatte Nathan die Freundschaft angeboten. Werfen wir zunächst einen Blick auf die beiden muslimischen Hauptfiguren in diesem Stück: Sultan Saladin und seine Schwester Sittah. Schauen wir uns ihr konzeptionelles Design genau an – in religionstheologischer Absicht.

SITTAH ALS PARTNERIN UND MUSLIMIN

Eingeführt wird Sittah als geschickte und zugleich schlagfertige Schachpartnerin ihres Bruders und zugleich als taktvolle Frau, die ihren Bruder die finanzielle Verlegenheit nicht fühlen lässt, um die sie weiß. Wichtiger aber ist noch Sittahs Profil als Muslimin. Gewiss: Von einer religiösen Praxis erfahren wir bei Sittah nichts, wohl aber von einer geistigen Prägung, wie sie klassischer muslimisch nicht sein könnte. Dabei zeugt es noch einmal von Lessings religionstheologischer Konfliktstrategie, dass er das Verhältnis von Christsein und Menschsein gerade nicht Christen, sondern seine *Muslime* reflektieren lässt, konkret seine Muslimin. Christen wird auf diese Weise (ausgerechnet von den so verachteten Muslimen!) kritisch der Spiegel vorgehalten. Muslime werden ob ihrer klaren Sicht der Dinge aufgewertet. So lässt Lessing gleich zu Beginn ihres allerersten Auftritts (II/1) Saladin und Sittah über das Christentum nachdenken, und ihre Bilanz fällt zwiespältig aus. Saladin

hatte sich (was sogar historisch verbürgt ist) der Vorstellung hingegeben, er könne seinen Bruder Melek mit der Schwester des englischen
Königs Richard (Johanna von Sizilien) vermählen und gleich auch noch
seine Schwester Sittah mit einem Bruder Richards. Aus dieser Verbindung hätten »Menschen« entstehen können, phantasiert der Sultan –
eine Sekunde lang. Es ist aber Sittah, welche die *religionstheologische
Begründung* dafür liefert, warum diese Vorstellung nur ein »schöner
Traum« bleiben kann. Ihre Argumente sind gut in der muslimischen
Tradition begründet:

> »Du kennst die Christen nicht, willst sie nicht kennen.
>
> Ihr Stolz ist: Christen sein; nicht Menschen. Denn
>
> Selbst das, was, noch von ihrem Stifter her,
>
> Mit Menschlichkeit den Aberglauben würzt,
>
> Das lieben sie, nicht weil es menschlich ist:
>
> Weils Christus lehrt; weils Christus hat getan. –
>
> Wohl ihnen, dass er so ein guter Mensch
>
> Noch war! Wohl ihnen, dass sie seine Tugend
>
> Auf Treu und Glaube nehmen können! – Doch
>
> Was Tugend? – Seine Tugend nicht; sein Name
>
> Soll überall verbreitet werden; soll
>
> Die Namen aller guten Menschen schänden,
>
> Verschlingen. Um den Namen, um den Namen
>
> Ist ihnen nur zu tun.« (II / 1)

Klassisch muslimisch ist an diesen Aussagen die Diskrepanz von Lob
Jesu und Kritik an Christen, wie sie im Koran breit bezeugt ist.[187] Klassisch muslimisch ist auch die Empfindlichkeit gegenüber christlichen
Exklusivitätsansprüchen. Statt dass Christen die Tugend ihres Stifters
leben, wollen sie Andersgläubigen ihren Glauben aufzwingen. Diese
Praxis der »Verbreiterung« des christlichen Glaubens aber führt dazu,
dass die Namen aller anderen »guten Menschen« geschändet, ja »verschlungen« würden. Nicht Liebe zu anderen Menschen im Geiste des
Stifters, was ein Geltenlassen anderer Glaubensformen nebeneinander
einschlösse, ist die Praxis der Christen, sondern ein Trachten nach Auslöschung anderer Glaubensexistenzen durch Bekehrung und Taufe und

damit nach völliger Durchsetzung der christlichen als der einzig wahren Religion.

Klassisch muslimisch ist schließlich auch der Rekurs auf die Schöpfungsordnung Gottes im Gespräch Sittah – Saladin:

Saladin:
»Du meinst, warum
Sie sonst verlangen würden, dass auch ihr,
Auch du und Melek, Christen heißet, eh'
Als Ehgemahl ihr Christen lieben wolltet?

Sittah:
»Ja wohl! Als wär' von Christen nur, als Christen,
Die Liebe zu gewärtigen, womit
Der Schöpfer Mann und Männin ausgestattet!« (II/1)

Bemerkenswerterweise lässt Lessing seine Muslimin hier schöpfungstheologisch argumentieren und damit auf einen göttlichen Ursprung verweisen, der allen geschichtlichen Offenbarungsreligionen vorausliegt. Gott, der Schöpfer, hat *alle* Menschen, Christen oder Nichtchristen, von Anfang an mit Liebesfähigkeit ausgestattet. Christen aber lassen die Liebe nur gelten, wenn sie zwischen Christen gelebt wird. Wer von Christen geliebt sein will, muss vorher Christ werden. Lessing wusste dabei selbstverständlich, was er tat. Dass er hier seine eigenen theologischen Interessen in muslimischem Gewande präsentiert, ist leicht durchschaut. Wer schöpfungstheologisch argumentiert, will bewusst das klassisch-christliche heilsgeschichtliche Argumentationsmuster unterlaufen, etwa den »(Erb-)Sünde-Gnade-Erlösungszusammenhang« (M. Fick),[188] Grundlage der klassischen Christologie, die gerade auch von der lutherischen Theologie stark vertreten wurde und wird. Eine solche Erlösungstheologie aber führt in Lessings Verständnis:

(1) im Blick auf Nichtchristen zu einer heilsnotwendigen Bekehrungs- und Taufforderung, gehen doch Menschen aufgrund der Erbsünde bekanntlich »verloren«, wenn sie nicht vorher diesen Makel durch die Taufe haben »abwaschen« lassen. Die nichtchristliche »Heidenwelt« war von daher (gut augustinisch-lutherisch) eine »massa damnata«.

Lessing spiegelt, wie wir hörten, diesen christlichen Bekehrungszwang an der Figur der Daja, der Gesellschafterin für Recha, die ihr Pflegekind »aus Liebe« quälen muss, von Angst getrieben, sie ginge als Judenkind sonst »verloren«.

(2) im Blick auf Christen zu einer Haltung heilsgewisser Selbstzufriedenheit und moralischer Überlegenheit. Nicht von ungefähr fällt an diesen entscheidenden christenkritischen Stellen das Schlüsselwort »*Stolz*«. Hatte der Tempelherr als *Christ* den Juden Stolz vorgeworfen im Anspruch, nur ihr Gott sei »der rechte Gott« (II/5), so lässt Lessing nun seine Muslimin denselben Stolz Christen vorwerfen: nur »Christen« wollten sie sein, nicht »Menschen«! Ausgerechnet sie lässt er sagen: Religiöse Überzeugungen können Menschen zur Unmenschlichkeit verleiten. Konkret: Christusglauben vermag Menschen nicht menschlicher, sondern herzenshärter, unduldsamer, ja gewalttätiger zu machen. Was umgekehrt heißt: Nirgendwo deutlicher als hier dokumentiert Lessing seine Überzeugung, dass Muslime Anwälte von Vernunft und Menschlichkeit sein *können*. Nirgendwo aber auch deutlicher, dass für ihn das Zentrum des Christlichen nicht der »(Erb-)Sünde-Gnade-Erlösungszusammenhang« ist, sondern die »Tugend«, sprich: Praxis der Liebe und Barmherzigkeit des Stifters Jesus selber.

SALADIN ALS SULTAN UND MUSLIM

Könnte man Lessing bei der Figur der Sittah den Vorwurf geschichtsferner Idealisierung machen (Saladin konnte er finden, Sittah musste er er-finden), so ist dies im Fall von Saladin schon von den *Quellen* her nicht möglich. Denn sowohl muslimische wie christliche Geschichtsschreiber loben schon früh diesen *Sultan Salah-ad-Din* (1138–1193) wegen seiner Ritterlichkeit im besten Sinne des Wortes. Schon früh gilt er in den Quellen bei allem Kritischen als ein Mann mit positiven Charaktereigenschaften wie Großzügigkeit und Gerechtigkeit.[189] Dabei werden negative Seiten von Saladins militärischer und sozialer Praxis bei Lessing nicht verschwiegen. Diese aber schlagen nicht durch auf die Ebene Religion, auf Saladins *Selbstverständnis als Muslim*. Gewiss: Bei der Zeichnung des religiösen Profils ist Lessing bei Saladin so sparsam wie bei Nathan oder Sittah. Über dessen konkrete religiöse Praxis als

Muslim erfahren wir im Stück so gut wie nichts, nichts vom Gesetzesislam (Sharia), nichts von seinen Gelehrten und Gesetzeslehren, nichts von privaten religiösen Übungen, nichts von Koran-Lektüre. Aber das eine erfahren wir doch: Bei Lessing ist Saladins Leben tief in seinem Gottesglauben verwurzelt, und dieser Gottesglaube führt bei ihm zu einer – für einen Herrscher ungewöhnlichen – *Selbstgenügsamkeit, gegründet in Gottergebenheit:*

>»Ein Kleid, Ein Schwert, Ein Pferd, – Und Einen Gott!
>
>Was brauch' ich mehr? (…) Mir, für mich
>
>Fehlt nichts und kann nichts fehlen. (…)
>
>Ein Pferd, Ein Kleid, Ein Schwert, muss ich doch haben.
>
>Und meinem Gott ist auch nichts abzudingen.
>
>Ihm gnügt schon so mit wenigen genug;
>
>Mit meinem Herzen.« (II/2)

Dieser Verbindung von Gottergebenheit und Selbstgenügsamkeit aber entspricht bei Saladin durchaus ein für Muslime typisches *religiöses Selbstbewusstsein* gegenüber Christen. Hier steht die Vernunftgemäßheit des Islam im Vordergrund. Als Dramatiker betreibt Lessing somit ein Stück *Christenkritik*, wenn er seinen Muslim im Blick auf das christliche Liebesverständnis sagen lässt:

>»Die Christen glauben mehr Armseligkeiten,
>
>Als dass sie *die* nicht auch noch glauben könnten!« (II/1)

Und zugleich betreibt Lessings Muslim *Christenverteidigung*, nimmt doch Saladin seiner Schwester gegenüber Christen auch in Schutz:

>»Und gleichwohl irrst du dich. – Die Tempelherren,
>
>Die Christen nicht, sind Schuld: sind nicht, als Christen,
>
>Als Tempelherren Schuld. Durch die allein
>
>Wird aus der Sache nichts. Sie wollen Acca,
>
>Das Richards Schwester unserm Bruder Melek
>
>Zum Brautschatz bringen müßte, schlechterdings
>
>Nicht fahren lassen.« (II/1)

Wichtig auch: Als entschiedener Muslim ist Lessings Saladin offensichtlich noch auf der *Suche nach der wahren Religion*, zumindest nach vernünftigen Gründen für seinen Glauben.[190] Nicht zufällig stellt er Nathan eine Frage dieser Art, die trotz allen Spiels auch persönlich ernst gemeint sein dürfte. Saladin will Einsicht – und dies nicht nur aus vorgeschobenen Gründen; er will Argumente. Und da er sie von Nathan bekommt, lässt er sich überzeugen, auch wenn sie anders ausfallen als erwartet. Mehr noch: Saladins religiöse Grundhaltung kommt auch dadurch zum Ausdruck, dass er es ablehnt, am Ende der Ringparabel der Richter zu sein, der über die wahre Religion entscheiden könnte, obwohl Nathan ihm diese Rolle durchaus anbietet. Saladin aber nimmt sich zurück:

> »Ich Staub? Ich Nichts?
> O Gott! ...
> Nathan, lieber Nathan! –
> Die tausend tausend Jahre deines Richters
> Sind noch nicht um. – Sein Richterstuhl ist nicht
> Der meine. – Geh! – Geh! – Aber sei mein Freund.« (III/7)

So entspricht Saladins Grundhaltung (Analoges gilt für Sittah) exakt der des idealen Juden und des idealen Christen in diesem Stück. So wie Nathan mehr auf das »Menschsein« des Menschen denn auf das Jude- oder Christsein setzt (II/5), so wird aus der Kritik Sittahs an den Christen (»ihr Stolz ist: Christen sein; nicht Menschen«: II/1) sowie der Selbstzurücknahme Saladins in die Demut die religiöse Grundhaltung der beiden Muslime erschließbar. Saladin ist folglich ähnlich wie der Tempelherr und Nathan vom »Gleichviel« der Religionen überzeugt:

> »Als Christ, als Muselmann: gleich viel!
> Im weißen Mantel, oder Jamerlonk;
> Im Tulban, oder deinem Filze: wie
> Du willst! Gleich viel! Ich habe nie verlangt,
> Dass allen Bäumen Eine Rinde wachse.« (IV/4)

Was der »Nathan« sehen lehrt

Doch die Originalität von Lessings »Nathan« liegt nicht nur in der kalkulierten Aufwertung von Muslimen, sondern auch darin, dass dieser Dramatiker Religionen wie Judentum, Christentum und Islam nicht isoliert betrachtet, vielmehr ein Modell vorlegt, wie das Zu- und Miteinander von Menschen dieser Religionen im Bewusstsein tiefgreifender Konflikte konzeptionell begründet werden kann. Dass Saladin nach Anhören der Ring-Parabel Nathan die Freundschaft anbietet, ist genau kalkuliert. Ihre Freundschaft ist bitter nötig, drängt sich doch aus der Tiefe der Zeit eine Wahrheit in den Vordergrund, welche die Personen im Stück bedrohlich gegeneinander aufhetzen könnte. Denn nachdem der Tempelherr aus Enttäuschung über Nathan und aus Entsetzen über den Patriarchen zum Sultan gegangen ist, wird ihm ein Geheimnis enthüllt, das ihn seine und die Geschichte aller anderen Figuren völlig neu sehen lässt. Dieses neue Sehen, dieses Offenbarwerden des Unerwarteten macht die ganze Spannung des Stückes aus.

DAS SPIEL MIT VORDERGRUND UND HINTERGRUND

Der *Tempelherr* glaubt, sein Name sei *Curd von Stauffen*, aber selbst sein Name lautet unerwartet anders. Vordergründig erscheint er als ein »plumper Schwab« (I/6), der in einem plumpen Antijudaismus gefangen ist: Das Haus eines Juden betritt er grundsätzlich nicht (I/5); deshalb sind ihm alle Dankesbezeugungen von dieser Seite eher peinlich. Dass er »nur« ein Judenmädchen aus dem Feuer rettete, tut diesem »Christen« fast schon leid. Denn Juden verachtet der Tempelherr so sehr (»Jud' ist Jude«!), dass er nicht ausschließt, das nächste Mal ein Haus brennen zu lassen, wenn er weiß, dass sich darin ein Jude befindet (I/6). Erst in der Begegnung mit Nathan wird der Hintergrund für diese Verachtung angedeutet (II/5). Sie hat mit der Erfahrung der Kreuzzüge zu tun, denn diese haben für den Tempelherrn ihren tiefsten Grund in der »frommen Raserei, den besseren Gott« zu besitzen und diesen »besseren der ganzen Welt als besten aufzudringen« (II/5).

Doch am Ende des Dramas stellt sich heraus: Curd von Stauffen, der nichts als ein treuer Christ zu sein schien, heißt in Wirklichkeit *Leu von Filnek* und ist der Sohn eines gewissen Wolf von Filnek. Hinter diesem

Namen aber verbirgt sich niemand anderer als ein jüngerer Bruder Saladins, Assad (arab.: »Löwe«), der – 18 Jahre ist es her – bei einer Schlacht um die Stadt Askalon gefallen war. Vorher war er noch in Europa gewesen und hatte mit einer Christin aus der deutsch-schwäbischen Familie derer von Stauffen zwei Kinder gezeugt: einen Jungen und ein Mädchen. Nach dem Tod beider Eltern wächst der Junge in Schwaben bei der Familie von Stauffen heran und erhält den Namen Curd. Und das Mädchen?

Auch bei *Recha* vollzieht sich dasselbe Spiel mit Schein und Sein, mit Vordergrund und Hintergrund. Vordergründig ist sie die Tochter Nathans, eine Jüdin, in jüdischer Tradition erzogen. Hintergründig ist sie das zweite Kind aus der muslimisch-christlichen Verbindung Wolfs mit einer von Stauffen. Als getaufte Christin hieß sie ursprünglich einmal *Blanda von Filnek* und ist damit die Schwester von Leu (»Curd«). Zu Nathan gekommen ist sie durch einen Klosterbruder, dem wir ebenfalls im Stück wiederbegegnen und bei dem sich die gleiche Struktur wiederholt. Denn dieser *Bruder Bonafides* (IV/3) ist vordergründig lediglich ein Bote des obersten Christen, des Patriarchen. Aber aus dem Hintergrund wird bekannt, dass er 18 Jahre zuvor Reitknecht bei Wolf von Filnek gewesen war, dessen »Brevier« er retten konnte, in das Wolf seine und seiner Frau Familiengeschichte eingetragen hatte. In den Händen Nathans liefert dieses Buch die nötige Aufklärung der familiären Verknotungen. Nathan und der Klosterbruder kennen einander, denn dieser hatte jenem seinerzeit die junge Recha gebracht, da Nathan mit Wolf von Filnek befreundet war. Während der Junge also bei der Familie der Mutter in Deutschland aufwächst, wird das kleine Mädchen bei Nathan erzogen.

Auch für ihn, *Nathan*, gilt dieselbe Struktur. Vordergründig scheint er ein innerlich abgeklärter, jeder Situation gewachsener, souverän-erfolgreicher Geschäftsmann. Hintergründig aber ist Nathan ein zutiefst verletzter, traumatisierter Mensch. Vor 18 Jahren nämlich hatten Christen in der Stadt Gath »alle Juden mit Weib und Kind ermordet«, darunter Nathans Frau und seine sieben Söhne im Kindesalter; sie waren im Hause seines Bruders verbrannt (IV/7). Drei Tage und Nächte hatte Nathan »in Asch' und Staub vor Gott gelegen und geweint«, hatte mit Gott »gerechtet, gezürnt, getobt«, hatte sich und die Welt »verwünscht«. Und vor allem: Er hatte »der Christenheit den unversöhnlichsten Haß zugeschworen«. Da war der nachmalige Klosterbruder in sein Haus gekommen und hatte ihm die kleine Recha anvertraut. Und an dieser seiner Recha hängt Nathans ganzes Herz. Seine größte Angst ist die vor nochmaligem Verlust eines geliebten Kindes durch ein Feuer.

Die auf den ersten Blick verwirrende Hintergrundsgeschichte des »Nathan« muss bis ins Einzelne rekonstruiert werden, damit im Konfliktfeld von Judentum, Christentum und Islam die entscheidende religionstheologische Argumentationsstrategie sichtbar wird. Wer Lessings »Nathan« gesehen hat, sollte gelernt haben: Nichts ist so, wie es auf den ersten Blick erscheint; erst der Tiefenblick in die Hintergründe macht Zusammenhänge sichtbar. Was auf den ersten Blick getrennten, sich bekämpfenden Welten anzugehören scheint, gehört in Wirklichkeit auf eine wundersam gefügte Weise zusammen. Mit aufklärerischem »Optimismus« hat das nichts zu tun. Das ist der *Lessingsche Gegenentwurf* gegenüber der bisherigen, religiös inspirierten Konflikt- und Gewaltgeschichte zwischen den Religionen.

Lessing wusste, was er tat. Bis dahin war es in der europäischen Literatur – von Torquato Tasso bis Voltaire – immer nur gewalttätig zugegangen, blutig, fanatisch, wenn es um Christen und Muslime ging. Die Märtyrer- und Opfertod-Dramen beherrschten die Bühne.[191] Der normale Gang der Dinge verläuft ja auch nicht so – Lessing weiß das: Da findet keine Rettung in letzter Minute statt; da entdeckt der Henker nicht auf dem Gesicht des Opfers die Ähnlichkeit mit seinesgleichen; da kommt nicht rechtzeitig ein just begnadigter Tempelherr vorbei, um ein Mädchen aus den Flammen zu retten; da heißt der Sultan nicht Saladin und der Jude nicht Nathan. Aber Lessing mutet seinen Figuren keinen Opfergang mehr zu, noch treibt er sie zum Martyrium oder in die Tragödie. Im Gegenteil: Lessing entscheidet sich bewusst für den glücklichen Ausgang seiner Geschichte, um auf diese Weise an ihr etwas Zukünftiges zu zeigen. Er braucht die Nicht-Tragödie – im Bewusstsein aller Tragödien des Lebens. Er braucht das Untragische in Sachen Religion, weil er einen Kontrapunkt setzen, eine Gegenkonzeption liefern will. Er will eine Geschichte erzählen gegen den Tod und gegen das Blut, das der religiöse Fanatismus Jahrhundert für Jahrhundert fordert.

SICH ENTDECKEN ALS FAMILIE

Gegen diese Geschichte des Scheiterns setzt Lessing mit »Nathan« seinen Kontrapunkt: Juden, Christen und Muslime scheinen nur auf den ersten Blick separaten, ja antagonistischen Welten anzugehören. Es ist an der Zeit, dass sie etwas anderes entdecken: dass sie nämlich einer *ursprüngliche Einheit* angehören und so eine *Schicksalsgemeinschaft* bilden, in der alle auf gnadenhafte Weise zu gegenseitigem Wohl zueinander gefügt und geführt sind. Machen wir die Probe:

(1) Der *Tempelherr*. Aufgewachsen ist er als Christ; militant kämpft er als junger Mann für »seinen Gott«. Aber zugleich steckt in ihm muslimisches Erbe; einem Muslimen verdankt er sein Leben, und in eine »Jüdin« ist er unsterblich verliebt. Der vermeintliche Christ und Judenhasser ist in Wirklichkeit ein über die »fromme Raserei« empörter Mensch, von der familiären Wurzel zur Hälfte Christ, zur Hälfte Muslim. Klar soll werden: Sein Glück findet dieser Christ nur noch im Miteinander, nicht mehr im Gegeneinander von Juden und Muslimen.

(2) *Recha*. Getauft ist sie als Christin, aufgewachsen als Jüdin, einem Juden verdankt sie alles, was sie geworden ist. Zugleich steckt väterlicherseits ein muslimisches Erbe in ihr, und durch einen Christen wurde sie vor dem sicheren Flammentod bewahrt; in diesen Christen verliebt sie sich obendrein. Auch sie ist damit Teil dieser jüdisch-christlich-muslimischen Schicksalsgemeinschaft. Dass sie überhaupt lebt, dann überlebt und schließlich weiterlebt, verdankt sie einem Muslimen, einem Juden, einem Christen. Und da ein Muslim ihr leiblicher Erzeuger, eine Christin ihre leibliche Mutter und ein Jude ihr geistiger Vater ist, ist sie wie keine andere Figur im Stück mit den *Anteilen aller Religionen* ausgestattet.

(3) *Saladin, Sittah, Assad*. Souverän scheinen Saladin und Sittah als muslimische Herrscher über allen Parteien zu stehen, von niemandem abhängig und betroffen. Aber: Ein Christ wird durch Saladin begnadigt, und seine Familie hätte er am liebsten mit einer von ihm bewunderten christlichen Herrscherfamilie verbunden: seine Schwester Sittah mit einem Bruder des englischen Königs und Kreuzzugsgegners Richard Löwenherz und seinen Bruder Melek mit dessen Schwester. Und was im Fall von Melek und Sittah ein »schöner Traum« blieb, hat Bruder Assad – ohne Saladins Wissen – bereits erreicht: eine muslimisch-christli-

che Familienverbindung. Gerade Assad, der Bruder, ist bereits ein *Wanderer zwischen den Welten*, stellt er doch nicht nur Verbindungen zu Christen, sondern auch zu Juden her, wie wir von Nathan hören werden. Aber auch für Saladin gilt: Dass er seine finanziellen Engpässe überwinden kann, bevor seine ägyptischen Steuereinnahmen tatsächlich eintreffen, verdankt er einem Juden, dem er dann auch Freundschaft anbietet. Woraus folgt: Auch die Muslime sind familiär und freundschaftlich eingebunden in dieselbe Schicksalsgemeinschaft.

(4) *Nathan*. Er ist Jude von Geburt und Tradition, der Besten einer. Doch in Unglück (Pogrom) und Glück (Rettung Rechas) ist sein Schicksal mit dem von Christen verflochten. Mit Muslimen wie dem Derwisch Al-Hafi verbindet ihn Schachpartnerschaft und große Zuneigung; mit Saladin später Geschäft und Freundschaft, ja einem Muslim, Saladins Bruder Assad, verdankt Nathan nach eigenen Angaben mehr als einmal sein Leben. Und was die Christen angeht: Niemand steht ihm näher als der Klosterbruder, für dessen »fromme Einfalt« Nathan so viel Sympathie empfindet, dass er diesem Christen als einzigem unter Tränen sein persönliches Schicksal enthüllt, den Tod seiner Frau und seiner sieben Kinder.

Außerhalb dieser Schicksalsgemeinschaft steht nur ein einziger in diesem Stück: der oberste Christ in Jerusalem, der *Patriarch*. Er aber hat sich als Verkörperung eines gewalttätigen religiösen Fanatismus außerhalb jedes Humanität stiftenden Kommunikationszusammenhangs gestellt. Zwei Szenen charakterisieren ihn:

– Kaum hatte sich die Nachricht von des Tempelherrn wundersamer Begnadigung durch Saladin herumgesprochen, schickt der Patriarch den Klosterbruder, um den Tempelherrn als Spion, ja als Attentäter gegen Saladin zu gewinnen. Die Vertrauensstellung eines Christen beim muslimischen Herrscher könnte für die »christliche« Sache militärisch von Nutzen sein. Der Tempelherr lehnt empört ab (I/5).

– Als der Patriarch durch den Tempelherrn hypothetisch den Fall eines Juden, der ein Christenkind aufzieht, vorgetragen bekommt, reagiert er gnadenlos. Unbekümmert um den konkreten Einzelfall und die genauen Umstände dekretiert er dreimal schneidend: »Tut nichts! der Jude wird verbrannt!« (IV/2).

DIE GNADENERFAHRUNG ALS URGRUND DER TOLERANZ

Anders gesagt: Der gnadenlosen Rechthaberei, welche die eine Religion von der anderen isoliert und die Menschen gegeneinander hetzt, stellt Lessing mit seinem »Nathan« den Glauben an die gnadenhafte Fügung gegenüber, die Menschen zusammenbringt und *gegenseitig zu Verdankten und Dankenden* macht. Zwischen dem *Gnaden- und dem Toleranzverständnis* also besteht bei Lessing ein innerer Zusammenhang, den der evangelische Theologe Johannes von Lüpke treffend einmal so beschrieben hat: »Der ›Fluss der Gnade‹ (III/7) verläuft somit nicht in den Bahnen institutioneller Religiosität. Er lässt sich nicht der immer schon in Besitz genommenen ›positiven‹ Religion zurechnen, er begegnet vielmehr als unverdientes Geschenk von außen, vermittelt durch den Vertreter einer anderen Religion. In solcher Erfahrung universeller Gnade wurzelt die Lessingsche Toleranz. Der Einzelne weiß sich von dem individuellen oder kollektiven Selbstbehauptungswillen befreit, kraft dessen er das vermeintlich Eigene gegen andere zu verteidigen und durchzusetzen bestrebt war. So wie er alles ›Eigene‹ der Liebe eines anderen verdankt, so kann er es nun auch zugunsten anderer einsetzen.«[192] Gegen dieses Denken also, ein Konflikt-Denken, das die Lebenstragödien erzeugt, gegen ein Denken in Ausgrenzungen und Verwerfungen wagt Lessing in Sachen Theologie der Religionen *vernetztes Denken, Beziehungsdenken.* Gegen die Selbstisolation einer Religion gegenüber anderen wagt er es, die Verbindung aller miteinander herauszustellen. Gegen die Überhebung einer Religion über andere zeigt er die Abhängigkeit aller gläubigen Menschen voneinander zu gegenseitigem Wohl – als glückhafte Führung und Fügung. Gegen die Spaltungen durch die Religionen lehrt das Stück, dass alle sich als Teil einer Familie erkennen lernen sollen.

Es ist also die Familie, die hier zum Gleichnis für das Verhältnis von Judentum, Christentum und Islam geworden ist. Genauer: Das Sich-Entdecken *als Familie* ist auf der Sachebene eine religionstheologische Aussage. Die besondere Figurenführung und -fügung soll gleichnishaft das Verhältnis der Religionen untereinander spiegeln. Mit der Metapher »Familie« ist ein doppelter Gedanke fruchtbar gemacht:

– der Grundgedanke der *ursprünglichen Einheit* vor aller Zersplitterung und damit religionstheologisch der Gedanke der Einheit der Menschheit vor allem Auseinanderfallen in und durch die Religionen.

– der Grundgedanke der *Verwiesenheit aufeinander*, der Abhängigkeit voneinander, Zuneigung füreinander und Solidarität miteinander. Lessing ist einer der ersten europäischen Intellektuellen überhaupt, der eine Religionstheologie von Judentum, Christentum und Islam in Kategorien struktureller Verflochtenheit, gegenseitiger Verwiesenheit und solidarischem Miteinander von Menschen denkt und gleichnishaft gestaltet.

Kalkulierte Aufwertung des Verachteten

Vergegenwärtigt man sich noch einmal die innere Gewichtung der Figuren, spricht vieles für unsere Grundthese: Zwar vollzieht das Drama – in radikaler Kritik am gesellschaftlichen und kirchlichen Antijudaismus – eine strategische Aufwertung eines Juden als »edlen Helden« und damit des jüdischen Humanismus als einer legitimen religiösen Grundoption, aber nicht hier liegt seine Qualität. Sie liegt in der strategischen Aufwertung von Muslimen und damit eines islamischen Humanismus als religiöser Grundhaltung.

IM INTERESSE DER GERECHTIGKEIT

Den Begriff »strategische oder kalkulierte Aufwertung« definiere ich so:
– Es werden – im Kontrastbild – die positiven Seiten von Personen, Religionen und Kulturen herausgestellt, ohne damit zu leugnen, dass es jeweils überall auch Negatives und Verabscheuungswürdiges gibt. Strategische Aufwertung ist das Gegenteil von Idealisierung.
– Das Positivbild ist eine bewusste, kalkulierte Auswahl, und diese Auswahl ist kontextbedingt. Eine Wirklichkeit soll zum Leuchten kommen, die im gesellschaftlichen Umfeld weitgehend ausgeblendet wird. Strategische Aufwertung ist daher das Gegenteil von *naiver* Komplexitätsreduktion. Sie ist bewusst vollzogene, kontextabhängige Positivbezeichnung negativ besetzter Wirklichkeiten.

– Aufwertung ist nicht gleich Identifikation. Wer Personen, Religionen und Kulturen strategisch positiv zeichnet, wird damit nicht automatisch zum Anhänger oder Kenner dieser Personen, Religionen oder Kulturen. Er bekämpft vor allem jeden Reduktionismus und jegliche Stereotypisierung im Interesse einer höheren Komplexität. Strategische Aufwertung zielt also nicht auf Identifikation, sondern auf Gerechtigkeit im Urteil gegenüber anderen.

Strategische oder kalkulierte Aufwertung ist also das Gegenteil von naiver Idealisierung, die auf geschichtlicher Ahnungslosigkeit, sachlicher Inkompetenz und mangelndem komplexen Denken beruht. Noch einmal sei es gesagt: Wer Personen, Religionen oder Kulturen strategisch aufwertet, muss nicht alle Dimensionen dieser Phänomene präsentieren noch sich mit den betreffenden Personen, Religionen oder Kulturen identifizieren. Er muss nicht – z. B. in unserem Fall – den ganzen Islam behandeln, alle Bereiche und Komplexe. Er muss sich nicht zum Islam bekennen. Vielmehr will er in einem Negativ-Kontext durch bewusste Hervorhebung des Positiven kritisch wirken; will Stereotypen durchbrechen, Vorurteile überwinden, Gerechtigkeit im Urteil herstellen. Er sieht eine gängige Praxis verurteilender Abqualifizierung und setzt ihr gezielt ein positives Bild gegenüber, nicht weil er die Wirklichkeit (hier des Islam) nur rosig oder ideal sähe und nicht wüsste, dass es Negatives, Missbräuchliches, Inhumanes, Vernunftwidriges auch in dieser Religion gibt. Er tut dies, weil er in seinem Negativ-Kontext Fingerzeige auf empirisch genauso vorhandene, aber oft ausgeblendete positive Züge geben will. In diesem Sinne – kontextabhängig und damit notwendig selektiv – präsentiert Lessing das Judentum – und dann auch den Islam. Nirgendwo vollzieht er eine Identifikation mit anderen Religionen, aber sein ganzes Werk hindurch streitet er für Komplexität im Denken und Gerechtigkeit im Urteil auch gegenüber Menschen nichtchristlicher Religionen.

MENSCHLICHKEIT BEI JUDEN UND MUSLIMEN

Gegen welchen Kontext Lessing anschreiben musste, macht seine *geplante Vorrede* zum »Nathan« überdeutlich. Sie enthält zwei Aussagen zur Religionsproblematik, die konträr erscheinen, in der Sache aber verbunden sind. Zunächst die negative Aussage:

>»Nathans Gesinnung gegen alle positive Religion ist von jeher die meinige gewesen. Aber hier ist nicht der Ort, sie zu rechtfertigen.«[193]

Und dann folgt gleich im nächsten Abschnitt die Differenzierung im Blick auf Juden und Muslime, die wir bereits zitiert haben, deren Schlüsselsätze wir aber hier noch einmal in Erinnerung rufen:

>»Wenn man sagen wird, dieses Stück lehre, dass es nicht erst von gestern her unter allerlei Volke Leute gegeben, die sich über alle geoffenbarte Religion hinweggesetzt hätten, und doch gute Leute gewesen wären; wenn man hinzufügen wird, dass ganz sichtbar meine Absicht dahin gegangen sei, dergleichen Leute in einem weniger abscheulichen Lichte vorzustellen, als in welchem der christliche Pöbel sie gemeiniglich erblickte: So werde ich nicht viel dagegen einzuwenden haben. (…) Wenn man aber sagen wird, dass ich wider die poetische Schicklichkeit gehandelt, und jenerlei [gute] Leute unter Juden und Muselmännern wolle gefunden haben: so werde ich zu bedenken geben, dass Juden und Muselmänner damals die einzigen Gelehrten waren; dass der Nachteil, welchen geoffenbarte Religionen dem menschlichen Geschlechte bringen, zu keiner Zeit einem vernünftigen Manne müsse auffallender gewesen sein, als zu den Zeiten der Kreuzzüge, und dass es an Winken bei den Geschichtsschreibern nicht fehlt, ein solch vernünftiger Mann habe sich nun eben in einem Sultane gefunden.« (IX,665f.)

JERUSALEM ALS SCHICKSALSORT

Zur kalkulierten Aufwertung des Islam gehört *zum einen* die Tatsache, dass Lessing seinen »Nathan« in einem *muslimischen Herrschaftsraum* spielen lässt. Hier liegt der Hauptunterschied zum frühen Stück »Die Juden«. Erstmals in Lessings Werk ist der Islam als Faktor der Weltpolitik gesehen, und Juden sind, zum zweiten Mal, in einer Minderheitsposition, stehen aber unter der Herrschaft der Muslime nicht schlecht da. Man vergleiche nur die Äußerung des obersten Christen (»Tut nichts, der Jude wird verbrannt«) mit der des obersten Muslim

(»Nathan – mein Freund«). Lessing nützt also die »trialogische« Situation, um den Islam als religionspolitischen Faktor günstiger als das Christentum zu zeigen.

Zur kalkulierten Aufwertung gehört *zum Zweiten* die Wahl *Jerusalems zur Zeit der Kreuzzüge*. Dies ist – bei allem bemühten »orientalischen Ton« und allen milieugetreuen arabischen Details[194] – mehr als orientalisches Dekor, mehr als Theater-Orient. Ein Symbolraum ist eröffnet, in dem bewusst kalkuliert – gegen die Tradition der Tragödienliteratur – Zeichen der Versöhnung gesetzt werden.

Zur kalkulierten Aufwertung gehört aber auch die Tatsache, dass am Ende die *Muslime die eigentlichen »Gewinner«* des Stücks sind. Zwar fallen sich am Ende *alle*, ob Jude, Christ oder Muslim, in die Arme und können ihr Glück kaum fassen. Aber Tatsache ist auch: Im engeren Familiensinn »verlieren« Nathan und der Tempelherr ihre Recha (als Vater bzw. als potentieller Ehemann); Saladin und Sittah aber gewinnen einen Neffen und eine Nichte hinzu. Das ist nicht überzuinterpretieren (Blutsverwandtschaft wird durch das Stück gerade transzendiert!), dürfte aber in promuslimischer Absicht eine willkommene zusätzliche Symbolik gewesen sein. Zu Recht hat deshalb der Freiburger Literaturwissenschaftler *Gerhard Kaiser* – den Zeitkontext bedenkend – auf die »hohe Wertschätzung« aufmerksam gemacht, die Lessing seinen Muslimen habe zuteil werden lassen: Die »Feindschaft gegen den Islam war doch durch Jahrhunderte eine Leitlinie der europäischen Geschichte, vor allem seit dessen erfolgreicher Offensive im mittleren und östlichen Mittelmeerraum, der zur Zerstörung des christlichen Byzanz, zur Eroberung des Balkans und zur zeitweiligen Seeherrschaft im Mittelmeer führte. 1683 standen die muslimischen Türken vor Wien – nicht zum ersten Mal –, und blutrünstige, Angst erregende Muselmanen waren ein kulturelles Klischee. Lessings ›Nathan‹ ist – ähnlich wie 1782 *Mozarts* ›Entführung aus dem Serail‹ – das Zeugnis einer Wende, die gewiss auch auf das Nachlassen der Türkengefahr im 18. jahrhundert zurückgeht.«[195] Schließlich kann man auch in einem wichtigen neueren Kommentar zum »Nathan« den Satz lesen: »Lessing steht mit seiner historischen Sicht in der Tradition eines Jahrhunderts, das dem ›Morgenland‹ erhöhte Aufmerksamkeit schenkt und in der islamischen Welt Werte zu erblicken bereit ist, die dem ›Abendland‹ in kulturkritischer Sicht als moralischer Spiegel vorgehalten werden können.« (IX,1138f.)

> **»ES KÄMPFEN CHRIST UND MOSLEM, NORD UND SÜDEN«**
Heinrich Heine und die Tragödien der Religionen

Heines Beziehung zu Lessing

»Die Literaturgeschichte ist die große Morgue wo jeder seine Todten aufsucht, die er liebt oder womit er verwandt ist. Wenn ich da unter so vielen unbedeutenden Leichen den Lessing oder den Herder sehe mit ihren erhabenen Menschengesichtern, dann pocht mir das Herz. Wie dürfte ich vorübergehen, ohne Euch flüchtig die blassen Lippen zu küssen!« (5,372f.)[196]. Der Verfasser des Buches »Die Romantische Schule« schlägt hohe Töne an, wenn er auf Gotthold Ephraim Lessing zu sprechen kommt. In ihm sah er, Heinrich Heine, einen Geistesverwandten, literarisch, politisch, theologisch: »In allen seinen Werken lebt dieselbe große soziale Idee, dieselbe fortschreitende Humanität, dieselbe Vernunftreligion, deren Johannes er war und deren Messias wir noch erwarten. Diese Religion predigte er immer, aber leider oft ganz allein und in der Wüste.« (5,371). Diese Stilisierung Lessings zu einem Unzeitgemäßen, der zu früh kommt, zu einem einsamen Kämpfer und Propheten, von den Zeitgenossen unverstanden, ist unverkennbar auch ein Selbstportrait[197]. Heine projiziert sich zurück auf den großen Lessing[198].

LESSINGS PORTRAIT ALS SELBSTPORTRAIT

Mit den in Frankreich geschriebenen, für ein französisches Publikum gedachten Übersichtswerken zu Literatur, Religion und Philosophie in

Deutschland, ob »Romantische Schule« oder »Zur Geschichte der Religion und Philosophie in Deutschland« erreicht Heines Rückgriff auf Lessing seinen Abschluss und Höhepunkt. Luther – Lessing – Kant: So läuft die Fortschrittslinie des deutschen Geistes. Dieser Lessing habe nicht nur durch seine Kritik, sondern auch durch sein »Beispiel«, meint Heine, eine »heilsame Reform« bewirkt. »Alle seine Schriften«, liest man im Buch »Zur Geschichte der Religion und Philosophie in Deutschland«, »haben eine sociale Bedeutung, und Nathan der Weise ist im Grunde nicht bloß eine gute Comödie, sondern auch eine philosophisch theologische Abhandlung zu Gunsten des reinen Deismus. Die Kunst war für Lessing ebenfalls eine Tribüne, und wenn man ihn von der Kanzel oder vom Katheder herabstieß, dann sprang er aufs Theater, und sprach dort noch viel deutlicher, und gewann ein noch zahlreicheres Publikum« (5,589).

Lob dem Lessing, Lob auch dem Drama »Nathan der Weise«! Aber lassen wir uns durch diese Denkmalpflege der 30er Jahre, dieser Mischung aus Fremdstilisierung und Selbststilisierung des exilierten, in Deutschland der Zensur unterworfenen einsamen Kämpfers Heinrich Heine, nicht darüber hinwegtäuschen, dass er selbst, wenn er aufs Theater »sprang« und eine ähnliche Problematik wie die Lessings behandelte, seinen großen Vorgänger radikal in Frage stellte, stellen musste. Dort, wo Heine im eigenen Namen die Religionsfrage im Spannungsfeld von Judentum, Christentum und Islam behandelt, unterläuft er Lessings »Nathan« und liefert einen Gegenentwurf von einer Radikalität und Grundsätzlichkeit, dass der Gedanke sich aufdrängt, ob hier nicht ein Autor der Nach-Lessing-Generation bewusst einen *Widerruf* des »Nathan« wollte und vollzieht. Die Rede muss sein von Heines Tragödie »Almansor«, entstanden rund 40 Jahre nach dem »Nathan«, größtenteils zwischen Herbst 1820 und Winter 1821, vollendet dann im Winter 1822.[199] Die folgenden Ausführungen wollen kein weiterer Beitrag sein zur Erhellung der Stoff- und Motivgeschichte des »Almansor« (welche durch die Forschungen von M. Fendri, M. Windfuhr und N. Reeves weitgehend geklärt wurde[200]), sondern die Hypothese prüfen, ob man Heines Tragödie in ihrer *Gesamtkonzeption* nur dann richtig gewichtet und ernst nimmt, wenn man sie als »Widerruf« von Lessings »Nathan« begreift.

Die Begründbarkeit unserer Hypothese setzt freilich zuallererst den Nachweis voraus, dass Heine vor oder während der Arbeit an »Almansor« Lessings »Nathan« überhaupt gekannt haben konnte. Aufgrund der Dokumente können wir dies zwar nicht direkt belegen, aber mit hoher Wahrscheinlichkeit annehmen. Ich fasse den Befund zusammen:

(1) Nach den Recherchen von Eberhard Galley (1971)[201] war Heine in den entscheidenden Düsseldorfer Jugendjahren (also zwischen 1812 und 1816) ein ungewöhnlich reger Benutzer der städtischen Landesbibliothek, die zu seiner Zeit bereits über 23.000 Bände enthielt. Ausgeliehen unter dem Namen »Heine« (was sich mit hoher Sicherheit auf Harry beziehen lässt), wurden vor allem literarische Werke, darunter nicht nur Herder, Schiller, Shakespeare und die großen Franzosen, sondern auch zahlreiche Lessing-Bände – entweder aus den »Sämtlichen Schriften« oder andere Ausgaben dieses Autors. Zwar findet sich unter den *ausgeliehenen* acht Lessing-Bänden nicht direkt der Band mit dem »Nathan« (wohl aber der Band mit dem frühen Lustspiel »Die Juden«), aber Galley kann plausibel machen, »dass die Ausleihe nur den kleineren Teil der Lektüre erfasst« habe, »für den die Lesezeit in der Bibliothek nicht genügte, oder den der Besucher noch einmal gründlicher zu Hause studieren wollte«. Fazit: »Die wirkliche Benutzung der Landesbibliothek durch den jungen Harry wird also noch weitaus intensiver gewesen sein, als die Ausleihliste ausweist«.[202] Undenkbar also, dass bei dieser intensiven Lessing-Lektüre dem jungen Heine ausgerechnet der »Nathan« unbekannt geblieben sein sollte. Das Gegenteil ist eher wahrscheinlich.

(2) Geschrieben wird »Almansor« größtenteils während Heines Studien der Jurisprudenz in Bonn und Göttingen[203], abgeschlossen in Berlin, wo Heine ab April 1821 weiterstudieren muss, weil eine Duell-Affäre ihm den temporären Verweis von der Göttinger Universität eingetragen hatte. Die Langeweile des Jurastudiums kompensiert Heine mit lustvoller Teilnahme am Musik- und Theaterleben Berlins. In Kulturzeitschriften wie »Der Gesellschafter« und »Der Zuschauer« erscheinen erste kleine Beiträge, ab 1822 liefert er als Berliner Berichterstatter regelmäßig Artikel für den »Rheinisch-Westfälischen Anzeiger« (»Briefe aus Berlin«). In den ersten Berliner Monaten fallen bemerkenswerte Anspielungen auf Lessing und seinen »Nathan«. So erscheint im Juni 1821, der

»Almansor« ist nahezu vollendet, in der Zeitschrift »Der Zuschauer« ein
für uns etwas kryptisches Gedicht mit dem Titel »Das Bild«:

> »Lessing – Da Vinzis Nathan und Galotti,
> Schiller – Raffaels Wallenstein und Posa,
> Egmont und Faust von Goethe – Buonarotti –
> *Die* nimm zum Muster, Houwald – Spinarosa!« (1,246)

Eine pointierte satirische Reaktion auf die Uraufführung der Tragödie
»Das Bild« von Christoph Ernst von Houwald (1778–1845), die Heine am
23. Juni 1821 im Berliner Schauspielhaus gesehen hatte. Heine hält mit
seinem Epigramm diesem mittelmäßigen Dramatiker, Erzähler und Ju-
gendschriftsteller, der mit seiner Tragödie einen gewissen Erfolg beim
Berliner Publikum erzielt hatte, große Namen aus der Literaturgeschichte entgegen: Lessing mit seinem »Nathan«, Schiller mit »Wallen-
stein« und »Don Carlos«, Goethe mit »Egmont« und »Faust«. »Spina-
rosa« ist dabei eine Anspielung auf den Namen des Helden von
Houwalds Schauspiel.

(3) Ebenfalls im Juni 1821 erscheint in derselben Zeitschrift Heines Rezension des Dramas »Tasso's Tod«, verfasst durch einen gewissen Wil-
liam Smets. Wiederum eine vernichtende Kritik, in der sich die für unseren Zusammenhang interessante Spur findet:

> »Johann Gotthold Ephraim Lessing, der Mann mit dem klarsten Kopfe, und mit
> dem schönsten Herzen, war in Deutschland der erste, welcher die Schilderun-
> gen von Handlungen, Leidenschaften und Charakteren am schönsten und am
> gleichmäßigsten in seinen Dramen verwebte, und zu einem Ganzen zusam-
> menschmelzte.« (1,414)

(4) In seinem »Ersten Brief«, den er in Berlin über Berlin für den »Rheinisch-Westfälischen Anzeiger« verfasst und der dort am 15. Februar
1822 erscheint, lässt sich der enthusiastische Berlin-Besucher Heine zu
dem Bekenntnis hinreißen:

> »Aber ich sehe, Sie hören schon nicht mehr, was ich erzähle, und staunen die
> Linden an. Ja, das sind die berühmten Linden, wovon Sie so viel gehört haben.
> Mich durchschauert's, wenn ich denke, auf dieser Stelle hat vielleicht Lessing

gestanden, unter diesen Bäumen war der Lieblingsspaziergang so vieler großer Männer, die in Berlin gelebt.« (3,15)

All diese Anspielungen, Fingerzeige, Bekenntnisse, ja die Souveränität, mit der Heine wie beiläufig mit den Namen »Lessing« und »Nathan« publizistisch spielen kann, lässt eine lange Vertrautheit sowohl bei Heine als auch bei seinem Publikum mit dem »klarsten Kopf« und dem »schönsten Herzen« erkennen, als den Heine den »Nathan«-Autor schon früh sieht. Dabei wird die Verehrung für Lessing nicht zuletzt durch beider Beziehung zum Judentum ausgelöst worden sein, hatte Lessing als Christ doch bekanntlich mit dem Juden »Nathan« zum ersten Mal eine große positive jüdische Figur auf eine deutsche Bühne gebracht. Das musste einen jungen Juden wie Harry Heine brennend interessieren, der ganz existentiell im Spannungsfeld stand von Deutschtum / Christentum einerseits und Deutschtum / Judentum andererseits. Umso zwingender die Fragestellung, ob nicht Heine aufgrund seiner eigenen Erfahrungen mit religiösen Konflikten einen »Widerruf« von Lessings »Nathan« schreiben *musste*. Einen Widerruf aus Erfahrungen, die eben nur ein Jude und nicht ein Christ im Deutschland des ausgehenden 18., beginnenden 19. Jahrhunderts machen konnte. Schauen wir uns die Struktur der beiden Dramen inhaltlich an.

Die Tragödie von Christen und Muslimen: »Almansor«

Weit verbreitet ist in der Kritik heute das Stereotyp, Lessings »Nathan« zeuge von Optimismus bei der Behandlung der Religionsfrage. Der »Nathan« sei eben ein typisches Produkt der Aufklärung, in der man noch »naiv« an eine harmonische Lösung der Religionsgegensätze habe glauben können.

LESSINGS ENTSCHEIDUNG FÜR DIE NICHT-TRAGÖDIE

Solche Kritik übersieht: Schon die pauschale Gleichsetzung von »Optimismus« und »Aufklärung« zeugt von geschichtlicher Ahnungslosigkeit und leistet einem Zynismus Vorschub, der Aufklärbarkeit von Menschen ohnehin gerne ins Reich der Fabel verweist. Lessing schreibt seinen »Nathan« vor dem Hintergrund einer Geschichte von Religions-tragödien. Er weiß, dass es in der europäischen Literatur – von Shake-speares »Der Kaufmann von Venedig« im 16. Jahrhundert angefangen über Torquato Tassos Epos »Das befreite Jerusalem« im 17. Jahrhundert bis Voltaires Tragödie »Zaire« im 18. Jahrhundert – immer nur gewalt-tätig zugegangen ist, blutig, fanatisch, wenn es um den Konflikt der Religionen ging, entweder um den Konflikt zwischen Christen und Muslimen (Tasso, Voltaire) oder Christen und Juden (Shakespeare). Die Märtyrer- und Opfertod-Dramen beherrschten die europäische Bühne. In genauer Kenntnis dieser europäischen Tragödien-Tradition setzt Lessing mit seinem »Nathan« einen Gegenakzent, wie wir im vorausge-gangenen Kapitel gehört haben. Er entscheidet sich für den glücklichen Ausgang seiner Geschichte, nicht um naiven Optimismus zu verbreiten, sondern um etwas Zukünftiges als einstmals möglich zu zeigen. Er ent-scheidet sich bewusst für die Nicht-Tragödie – im Bewusstsein aller Tra-gödien des Lebens. Er wollte konzeptionell das Untragische in Sachen Religion, weil er einen Kontrapunkt setzen wollte, eine Geschichte ge-gen den Tod und gegen das Blut, das der religiöse Fanatismus Jahrhun-dert für Jahrhundert fordert. Der gnadenlosen Rechthaberei, welche die eine Religion von der anderen isoliert und die Menschen gegeneinan-derhetzt, stellt Lessing mit seinem »Nathan« den Glauben an die gna-denhafte Fügung gegenüber, die Menschen zusammenbringt und *ge-genseitig zu Verdankten und Dankenden* macht. Gegen ein Denken, das die Lebenstragödien erzeugt, gegen ein Denken der Ausgrenzung und Verwerfung, wagt Lessing in Sachen Theologie der Religionen *vernetz-tes Denken, Beziehungsdenken.*

HEINES ENTSCHEIDUNG FÜR EINE TRAGÖDIE

Was mag in dem jungen Heine vorgegangen sein, als er – möglicher-weise im Saal der Düsseldorfer Landesbibliothek sitzend – Lessings »Nathan« zum ersten Mal las? Was an Gefühlen in dem Sohn einer jüdi-schen Familie, aufgewachsen zwar nicht im Ghetto wie noch Ludwig Börne in Frankfurt am Main, wohl aber inmitten einer christlichen Mehrheitsgesellschaft, die Juden über Jahrhunderte gesellschaftlich marginalisiert und rechtlich diskriminiert hatte und jetzt nur durch den napoleonischen Code Civil (Düsseldorf steht seit 1806 unter französischer Verwaltung) gezwungen ist, jüdischen Mitbürgerinnen und Mitbürgern gleiche Rechte zu gewähren? Eine neue rechtliche Situation, von der der junge Heine für seinen Bildungsaufstieg profitiert, die gesellschaftlich-politisch freilich fragil bleibt, werden doch unter preußischer Ägide (nach dem Wiener Kongress von 1815 gehört Düsseldorf zu Preußen) die Rechte jüdischer Mitbürger prompt Stück um Stück wieder beschnitten. Und selbst dort, wo Rechte gewährt werden, heißt dies keineswegs gesellschaftliche Akzeptanz jüdischer Eigenidentität. Im Gegenteil: Von Juden wird jetzt erst recht erwartet, dass sie sich bis zur Aufgabe ihrer kulturellen und religiösen Identität der christlichen Mehrheitsgesellschaft anzupassen hatten. Assimilation als Aufforderung zur Auslöschung der eigenen Identität.

Da musste es für den jungen Heine einer befreienden »Offenbarung« gleichgekommen sein, wenn er bei einem schon damals hochverehrten deutschen Dichter ein Stück lesen konnte, in dem ein Jude im Mittelpunkt steht, der seine tiefe Humanität offensichtlich nicht durch Aufgabe, sondern durch Verwirklichung seines Judentums erreicht hatte. Eine »Offenbarung«, alle Religionen, ob Judentum, Christentum oder Islam, unter das Kriterium der »Ring-Parabel« gestellt zu sehen:

»Es eifre jeder seiner unbestochnen
Von Vorurteilen freien Liebe nach!
Es strebe von euch jeder um die Wette,
Die Kraft des Steins in seinem Ring' an Tag
Zu legen! komme dieser Kraft mit Sanftmut,
Mit herzlicher Verträglichkeit, mit Wohltun,
Mit innigster Ergebenheit in Gott
Zu Hülf'!« (IX,559)

Eine Offenbarung, dass in einem großen Stück deutscher Literatur ein christlicher Autor es gewagt hatte, die Versöhnbarkeit der drei Religionen in Form eines Familiendramas öffentlich sichtbar zu machen, eine Versöhnbarkeit, die sich am Ende des Stückes in der symbolischen Geste Ausdruck verschafft hatte: »Unter stummer Wiederholung *allseitiger* Umarmung fällt der Vorhang«.

Aber die Wirklichkeit? Wie sah sie aus für einen jungen Juden im damaligen Deutschland, der nach Bildung strebte, nach einer beruflichen Karriere, nach Anerkennung als Schriftsteller? War nicht angesichts des real existierenden Deutschtums/Christentums die »Ring-Parabel« genau das, als was sie im »Nathan« schon bezeichnet worden war: nichts als ein »Märchen«, ein »Geschichtchen« – fern aller Realität? War nicht die deutsche Wirklichkeit von den im »Nathan« verkündeten Kriterien und Symbol-Gesten himmelweit entfernt? Tagtäglich stieß man als Jude doch unverändert auf latente oder offene Diskriminierung. Tagtäglich war man mit der Frage konfrontiert, ob man wirklich Chancen in der christlichen Mehrheitsgesellschaft hatte. Tagtäglich musste die Frage abgewogen werden, ob nicht doch eine Assimilation erwartet würde, die auf eine Verleugnung jüdischer Herkunft und eine Auslöschung jüdischer Identität hinauslaufe. Kaum hat Heine nach seinem Wegzug aus Düsseldorf 1816 in Hamburg die ersten Liebeslieder verfasst und sich mit dem Gedanken an eine Veröffentlichung getragen, muss er sich gleichzeitig klarmachen, wie es in einem Brief vom Oktober 1816 aus Hamburg heißt (der »Almansor« folgt vier Jahre später), dass »Christliche Liebe die Liebeslieder eines Juden nicht ungehudelt lassen wird« (XX,22). Jude bleiben – Christ werden?

Da hatte es Lessing einfacher gehabt. Als Christ stand er nicht in *diesem* Zwiespalt. Nie hat Lessing die Frage erwägen müssen, ob er nicht besser Jude oder Muslim werden solle. Stets war es ihm darum gegangen, *als Christ* – unter Verweis auf die ursprüngliche Botschaft Christi – eine Konzeption anzubieten, in der Jude, Christ und Muslim gleichberechtigt nebeneinander und miteinander leben konnten. Lessings Konflikt war ein innerchristlicher (wie bringt man Christen von ihrer jahrhundertealten Verdammung von Nichtchristen ab?), kein interreligiöser, interkultureller. Heines Konflikt aber war von Anfang an exakt ein solcher, gerade weil seine Generation durch die veränderte Rechtslage Möglichkeiten des Bildungsaufstiegs erlangt hatte (Besuch eines christlichen Gymnasiums in Düsseldorf, Einschreibung in die neugegründete Universität zu Bonn), die früheren Generationen von Juden verwehrt worden war. Und dieser innere Konflikt drängte zur dramatischen Gestaltung. Ein Gattungswechsel war dafür erforderlich. Heine konnte Lessings »Nathan« nicht einfach weiterschreiben, weil seine eigenen Erfahrungen, genauer: seine Bedrohtheitsgefühle, seine Diskriminie-

rungsängste, etwas anderes erzwangen. Gelegenheit bot der Stoff des
»Almansor«. Warum gerade er als Projektionsfläche der eigenen Erfahrungen taugt, macht das Handlungsgerüst sichtbar.

Spanien als Schicksalsland von Juden, Christen und Muslimen

»Almansor« spielt zwar nicht in Jerusalem, wohl aber in einem religionspolitisch nicht weniger kritischen Raum. Ist Jerusalem ein Schicksals*ort* für Juden, Christen und Muslime, so Spanien ein Schicksals*land*, seit islamische Araber im Jahre 711 weite Gebiete Spaniens unter ihre Herrschaft gebracht hatten.

IM UNGEIST DER RECONQUISTA

Es folgen einerseits Jahrhunderte einer von muslimischer Vorherrschaft und islamischem Recht gewährten, aber auch dominierten *convivencia* von Juden, Christen und Muslimen auf spanischem Boden (teilweise mit einer nie gekannten Blüte: Cordoba!), andererseits Jahrhunderte einer *reconquista*, einer »Rückeroberung« angeblich »verlorener« Gebiete durch christliche Herrscher. Sie findet ihren schicksalhaften Endpunkt 1492 in der Eroberung Granadas und der Vertreibung des letzten Mauren-Herrschers aus Spanien. Die Folgen für Juden und Muslime sind entsetzlich. Wer als Jude nicht konvertiert, wird gnadenlos aus dem Land gewiesen. Muslime werden noch eine Weile geduldet, nach einem konfliktträchtigen Jahrhundert aber mit verschiedenen Aufständen werden auch die letzten Muslime 1609 systematisch vertrieben. Im Lande Verbliebene versuchen, sich ihr Existenzrecht durch Scheinbekehrung zu sichern. Gegen sie geht die Inquisition vor. Juden, denen man ihr Christentum nicht glaubt, bekommen den Schimpfnamen »Marranen«. Ehemalige Muslime, denen man ebenfalls misstraute, den Namen »Morisken«.

In diesem Spanien der Reconquista-Zeit findet Heine einen Stoff, der ihn seine eigene Situation als Jude, ausgesetzt dem Druck einer christlichen Mehrheitsgesellschaft, anschaulich verarbeiten lässt. »In diesem Stücke«, schreibt er im Oktober 1820 aus Göttingen, als er den »Almansor« gerade in Arbeit hat, »habe ich mein eigenes Selbst hineingeworfen, mit sammt meinen Paradoxen, meiner Weisheit, meiner Liebe, meinem Hasse und meiner ganzen Verrücktheit« (XX,29). Das Drama setzt ein mit der Rückkehr des Muslimen Almansor in seine alte spanische Heimat. Voll melancholischer Erinnerungen an seine Jugendzeit wandert er durch sein altes, jetzt verödetes Schloss, wird aber aufgestört durch eine Gruppe von Angreifern, die sich als »Widerstandsmauren« offenbaren. Ihr Anführer ist niemand anderer als Hassan, der alte Diener der Familie, der als Widerstandskämpfer im Lande geblieben war.

EINE FAMILIENTRAGÖDIE

Im Dialog Hassan – Almansor kommt der ganze Hass des Muslimen auf die jetzige Entwicklung in Spanien zum Ausdruck, ein Hass, der sich nicht nur speist aus der Verachtung für die christlichen Eroberer und Vertreiber, sondern auch für die Verräter unter den Muslimen, die sich hatten gegeneinander ausspielen lassen. Welch ein »Bild des Gräuels« für Muslime: Ihr letzter König Boabdil bei der Schlüsselübergabe von Granada auf den Knien vor den christlichen Herrschern. Auf »Alhambrahs Thurm«? Jetzt steht hier »aufgepflanzt / Kastiliens Fahne und Mendozas Kreuz« (1,282), das Kreuz also von Gonzales de Mendoza, dem Kardinal und Erzbischof von Toledo, dessen Nachfolger der im Stück sogenannte »furchtbare Ximenes« ist, der mit Hilfe der Inquisition besonders gnadenlos gegen die Nachkommen der Mauren und Juden vorzugehen pflegt:

> »Wir hörten, dass der furchtbare Ximenes,
> Inmitten auf dem Markte, zu Granada –
> Mir starrt die Zung im Munde – den Koran
> In eines Scheiterhaufens Flamme warf! (…)
> Das war ein Vorspiel nur, dort wo man Bücher
> Verbrennt, verbrennt man auch am Ende Menschen.« (1,284f.)

Wir erfahren aus der Vorgeschichte: Almansors Vater, Abdullah, hatte mit ansehen müssen, wie unter dem Druck der Verhältnisse ein Muslim nach dem anderen von seinem Glauben abgefallen war (»in feiger Todesangst, das Kreuz umklammert«: 1,284). Als ihm auch noch die Nachricht überbracht wird, sein bester Freund, Aly, sei Christ geworden, hatte sich Abdullah zur Auswanderung entschlossen. Denn dieser Schritt Alys hatte auf empörende Weise ihr einzigartiges Verhältnis gesprengt, hatten sich Aly und Abdullah doch ihre Kinder Almansor und Zuleima gegenseitig anvertraut und anverlobt. Die Familie Abdullahs reist zunächst nach Marokko, wo Almansors Mutter stirbt, dann nach Mekka, schließlich in den Jemen, wo Abdullah das Zeitliche segnet. Erwachsen geworden, drängt es Almansor aber, noch einmal nach Spanien zurückzukehren, nicht nur um die Heimat, sondern vor allem, um die geliebte Zuleima, Alys Tochter, wiederzusehen.

Heine steigert nun die Spannung dadurch, dass er Almansor in Alys Schloss auftauchen lässt, ausgerechnet kurz vor einer geplanten Hochzeit Zuleimas, die mit ihrem christlichen Namen jetzt Donna Clara heißt. Als Zuschauer werden wir in der entsprechenden Szene Zeuge eines Gesprächs zwischen Aly, der jetzt Don Gonzalvo heißt, und dem künftigen Bräutigam Don Enrique. Aly drängt es, seinem künftigen Schwiegersohn ein letztes Geheimnis mitzuteilen, das er bisher für sich behalten hatte: die Tatsache nämlich, dass er gar nicht Claras leiblicher Vater ist. Seinerzeit sei bei der Geburt seines Sohnes seine Frau gestorben, just zu dem Zeitpunkt, als einem guten Freunde eine Tochter geboren worden sei. Dieser habe seinen verwaisten Jungen zu sich genommen und ihn in der eigenen Familie großgezogen; er selber habe die Tochter des Freundes aufgezogen. Und dies schon im Blick darauf, dass sein Knabe und die Tochter des Freundes einst Mann und Frau werden sollten. Beide Kinder seien zusammen aufgewachsen und hätten sich lieben gelernt: Zuleima und Almansor. Almansor ist also nicht Abdullahs, sondern Alys Sohn; Zuleima nicht Alys Tochter, sondern die von Abdullah. Zur großen Wende in der Familiengeschichte aber war es durch die politische Katastrophe gekommen. Aly hatte durch Berichte davon ausgehen müssen, dass sein Sohn – durch dessen Pflegevater außer Landes gebracht – in der Fremde den Tod gefunden habe. Frei hatte er sich deshalb gefühlt, die Pflegetochter neu zu verheiraten.

Das ist die Situation, in die Almansor zurückkehrt. Als er freilich in Alys Schloss eintrifft, muss er – belehrt durch den Diener Pedrillo – erkennen, dass angesichts der neuen Situation ein Zugang zu Zuleima aussichtslos ist. Almansor entschließt sich zu einer dramatischen Aktion.

Er tritt unter den Balkon von Zuleima/Clara und spielt ihr ein Liebeslied vor. Sie erkennt die Stimme des einstmals Geliebten, den sie für tot hielt, und ihr wird gegenwärtig, was an Gefühlen in der Vergangenheit zwischen ihnen war. Es ist ja auch eine erregende Situation, in die die junge Frau gestellt ist: Der totgeglaubte einstige Geliebte tritt als Lebendiger wieder vor ihre Augen – und dies am Tag ihrer Hochzeit mit einem Dritten. Zuleima versucht die unerträgliche Spannung zu lösen. Nachdem sie bezeichnenderweise »betend vor einem Christusbilde« gelegen hat, sieht sie als einzige Möglichkeit einer Beziehung zu Almansor die asexuelle *Geschwisterliebe*:

> »,Todt ist Almansor' sagten böse Leute,
> Und böser Kunde glaubte böses Herz,
> Und Braut des fremden Mannes ward Zuleima!
> Ich will dich lieben, wie man liebt den Bruder, –
> Sey mir ein Bruder, lieblicher Almansor!« (1,307)

DIE SPALTUNG DER MENSCHEN DURCH RELIGION

Warum aber kann Zuleima ihren ureigensten Gefühlen jetzt nicht mehr nachgeben? Warum muss sie sie in sich unterdrücken? Weil ihr neuer christlicher Glaube ihren einstmals Geliebten jetzt zu einem Ungläubigen macht, einem Verlorenen. Heine vermischt bewusst den Liebeskonflikt mit dem Religionskonflikt, ja lässt den Liebeskonflikt durch den Religionskonflikt sich verschärfen. Deshalb gibt es in seinem Drama einen – für die deutsche Literatur bis dahin beispiellosen – muslimisch-christlichen Disput um die zentrale Frage, die zwischen Christen und Muslimen steht: die Bedeutung Jesu Christi. Beide sprechen von Liebe, aber auf völlig verschiedenen Ebenen. Clara sieht in Christus die inkarnierte Liebe, die auch einen »verlorenen Bruder« wie Almansor »retten« könne. Almansor, der seiner Abscheu vor dem Christus-Kult der Kirche freien Lauf lässt, spricht von einer menschlichen Liebesenergie, die auch Religionsgrenzen zu sprengen in der Lage wäre. Spricht Clara der religiösen Liebe menschlichen Wert zu (als Rettung der Verlorenen), so Almansor der menschlichen Liebe religiösen Wert. Ja, in seiner Leidenschaft für Zuleima vergöttlicht er die Liebe in einer

Weise, dass alle Unterschiede zwischen den Religionen wegzuschmelzen scheinen:

> »Ich laß nicht ab von dir, von dir, Zuleima!
> Und ständen offen Allahs goldne Hallen,
> Und Houris winkten mir mit schwarzen Augen,
> Ich ließ nicht ab von dir, ich blieb' bey dir,
> Umschlänge fester deinen süßen Leib, –
> Dein Himmel nur, Zuleimas Himmel nur,
> Sey auch Almansors Himmel, und dein Gott,
> Sey auch Almansors Gott, Zuleimas Kreuz
> Sey auch Almansors Hort, dein Christus sey
> Almansors Heiland auch, und beten will ich
> In jener Kirche, wo Zuleima betet.« (1,313f.)

Da hört man in der Ferne »Glockengeläute und Kirchengesang«, und Zuleima begreift erschrocken, dass ihre Hochzeit mit Don Enrique unmittelbar bevorsteht. Da sie trotz allem aber an ihrem Entschluss zur Ehe festhält (sie wäre sonst selber eine Verlorene), gerät nun Almansor völlig aus der Fassung:

> »So hast du mich hineingesungen, Falsche,
> In jene Folterkammer, die du Kirch' nennst,
> Und kreuzigst mich an deines Gottes Kreuz,
> Und ziehst geschäftig an den Glockensträngen,
> Und spielst die Orgel, um zu übertäuben
> Mein lautes Reu- und Angstgebet zu Allah!« (1,314f.)

Die nächste Szene sieht Almansor zunächst – Hamletartig – mit Selbstmordgedanken umgehen, da taucht noch einmal Hassan, der Anführer der muslimischen Widerstandsgruppe auf. Es gelingt ihm, Almansor zu einer verzweifelten Aktion zu überreden. Die Hochzeitsfeier Zuleimas mit dem Christen Don Enrique bietet Gelegenheit zu einem Überfall. Zuleima soll entführt und mit einem Schiff nach Afrika gebracht werden. Almansor ahnt, was dies für seine Zukunft bedeutet, ist aber bereit, künftig sogar als Pirat das Leben eines Gesetzlosen zu führen. Der Plan wird ausgeführt. Im Kampf wird Hassan getötet, enthüllt aber kurz vor seinem Tode Aly noch, dass sein Sohn Almansor lebt, ja derjenige Ritter ist, der gerade Zuleima geraubt hat. Aly begreift, dass er seinen eigenen Sohn bekämpft hat, und nimmt die Verfolgung auf, um sich mit ihm zu versöhnen.

In der *Schlussszene* sehen wir Almansor und Zuleima in einer wilden Felsengegend. Almansor tritt das Bild von Medschnun und Leila vor Augen, dem berühmten Liebespaar aus der islamischen Geschichte. In seinem Wahn identifiziert er sich nun immer stärker mit diesem tragischen Paar. Ja, seine Zerrissenheit wird umso stärker, als nun auch Zuleima Almansor ihre Liebe gesteht und erklärt, warum sie so sehr auf ihrem Christsein beharrt hat:

> »Denn unser frommer Abt hat mir versichert:
> Daß nur wer Christ ist seelig werden kann.« (1, 335)

Als Almansor Waffengeklirr in der Ferne hört (er kann ja nicht wissen, dass sein Vater ihm folgt und die Versöhnung anstrebt), sind beide Liebenden entschlossen, den Tod als »Himmel« und als »Paradies« für die Liebenden zu suchen; sie stürzen sich den Felsen hinab. Aly, der unter den Verfolgern ist, hat das letzte Wort in diesem Stück, das gottesbitterer nicht sein könnte:

> »Jetzt, Jesu Christ, bedarf ich deines Wortes,
> Und deines Gnadentrost's, und deines Beyspiels.
> Der Allmacht Willen kann ich nicht begreifen,
> Doch Ahnung sagt mir: ausgereutet wird
> Die Lilje und die Myrthe auf dem Weg,
> Worüber Gottes goldner Siegeswagen
> Hinrollen soll in stolzer Majestät.« (1,337)

»Nathan« – »Almansor«: Der Gegensatz

Kann man die Beziehung von Juden, Christen und Muslimen gegensätzlicher behandeln als Lessing und Heine? Schauen wir genau hin.

STATT UMARMUNG VERNICHTUNG

Dort ein Christ, der im Geist der Ringparabel den drei Religionen einen »Wettstreit um das Gute« zutraut, hier ein Jude, der wieder neu das Macht- und Gewaltpotential der Religionen freilegt, beide einen Familienstoff für ihre Pointe nutzend. Beide Stücke arbeiten strukturell mit dem Spannungsverhältnis von Vorgeschichte und Gegenwartsgeschichte. Nur präsentieren sie ein unterschiedliches Handlungsgefälle. Dort, bei Lessing, eine Familiengeschichte als Versöhnungsgeschichte. Hier, bei Heine, dieselbe Geschichte als Todesgeschichte. Dort ein »dramatisches Gedicht« mit gutem Ausgang, hier eine Geschichte, die sich zur Tragödie entwickelt. Dort führt die Liebe Menschen unterschiedlicher Religionen zueinander, hier spaltet die Religion liebende Menschen, treibt sie buchstäblich in den Abgrund. Dort transzendiert die Liebe auch die Religionstrennungen, bei Heine bricht die Liebe von zwei Menschen unter dem Druck der Religion zusammen. Bei Lessing am Ende die allseitige Umarmung, bei Heine auch eine Umarmung der beiden Liebenden, aber so, dass sie sich gemeinsam in den Abgrund stürzen können. Statt »allseitiger Umarmung« am Ende bei Heine – die Parallele kann kein Zufall sein – ein »in den Armen halten«, bevor Almansor sich mit Zuleima »den Felsen hinab« stürzt.

EIN WIDERRUF VON LESSINGS »NATHAN«?

Und warum das alles? Warum bei Heine dieser scharfe Gegensatz, dieser Rückgriff auf die Tragödien-Tradition in Sachen Religion, die Lessing gerade überwunden haben wollte? Warum wieder ein Drama des Scheiterns und nicht des Gelingens? Um Lessing zu denunzieren? Ist »Widerruf« zu verstehen im Sinne von kalter Widerlegung oder zynischer Verwerfung? Tasten wir uns an eine Antwort heran:
(1) Wie bewusst Heine die Tragödie als Darstellungsform des Religionskonfliktes wollte, geht aus seiner eigenen poetologischen Selbstkritik hervor. Denn Heine hatte im Verlauf des Schreibprozesse durchaus gemerkt, dass er den tragischen Ausgang seiner Geschichte immer weniger glaubwürdig würde darstellen können. Seine Geschichte spitzt sich nicht zu einem klassischen Tragödienkonflikt zu: Ausweglosigkeit. Nur

wenige Minuten später – und der Vater-Sohn-Konflikt hätte gelöst werden können. Eine Versöhnung wäre möglich gewesen. Heines Tragö-
dienschluss entbehrt also einer inneren Zwanghaftigkeit, beruht mehr
auf Zufall. An den Freund Friedrich Steinmann schreibt Heine selbstkritisch am 4. Februar 1821, als sein Drama fast vollendet ist:

>»Ich habe mit aller Kraftanstrengung daran gearbeitet, kein Herzblut und keinen
Gehirnschweiß dabei geschont, habe bis auf einen halben Akt das Ganze fertig,
und zu meinem Entsetzen finde ich, dass dieses von mir selbst angestaunte und
vergötterte Prachtwerk nicht allein keine gute Tragödie ist, sondern gar nicht einmal den Namen einer Tragödie verdient. – Ja – entzückend schöne Stellen und
Scenen sind drin, Originalität schaut überall draus hervor; überall funkeln überraschend poetische Bilder und Gedanken, so dass das Ganze gleichsam von einem zauberhaften Diamentschleier blitzt und leuchtet. So spricht der eitle Autor,
der Enthusiast für Poesie. Aber der strenge Kritiker, der unerbittliche Dramaturg
trägt eine ganz anders geschliffene Brille, schüttelt den Kopf, und erklärt das
Ganze für – eine schöne Drahtfigur. *Eine Tragödie muss drastisch sein* – murmelt
er, und das ist das Thodesurteil der meinigen.« (HSA XX,36)

(2) Warum aber dieser fast zwanghafte Drang, aus dem Religionskonflikt eine Tragödie zu machen? Er erklärt sich aus der bedrückenden
persönlichen Situation Heines als Jude in einer christlichen Mehrheitsgesellschaft. Die Erfahrungen, die er in seinem Stück einen Muslim in
der Vergangenheit Spaniens machen lässt, sind die seinen als Jude im
gegenwärtigen Deutschland. Es sind vor allem die eigenen Ängste, seines Judentums wegen öffentlich bloßgestellt, mit Stereotypen vom »typisch Jüdischen« überzogen zu werden. Alles vermeidet Heine, um
seine Herkunft nicht offensiv zeigen zu müssen. So war es denn auch
während der Aufführung des »Almansor« in Braunschweig offensichtlich in dem Moment zu einem Eklat gekommen, als Heines Judentum
ruchbar wurde. Ein Zuschauer der primitiven Sorte hatte – will man der
Überlieferung glauben – auf die Frage, wer der Verfasser sei, die Antwort
bekommen: »der Jude Heine«. Diesen mit einem am Orte lebenden jüdischen Geldwechsler verwechselnd, soll der Besucher ausgerufen haben: »Was? Den Unsinn des albernen Juden sollen wir anhören? Das
wollen wir nicht länger dulden! Lasst uns das Stück auspochen!«[204] Genau das geschah. Die Wirklichkeit hatte die Fiktion plötzlich eingeholt.

Der Vorfall bestätigt Heines Konzeption. Sein Stoff aus der spanischen Reconquista-Zeit sollte angesichts des real existierenden Christentums/Deutschtums eine nützliche Spiegelfunktion erfüllen. Parallelen von damals und heute sollten erkennbar sein. Treffend hat Walter Hinck deshalb Heines »Almansor« ein »Antizipations«-Stück, eine Art »Probebühne«, genannt: »eine Vorausschau Heines auf künftige Konflikte der Assimilation und des Marranentums, auf Komplikationen und Irritationen, die eine (mögliche) christliche Taufe mit sich bringen würde.«[205] Dass Heine sich also gegen Lessing wieder für eine Religionstragödie entscheidet, resultiert aus seinen eigenen Ängsten. Hier glaubte er wohl, nur durch eine Tragödie beim Publikum stärker aufklärend zu wirken als durch ein »dramatisches Gedicht« à la Lessing, das den Zuschauern ob seines positiven Ausgangs eher ein ästhetisches Alibi liefern mochte. Er hatte wieder das den Religionen immanente Gewalt- und Spaltungspotential herausgestellt, gegen das Lessing – nicht weniger erfahren als Heine – auf der Bühne bereits seinen Kontrapunkt gesetzt hatte. Der »Widerruf« war nötig, um Lessings »Nathan«-Konzeption nicht der öffentlichen Selbstzufriedenheit auszuliefern. Mit Lessings »Nathan« war das Problem »Religion« nicht erledigt. Beide Erfahrungen gehören zusammen. Denn: bei aller Gegensätzlichkeit im dramatischen Konzept: Lessing und Heine kämpfen zugleich in der Sache an einer gemeinsamen Front.

Die gemeinsame Front: Strategische Aufwertung des Verachteten

In knappster Form auch hier das Wesentliche. Drei Problemkomplexe scheinen mir erwähnenswert.

AUFWERTUNG DER MUSLIMISCHEN GESCHICHTE SPANIENS

Wie Lessing in seinem »Nathan«, vollzieht auch Heine in seinem »Almansor« eine »kalkulierte« oder »strategische« Aufwertung des Verachteten. War es Lessing nach seinen eigenen Aussagen darum gegangen, gegenüber dem »christlichen Pöbel« seiner Zeit Juden und Muslime »in einem weniger abscheulichen Lichte vorzustellen« – durch Präsentie-

rung eines Juden als »edlen Helden« und damit des jüdischen Humanismus als einer legitimen religiösen Grundhaltung sowie durch Präsentierung eines muslimischen Sultans und damit des islamischen Humanismus als religiöser Grundhaltung – hatte also schon Lessing
radikale Christentumskritik betrieben, so schreibt Heine diese Linie
fort durch einen kalkulierten Rückgriff auf eine Zeit, in der der Islam
eine grandiose Kultur herausgebildet hatte: in Spanien vom 8. bis zum
15. Jahrhundert. Heine stellt sich auf die Seite einer Historiografie, welche die Geschichte Spaniens nicht länger allein aus der Perspektive der
Sieger schrieb. Eine Geschichtsschreibung, die in der Vertreibung von
Juden und Muslimen aus Spanien einen kulturellen Verlust erblickt.
Durch genaues Quellenstudium machte er sich klar: Die christliche Geschichte Spaniens ist keineswegs allein eine Geschichte der Auslöschung eines barbarischen Heidentums. Sie ist *auch* eine Verlustge-
schichte. Was Christen als Fortschrittsgeschichte erzählen, ist auch eine
Dekadenzgeschichte: Die christliche »Eroberung« muslimischer Gebiete führt zu einem Kulturverfall. Deshalb lässt Heine gezielt in einer
Szene des »Almansor« (»Waldgegend«) einen »Chor« das Lob der »Mau-
renherrlichkeit« singen (1,315–317). Und dieses Lob islamischer Kultur
ist zu Heines Zeit mindestens so kühn wie die Präsentierung eines vorbildlichen Juden und vorbildlichen Muslim durch Lessing. Heines dra-
matischer Erstling – so Gerhard Höhn zurecht – mutet der Biedermeier-
Gesellschaft einen Helden zu, »der kein Christ, sondern Moslem ist«,
und eine Tragödie, die »nicht die Partei der christlichen Sieger, sondern
die der maurischen, glaubenstreuen Besiegten ergreift«.[206] Oder mit
den Heine-Biographen Hauschild/Werner: In »Almansor« nimmt Heine
»Partei für die unterlegenen glaubenstreuen Moslems, deren zivilisato-
rische Leistungen während der islamischen Herrschaftsperiode gegenüber der kulturzerstörenden Wirkung der Rechristianisierung« er besonders hervorhebt.[207]

WIDER DIE »MENSCHENMÄKELEI« DURCH RELIGIONEN

Wie Lessing übt auch Heine scharfe Kritik an einem Triumphalismus, in
dessen Namen sich eine Religion über eine andere erhebt. Bezeichnenderweise benutzt Heine nach dem »Almansor« an einigen Stellen seines

Werkes ein Schlüsselwort, das er direkt dem »Nathan« entlehnt: »Menschenmäkeley«. Erstmals taucht das Wort in einem Brief Heines an seinen jüdischen Kampfgefährten Moses Moser auf, dem Heine am 23. August 1823 – im selben Jahr ist »Almansor« in Buchform erschienen – schreiben kann:

> »Ich habe ihnen doch schon den Wahn genommen dass ich ein Enthousiast für die jüdische Religion sey. Dass ich für die Rechte der Juden und ihre bürgerliche Gleichstellung enthousiastisch sein werde das gestehe ich, und in schlimmen Zeiten, die unausbleiblich sind, wird der germanische Pöbel meine Stimme hören dass es in deutschen Bierstuben und Pälasten wiederschallt. Doch der geborene Feind aller positiven Religionen wird nie für diejenige Religion sich zum Champion aufwerfen, die zuerst jene Menschenmäkeley aufgebracht, die uns jetzt so viel Schmerzen verursacht; geschieht es auf eine Weise dennoch, so hat es seine besonderen Gründe, Gemüthsweichheit, Starrsinn und Vorsicht für Erhaltung eines Gegengifts.« (HSA XX,107)

Zur Kritik am eigenen Judentum also benutzt Heine ein Wort, das er bei Lessing gefunden hatte. In »Nathan« bereits wird in einem Gespräch zwischen Nathan und dem Tempelherrn (Akt II, 5. Szene) das Thema durchgespielt, ob Menschen der einen Religion den anderen überlegen seien. Nathan vertritt den Standpunkt, »dass alle Länder gute Menschen tragen« und dass »der eine nicht den anderen mäckeln« solle. Darauf eingehend, verschärft der Tempelherr den Ton, auf die Kreuzzüge anspielend:

> »Sehr wohl gesagt! – Doch kennt Ihr auch das Volk,
> Das diese Menschenmäckelei zu erst
> Getrieben? Wißt ihr, Nathan, welches Volk
> Zuerst das auserwählte Volk sich nannte?
> Wie? wenn ich dieses Volk nun, zwar nicht haßte,
> Doch wegen seines Stolzes zu verachten,
> Mich nicht entbrechen könnte? Seines Stolzes;
> Den es auf Christ und Muselmann vererbte,
> Nur sein Gott sei der rechte Gott! – Ihr stutzt,
> Dass ich, ein Christ, ein Tempelherr, so rede?
> Wenn hat, und wo die fromme Raserei

Den bessern Gott zu haben, diesen bessern,
Der ganzen Welt als besten aufzudringen,
In ihrer schwärzesten Gestalt sich mehr
Gezeigt, als hier, als izt?« (IX,532)

Gerade als Jude stellt sich Heine in diese Tradition der Kritik an religiöser Superiorität, Exklusivität. Heine wusste wie Lessing um die Opfer, die dieser religiöse Triumphalismus gekostet hatte. Daran erinnert er im vierten Teil seiner »Reisebilder« unter dem Titel »Die Stadt Lukka«, wenn er – polemisierend gegen die »sogenannte positive Religion«, die »sogenannte Kirche«, die »Gerüste von Dogmen«, daran erinnert:

> »Nun entstand ›die Menschenmäckeley‹, das Proselytenmachen, der Glaubenszwang, und all jene heiligen Greul, die dem Menschengeschlechte so viel Blut und Thränen gekostet.« (3,515)

FÜR EINEN KOSMOPOLITISMUS DER FREIHEIT

Wie Lessing war auch Heine Anwalt eines Kosmopolitismus der Freiheit und der sozialen Gerechtigkeit. Spuren aus Lessings »Erziehung des Menschengeschlechts« finden sich zahlreich im Werk von Heine. Luther habe die Deutschen von der kirchlichen Tradition befreit, Lessing vom »tyrannischen Buchstaben« der Schrift. Aber in diesem Kampf um die Freiheit habe diesem Mann schaurige Einsamkeit umgeben, »geistiges Alleinstehen«. Die »Geschichte der großen Männer«? Sie sei ohnehin immer eine »Märtyrerlegende« (5,587), meint Heine, um dann die Summe zu ziehen:

> »Gotthold Ephraim Lessing … war ein ganzer Mann, der, wenn er mit seiner Polemik das Alte zerstörend bekämpfte, auch zu gleicher Zeit selber etwas Neues und Besseres schuf; er glich, sagt ein deutscher Autor, jenen frommen Juden, die beim zweyten Tempelbau von den Angriffen der Feinde oft gestört wurden, und dann mit der einen Hand gegen diese kämpfen, und mit der anderen Hand am Gotteshause weiter bauen. Es ist hier nicht die Stelle wo ich mehr von Lessing sagen dürfte; aber ich kann nicht umhin zu bemerken, dass er in der ganzen Literaturgeschichte derjenige Schriftsteller ist, den ich am meisten liebe.« (5,372)

Heines »Almansor« ein Widerruf von Lessings »Nathan«? Ich antworte: Ein Widerruf durch Insistieren auf eigenen Erfahrungen und eigener Verarbeitungsnotwendigkeit. Lessing wäre der Erste gewesen, der Heine zu diesem Weg ermutigt hätte. Seltsam, sich vorzustellen: Sie wären sich einmal begegnet, hätten ein Gespräch führen können, Professionelles, Gelehrtes, Geistreiches ausgetauscht. Was für ein Partner wäre Lessing für Heine gewesen. Derselbe Anspruch an Witz, Gelehrsamkeit, Stil. »Totengespräch zwischen Lessing und Heine« – Walter Jens hat einmal ein solches entworfen. Lessing erkennt nur den großen Publizisten als kongenialen Partner an und offenbart nur ihm, was ihn beim Schreiben des »Nathan« wirklich bewegt habe. Gewiss: Im »Nathan« gehe es auch um Verbrennen, Mord und Pogrom – und zugleich um Zinsfuß und Schachspiel, um Kommerz und Gebet. Aber die *eigentliche* Idee? Die eigentliche Idee beim Schreiben des »Nathan« – so der Jens'sche Lessing – sei die »Zurücknahme Shakespeares« gewesen, die Zurücknahme des »Kaufmann von Venedig«, in dem der Jude Shylock als hasserfüllter, rachedurstiger Antiheld dargestellt sei:

> »Ich wollte den Wucherer Shylock mit seinem Opfer versöhnen – mit Antonio, dem Kaufmann, aus dessen Leib sich der Jud sein Pfund Fleisch herausschneiden möchte. Den Handelsherrn, der keinen Zins nimmt – den Christen also! – und den Schacherer – diesen unseligen Vater … Diese beiden in einer einzigen Figur zu vereinen – einem Menschen-Bürger, der für alles steht, die guten Willens sind … das, lieber Heine, war mein Ziel. Am Beispiel Nathans, des erlösten Shylock, eine Welt vorwegzunehmen, in der Jud so viel wie Christ gilt, Frau so viel wie Mann.«[208]

»Ich *wollte*«! Aber der Jens'sche Lessing hat einsehen müssen, dass ihm der »Nathan« nicht gelungen ist. »Familiarität und blutiger Hass, Wirklichkeit und Utopie«? Das habe sich »einfach nicht fügen« wollen. Aber wenn er und Heine sich zusammentäten – so Lessing weiter im » Totengespräch« –, wenn Heine mit seiner ganzen Erfahrung als Jude und er mit seiner ganzen Erfahrung als Christ zusammenarbeiteten, dann könne ein Stück entstehen, das dem Thema »Juden und Christen« jenseits von Shylock und Nathan gerecht werden könnte: »Ein halber Christ, ein halber Jud … zum Teufel, dann müßt's doch gelingen!« Dieses Stück ist noch nicht geschrieben.

»GOTT VON MOHAMMED HER FÜHLEN«
Rainer Maria Rilkes Islam-Erfahrung auf den Reisen durch Nordafrika und Spanien

Spannungsfelder: Europa – Christentum – Islam

Er steckte in der bisher größten Schaffenskrise seines Lebens. Im Jahrzehnt zwischen 1900 und 1910 war Rainer Maria Rilke zu einer einzigartigen literarischen Produktivität gelangt, die seinem Namen schon damals einen festen Platz in der deutschen Literatur verschaffte. 1902 war »Das Buch der Bilder« erschienen, 1903 folgten die Studien zu Worpswede und Auguste Rodin, 1905 das »Stunden-Buch« 1907/1908 die »Neuen Gedichte«. Und 1910 war es Rilke nach äußerster Anstrengung gelungen, die »Aufzeichnungen des Malte Laurids Brigge« zu vollenden. Dann aber versiegt die Produktivität weitgehend, und Rilke wird von einer tiefen künstlerischen Lähmung erfasst. Er weiß: »es ist das Furchtbare an der Kunst, dass sie, je weiter man in ihr kommt, desto mehr zum Äußersten, fast Unmöglichen verpflichtet«, schreibt er an Lou Andreas-Salomé.[209] Im selben Brief teilt Rilke ebenfalls mit, dass er ein Jahr zuvor den Winter in Nordafrika verbracht habe: die Jahreswende 1910/1911. Eine im Nachhinein als zwiespältig empfundene Reise, nicht nur wegen der Widrigkeiten unterwegs, sondern vor allem, weil die neuen sinnlichen Eindrücke nicht zu der erwarteten künstlerischen Ausdruckssprache geführt hatten. Aber »ein wenig Orient« sei ihm doch »beigebracht worden«, meint er nicht ohne Hoffnung. Ja, auf dem Nilschiff habe er sich »sogar mit dem Arabischen eingelassen«.[210] In der Tat hatte Rilke von November 1910 bis März 1911 eine Reise durch Nordafrika unternommen. Sie führt ihn im ersten Teil über Marseille nach Algier, dann nach Tunis und in die tunesischen Orte El-Kantara und Kairouan, um dann vorläufig in Neapel zu enden. Im zweiten Teil aber, vom 6. Januar bis 25. März 1911, gelingt der Sprung nach Ägypten, wo Rilke auf einer mehrwöchigen Nilreise von Kairo bis Assuan klassische Stätten des antiken Ägypten kennenlernt. Es war eine »Welt für sich«,[211] die Rilke sich hier öffnete und die für unseren Zusammenhang von Bedeutung ist, weil sich Ästhetisches und Sinnliches von Landschaft und großer Kunst auf eigentümliche Weise vermischt mit der Entdeckung einer Weltreligion, die Rilke bisher aus eigener Anschauung nicht kennt: des Islams.

DIE TRADITION DES ANTIISLAMISMUS

Die Rekonstruktion der Islam-Rezeption Rainer Maria Rilkes soll nicht nur eine »Forschungslücke« schließen, die bei diesem Aspekt seines Werkes in der Tat zu konstatieren ist, trotz der verdienstvollen kleinen Studien von Annemarie Schimmel (1975), Ingeborg Solbrig (1980; 1982) und Joachim W. Storck (1997). Ich stelle dieses rezeptionsgeschichtliche Thema in einen größeren kulturgeschichtlichen Zusammenhang, aus dem sich neue Forschungsperspektiven gerade unter religionstheologischem Interesse ergeben: die Explorationen von Begegnungsmodellen zwischen islamischer und westlicher Welt. Diese sind im Blick auf das 3. Jahrtausend von größter Bedeutung – nicht nur literaturgeschichtlich oder islamkundlich, sondern gesamtgesellschaftlich, ist doch der Islam im Westen wie nie zuvor präsent (10–12 Millionen Muslime allein in Westeuropa), aber gleichzeitig weitgehend reduziert auf das Politische, ja Fundamentalistisch-Terroristische. Eifernde Publizisten wider den Islam von heute gerieren sich nicht selten wie eifernde Pfaffen wider den Islam von gestern. Die Dichtung kann hier andere Zugänge vermitteln. Um aber ihre Andersheit erfassen zu können, muss man theologie- und religionsgeschichtliche Vergleichsmodelle dagegenhalten. Erst wenn man sieht, worin sich etwa Rilkes Islam-Rezeption von der von Theologie, Gesellschaft und Kirche seiner Zeit unterscheidet, kann man dessen eigenes Profil nachvollziehen und das Vorausweisende, Uneingelöste seiner Grundhaltung für heute fruchtbar machen. Ich kann diese theologie- und religionsgeschichtlichen Dimensionen hier nur skizzieren.

Jahrhundertelang hatte sich christliche Theologie auf Kosten von Juden und Muslimen profiliert. Der Antijudaismus und Antiislamismus folgte ihr wie ein Schatten.[212] Der gesamten mittelalterlichen Theologie (von charismatischen Einzelgestalten wie Franz von Assisi oder Kaiser Friedrich II. abgesehen) galt der Islam als verdammungswürdige Häresie oder als ein mit Hilfe der Mission zu beseitigendes Heidentum. Der Koran? Ein Machwerk unter satanischem Einfluss. Mohammed? Ein triebgesteuerter, machtbesessener Pseudoprophet. Der gesamten reformatorischen Theologie galt der Islam darüber hinaus als Zeichen der Endzeit, als Instrument des Teufels. Luthers zahlreiche Anti-Islamische Schriften verstärken die dämonologische Deutung des Mittelalters durch eine apokalyptische: Der Islam – vertreten durch das kriegerische osmanische Reich – ist ihm eine Zuchtrute Gottes wider eine dekadente Christenheit und zugleich Indikator des apokalyptisch prophezeiten Antichristen.

1910, als Rilke nordafrikanisch-muslimischen Boden betritt, versammeln sich im schottischen Edinburgh die Vertreter aller in der Welt tätigen protestantischen Missionsgesellschaften zur sogenannten *Weltmissionskonferenz*. Sie sind durchdrungen von einem millenaristischen Sendungsbewusstsein, das seinen stärksten Ausdruck in dem Satz findet: Wenn man die Gunst der Stunde nutzt, kann die gesamte Welt in nur einer Generation christianisiert sein. Programmatisch heißt es in dem Dokument von Edinburgh:

»Die nächsten zehn Jahre werden aller Wahrscheinlichkeit nach einen Wendepunkt in der Geschichte der Menschheit bringen ... Es ist eine unausweichliche geistige Forderung, dass das gesamte Leben und die gesamte Ausstrahlung der Völker christianisiert wird, so dass der gesamte Einfluß, einschließlich Handel und Politik, des Westens auf den Osten und der stärkeren Völker auf die schwächeren die Botschaft in der Mission bekräftigt und nicht schwächt. Die Vorsehung Gottes hat uns alle in eine neue Welt der Möglichkeiten, der Gefahr und der Verpflichtung geführt.«[213]

SPÄTFOLGEN DES EUROPÄISCHEN KOLONIALISMUS

In Nordafrika kann Rilke die Spätfolgen des europäischen Kolonialismus, Imperialismus und Missionarismus erleben. Fast alle Länder sind französische Kolonien, und der christlichen »Mohammedanermission« ist breiter Entfaltungsraum eingeräumt worden. Christlich-europäisches und kolonial-imperiales Superioritätsgefühl führen zu der Vorstellung, der Islam sei im »Verfall« begriffen, ja es sei eine weltgeschichtliche Fügung, dass das »Christentum dem Islam das Schwert fast überall aus der Hand genommen« habe.[214]

– 1910 lebt der aus Frankreich stammende Mönch *Charles de Foucault* schon fünf Jahre in Nordafrika, vornehmlich in Tamranrasset in der algerischen Sahara, von nichts als dem Gedanken durchdrungen, durch sein persönliches Lebenszeugnis in Armut die Muslime (konkret in Gestalt der Tuareg) zu Christus zu bekehren;[215]

– 1910 erscheint im Schwarzwaldstädtchen Calw in einem der führenden missionstheologischen Häuser der deutschsprachigen Welt das Buch des Missionars *Johannes Hesse* unter dem Titel »Vom Segensgang der Bibel durch die Heidenwelt«. Es ist der Vater von Hermann Hesse, der im Auftrag der Basler Missionsgesellschaft lange Jahre in Indien gewirkt hatte und nun in der publizistischen Missionspropaganda tätig ist (1911 wird sein Sohn Hermann Hesse zu seiner Reise nach Indonesien und Ceylon aufbrechen).[216] 1910 kann man in Hesses missionstheologischem Propagandabuch über den Islam lesen:

> »Finster ist es überall, wo der Herr Jesus noch nicht seinen Einzug gehalten hat, und ganz besonders finster da, wo man einen anderen höher stellt als Ihn, den eingeborenen Sohn Gottes. Dieser andere ist in vielen Ländern Asiens und Afrikas der falsche Prophet Mohammed. Wo der herrscht, da ist das Evangelium so gut wie ausgeschlossen, und dringt dennoch ein Strahl des Lichtes ein, so gibt es Verfolgungen.«[217]

Schriftsteller haben nicht selten eine Sensibilität für andere Dimensionen der Wirklichkeit: für die moralische Substanz, poetische Schönheit und geistige Tiefe einer großen Religion. Es ist deshalb kein Zufall, dass in den letzten Jahren das Werk großer Schriftsteller im Blick auf den Islam neu gelesen wurde. Größere und kleinere Studien zum Einfluss des

Islams auf Goethe, Heine und Rückert sind entstanden. Ich selber habe 1998 eine größere Studie zur Islam-Rezeption bei Lessing vorgelegt: »Vom Streit zum Wettstreit der Religionen. Lessing und die Herausforderung des Islam«.[218] Diese Studie bildet den Auftakt meines Forschungsprojektes zur Wechselbeziehung von Weltliteratur und Weltreligionen, worin der Grundfrage nachgegangen wird, wie die großen Dichter sich beeinflussen ließen von den großen Religionen der Welt. Literaturwissenschaftliche, religionswissenschaftliche und religionstheologische Dimensionen kommen hier zusammen. Mein Interesse geht dabei über ein rein literaturhistorisches hinaus. Es will ein Modell von Begegnung mit dem Anderen, dem Fremden, herausarbeiten, dessen Grundstrukturen möglicherweise übertragbare wären; dessen Inspirationen heute weiterwirken könnten; dessen Erfahrungen erschlossen zu werden verdienten. Der »Andere« wäre keine störende Beunruhigung, sondern eine Infragestellung des Vertrauten, ein heilsamer Wechsel der Perspektiven, eine Bereicherung angesichts eigener Blindheit. Rainer Maria Rilkes Auseinandersetzung mit dem Islam ist für mich eine weitere »Probebohrung« innerhalb des genannten Forschungsprojektes »Weltliteratur und Weltreligionen«.

Die Reise durch Nordafrika und Ägypten 1910/1911

Reisen bedeutet für Rilke die Suche nach neuen sinnlichen Erfahrungen, nach einer neuen Sprache, einer neuen Ausdruckskraft. Landschaften und Städte als ästhetisch-sinnliche Einheiten konnte er wie kaum ein anderer beschreiben. Bei seiner Orientreise ist dies nicht anders. Vor allem das Museum in Kairo und die riesigen Tempelanlagen von Karnak sind für Rilke unvergessene und überwältigende Eindrücke.[219] Dies alles kann uns hier jedoch nicht interessieren.

DIE »EINFACHHEIT UND LEBENDIGKEIT« DES ISLAM

Für unser Thema entscheidend ist: Schon in der allererersten Briefäußerung Rilkes auf der Orient-Reise ist auch vom Islam die Rede. Er schreibt am 26. November 1910 aus Algier an Clara Rilke:

»Algier ist zu großem Teil eine französische Stadt, aber ein Stück Hang, an dem die alten türkischen, maurischen und arabischen Häuser stehen, hängt noch unter sich und mit Himmel und Ausblick großartig und angeboren zusammen; dort ist das Dasein aus Tausendundeiner Nacht, Bettler und Lastträger gehen wie in Schicksalen umher, Allah ist groß, und es ist keine Macht außer seiner Macht in der Luft.«[220]

Gut vier Wochen später ist Rilke in *Kairouan*, südlich von Tunis. Er weiß, dass er hier eine der heiligsten Stätten des Islams besucht. Unter den zahlreichen Moscheen in der ummauerten Altstadt ragt die Sidi-Moschee als die berühmteste hervor. Kairouan ist eine arabische Neugründung schon aus dem Jahre 671 n. Chr., im Zuge der ersten muslimischen Eroberung von Nordafrika. Im 9. Jahrhundert mit prachtvollen Bauwerken ausgestattet, ist der Ort bis heute wegen seiner Teppichwebereien sowie seiner Kupfer- und Lederarbeiten berühmt, ein wichtiger Marktort, ein Anziehungspunkt für Fremde und zugleich ein großer Wallfahrtsort für Muslime. An Clara Rilke am 21. Dezember 1910:

»Ich bin für einen Tag herübergefahren in die ›heilige Stadt‹ Kairouan, nächst Mekka der große Pilgerort des Islam, den Sidi Okba, ein Gefährte des Propheten, aufgerichtet hat in den großen Ebenen und der sich aus seinen Zerstörungen immer wieder erhoben hat um die ungeheure Moschee herum, in der Hunderte von Säulen aus Karthago und allen römischen Küstenkolonieen zusammengekommen sind, um die dunklen zedernen Decken zu tragen und die weißen Kuppeln zu unterstützen, die heute so blendend vor den grauen, nur da und dort aufreißenden Himmeln stehen, aus denen der Regen fällt, nach dem man seit drei Tagen geschrieen hat. Wie eine Vision liegt die flache weiße Stadt da in ihren rundzinnigen Wällen, mit nichts als Ebene und Gräbern um sich, wie belagert von ihren Toten, die überall vor den Mauern liegen und sich nicht rühren und immer mehr werden. Wunderbar empfindet man hier die Einfachheit und Lebendigkeit dieser Religion, der Prophet ist wie gestern, und die Stadt ist sein wie ein Reich ...«[221]

Religionserlebnis ist auch hier, wie oft bei Rilke, Raumerlebnis. Die »ungeheure Moschee« gibt ihm ein Bewusstsein von der Ungeheuerlichkeit der Anwesenheit Gottes im Raum. Alles wird als lebendig wahrgenommen und als stimmig erlebt: die Moschee und der Raumkontext, der zu ihr passt. Leben und Tod gehen zusammen: Die Moschee ist zugleich Friedhof, und der Friedhof ist Teil der Moschee. Die Ursprünglichkeit und Elementarität des Islams wird sinnlich erlebt. Von »Verfall« dieser Religion keine Rede. Die Schlüsselaussagen des Reisenden sind frei von jeglichem christlich-eurozentrischen Überlegenheitsgefühl:

– »Allah ist groß, und es ist keine Macht außer seiner in der Luft«;

– »Einfachheit und Lebendigkeit dieser Religion«;

– »Der Prophet ist wie gestern, und die Stadt ist sein wie ein Reich«.

Religionstheologisch sind hier Grenzen überschritten. Ist es in dieser Zeit, sowohl für die protestantische wie katholische Theologie und Kirche noch ganz selbstverständlich, den Islam als Macht des Antichristen zu dämonisieren und durch Missionsanstrengungen zum Verschwinden zu bringen, kennt Rilke offensichtlich nicht die geringsten »dogmatischen« Hemmungen. Die Moscheen sind ihm, wie er seiner Mutter auf der Reise schreibt, »Gotteshäuser eines anderen Glaubens aber desselben Gottes, das fühlt man an der Innigkeit, mit der das Leben religiös sich zusammennimmt, es ist ein Land großen und leidenschaftlichen Glaubens, und man muss sich nur erinnern, wie gerade auf diesem Boden das erste Christentum starke Wurzeln ansetzte, Karthago oder die Gegend um Karthago ist die Heimat des heiligen Augustinus«.[222]

Eine solche Äußerung ist frei von jeder eifersüchtigen Apologetik. Wie viel Bedauern in christlicher Literatur über den Verlust »christlicher Gebiete« an den Islam, insbesondere der »Heimat des heiligen Augustinus«, des größten Kirchenvaters der westlichen Christenheit. Es ist die religiöse Energie der Menschen, die Rilke interessiert; die Religionsgestalt, ob einstmals Christentum, jetzt Islam, ist sekundär. Ein solcher Boden wie der in Nordafrika bringt offensichtlich große Religionen hervor, das ist entscheidend. Mehr noch: Rilke lässt eine große Behutsamkeit in der Einschätzung seiner Rolle als »Fremder« im Land einer fremden Kultur und Religion erkennen. Als die Freundin Sidonie Nádherni von Borutin 1913 nach Nordafrika reisen will, schildert er ihr bis ins Detail die Stadt Tunis (»... und die herrlichen Souks entdecken, die ein Tausendundeine Nacht sind mit einem Nebengefühl Rembrandt'scher Phantastik«[223]), kommt dann auf Kairouan zu sprechen, um dann den Ratschlag loszuwerden:

»Nun sind Sie allein, *Vorsicht* in jedem Fall, nicht vergessen, dass der Christ dort ein geduldeter Fremdkörper ist, ein Überlegenes, das dennoch verächtlich werden kann durch die geringste fremde Bewegung. Wo etwas Schwierigkeiten macht, nicht darauf bestehen, man ist außen und bleibt außen, und bringts über einen Zuschauer mit schlechtem Gewissen dem Islam gegenüber (diesem fruchtrunden geschlossenen Christenthum) nirgends hinaus.«[224]

»Schlechtes Gewissen dem Islam gegenüber«?

PERSPEKTIVENWECHSEL IN DER WAHRNEHMUNG DES »FREMDEN«

Die europäische Reiseliteratur kennt nicht viele dieser selbstkritischen Einschätzungen. Hier tritt nicht jemand auf mit imperialem Zugriff auf eine andere Kultur, hier eignet sich jemand nicht eine Religion mit dem Gefühl des offenen oder latenten Triumphalismus an, sondern hier bleibt sich jemand bewusst, dass er eine Kultur von »außen« sieht, dass ein Christ in diesem Kontext ein »geduldeter Fremdkörper« ist und bleibt. Rilke vollzieht damit nicht weniger als einen *Perspektivenwechsel* in der westlich-europäischen Aneignung des Islams: von der Superiorität zur Selbstzurücknahme, von der Verabsolutierung zur Selbstrelativierung, vom Zugriff zur scheuen Distanz. Ja, Rilke begreift wohl erstmals, wie sehr der Islam eine geistige Macht und Kraft darstellt – in dem Raum, in dem er lebendig ist. Am Ende der Reise, schon in der Rückschau, aus Kairo, schreibt er an die Freunde Karl und Elisabeth von der Heydt (25. Februar 1911):

»Immerhin Sie wissen, wie ich nach dem Orient verlangt habe: nun ist er mir so oder so in Erfüllung gegangen, Ablagerungen ungeheurer Thatsachen haben sich zwischen gestern und morgen herangehäuft, Ordnung ist keine, gar keine, aber da hab ich nun meine Wasserscheide und werde nun wohl nicht anders können, als von alledem hinab nach der neuen Seite abzufließen. Es lohnt sich immerhin, Gott von Mohammed her gefühlt zu haben (diesen vielleicht anwendbarsten Gott) und neben diesen Menschen sich als Mensch zu versuchen in den Moscheen, in den Bazaren und draußen überall in dem unverstellten Weltraum, oder irgendwo die Hand auf die Erdoberfläche selbst zu legen, auf

das pure Gestirn Erde –: lieber Gott, mir ahnt, dass ich doch allerhand mit-
bringe, neue Ordnungen, obwohl ich fast die ganze Zeit ein bestürzter Mensch
gewesen bin.«[225]

Fassen wir die Schlüsselaussagen noch einmal zusammen:
(1) Bewunderung der *Einfachheit und Lebendigkeit* des Islams. Im Gegensatz zum offiziellen christlich-theologischen Islam-Bild ist bei Rilke
ein großer Respekt vor dem Islam als Religion zu erkennen, eine scheue
Distanz zu Menschen dieses Glaubens. Diesen attestiert er einen »großen und leidenschaftlichen Glauben«; neben diesen Menschen in den
Moscheen will er sich »als Mensch versuchen«. Dieser Respekt gilt gerade auch einem der jahrhundertelang in der Christentumsgeschichte
als Betrüger verachteten Propheten: Mohammed. Diesem hatte Rilke
nicht zufällig bereits 1907 ein Gedicht mit dem Titel »Mohammeds Berufung« gewidmet (1908 im zweiten Teil der »Neuen Gedichte« publiziert), auf das ich im dritten Teil dieses Essays zurückkommen werde.
(2) Eingeständnis einer *inneren Affinität zum Arabischen*. Rilke fühlt
sich zum Arabischen als Sprache intensiv hingezogen, vergleichbar nur
dem Russischen, das er für seine beiden Reisen nach Russland um die
Jahrhundertwende gelernt hatte. Er »liebe« das Arabische sehr und
fühle sich »seinen Äußerungen so nahe«, dass er »seltsam leicht und fähig, die Sprache zu treiben« begonnen habe, schreibt er noch gegen
Ende seines Lebens.[226] Während der Nilreise betreibt er denn auch
Grammatik- und Sprachstudien. In Tunis verbringt er ganze Abende damit, »mit den vielen würdig gespannten Zuhörern um den arabischen
Vorleser« zu sitzen, »der die Geschichte des Autors warm, heftig, wie
was eben erst geschah vor uns brachte und über uns – ...«[227]. Später bekennt er: »Trotz der ›Fremde‹ war mir das arabische Wesen, nach dem
Russischen, das nächste«.[228] Das Kairouan-Erlebnis dürfte hier prägend
gewesen sein. Etwas davon klingt noch nach. Als Rilke in seiner Münchner Zeit dem Maler Paul Klee begegnet, der sein Nachbar in der Ain-
millerstraße 34 wird und der sein eigenes Kairouan-Erlebnis 1914 in
Bildern verarbeitet hatte, kommt es zu einem bemerkenswerten Austausch. Klee bringt ihm »etwa 60 seiner Blätter – farbige – ins Haus«.
Rilke durfte sie monatelang behalten: »Sie haben mich vielfach angezogen und beschäftigt, zumal soweit Kairouan, das ich kenne, darin noch
zu bewahren war«.[229] Bezeichnend auch, dass der Kunsthistoriker Wil-

helm Hausenstein sein nachmals berühmtes Klee-Buch (das Rilke nachweislich ab dem 23.2.1921 las[230]) unter den Titel stellte: »Kairuan oder eine Geschichte vom Maler Klee und von der Kunst dieses Zeitalters« (München 1921).

(3) Aus dem Komplex »Islam« filtert Rilke für sich einen Grundgedanken heraus. Nicht theologische Details interessieren ihn, Fragen der Koranexegese, der islamischen Philosophie oder des islamischen Rechts (kein Wort über die Scharia), sondern nur dies eine: Der Islam ist ihm die Religion des »unverstellten Weltraums«, des reinen Kreaturgefühls, das die Erde als das »pure Gestirn« erfahrbar sein lässt. Die Geschöpflichkeit der Erde kann rein und unverstellt erscheinen. Metaphorische Wendungen wie diese lassen aufhorchen und charakterisieren Rilkes Interesse am Islam: »fruchtrundes geschlossenes Christentum«; Gott »von Mohammed her fühlen«; der »vielleicht anwendbarste Gott«. Diese Metaphorik will nicht aufgelöst, sondern im weiteren Werk- und Lebenskontext verstanden sein. Gelegenheit dazu bietet eine zweite Reise Rilkes, auf der es noch einmal zu einer verdichteten Wahrnehmung des Islam kommt: die Reise nach Spanien.

Die Reise nach Spanien 1912/1913

Rilke braucht auch diese neue Landschaft. Denn künstlerisch produktiv ist er auch nach der Rückkehr aus Nordafrika nur sehr fragmentarisch geworden. Zwar hatte er den Winter 1911/12 in Abgeschiedenheit auf Schloss Duino verbringen können; hier waren im Januar 1912 der Zyklus »Marien-Leben« entstanden, vor allem aber die ersten beiden Elegien. Aber die lyrisch-elegischen Wellen waren dann doch wieder abgeebbt, und Rilke leidet aufs Neue unter einer Lähmung seiner künstlerischen Kreativität. Eine Reise sollte einmal mehr Abhilfe schaffen.

Dabei ist wichtig zu wissen, was Rilke mittlerweile künstlerisch sucht. Nicht länger zufriedengeben will er sich wie in den »Neuen Gedichten« damit, das Diesseitige zu beobachten und es sachlich auszusagen. Er will darüber hinausgehen und das Unsichtbare ausdrücken, den Bereich, in dem alles zusammengefasst ist, was hier existierte. Gerade die ersten beiden Elegien hatten diese »unsichtbare« Wirklichkeit als den Raum der Engel beschworen, wo Leben und Tod in eins verschmolzen. Die Aufgabe des Künstlers sieht Rilke darin, diesen Raum zu versprachlichen. Das Menschliche sollte dabei gewissermaßen übersprungen werden, um diesen dichteren, wirklicheren Raum der Wirklichkeit sagbar zu machen. In sein Tagebuch trägt er sich (Mitte Januar 1913) auf der Spanienreise ein:»Ich, der ich so recht an den *Dingen* mich ans Hiesige gewöhnt habe, ich muss gewiss (und das ist es, was mir so schwerfällt in diesen Jahren) die Menschen überschlagen und gleich zu den Engeln (lernend) übergehen.«[231]

SPIEGELUNGEN IN BRIEFEN AUF DER REISE

Diese dichtere, wirklichere Wirklichkeit fand er in Spanien, und zwar in *Toledo*, im Toledo El Grecos! Ein Stadt-Bild dieses Malers hatte Rilke nicht mehr losgelassen; um seinetwillen wollte er Spanien mit eigenen Augen sehen. Schon das Gemälde ist ungemein expressiv, ja kosmisch; es zeigt die auf steilen Felsen erbaute Stadt Toledo vor dramatischem Wolkenhimmel. Die Anschauung übertrifft noch einmal alles. Toledo erweist sich als Stadt, die in der Tat über die Sphäre des Menschlichen hinaus zu den Sternen, in den Weltenraum, zu reichen scheint. Kaum angekommen, schreibt Rilke an Marie von Thurn und Taxis (2. November 1912):

> »Sagen können, *wie* es hier ist, werde ich ja nie, liebe Freundin, (da ist Sprache der Engel wie sie sich unter den Menschen helfen) aber *dass* es ist, dass es *ist*, das müssen Sie mir aufs Gerathewohl glauben. Man kann es niemandem beschreiben, es ist voll Gesetz, ja ich begreife augenblicklich die Legende, dass Gott, da er am vierten Schöpfungstag die Sonne nahm und stellte, sie genau über Toledo einrichtete: so sehr sternisch ist die Art dieses ungemeinen Anwesens gemeint, so hinaus, so in den Raum.«[232]

Die Verwendung *alttestamentlichen Bildmaterials* bleibt in der gesamten Korrespondenz aus Toledo konstant. Rilke sieht sich in dieser Landschaft an das *Buch Genesis*[233] erinnert und damit an den uranfänglichen Schöpfungsakt Gottes selber. In einem Brief an Lou Andreas-Salomé (am 19. Dezember 1912 schon aus Ronda) vergleicht er die Landschaft von Toledo mit *Moses*, wie er »mit Lichthörnern vom Gebirge« gekommen sei.[234] Magda von Hattingberg gegenüber dieselbe Bildwahl: »Altes

Testament«, »unerhörte Nächte«, »wie Moses, mit dem ganzen Gesicht ans Ungeheure verpflichtet«.[235] Nichts sei ihm »seit Russland« mehr so angegangen wie dieses »unbegreifliche Land«, bekommt Helene von Nostitz zu hören:

> »Man möchte die Bibel aufschlagen und blättern, wo es steht, dort muss es vorkommen. Sie werden an Greco denken –, ja ja, aber *er ist drin*, es hat ihn übertrieben, nicht dass ers zu fassen bekommen hätte. Hier ist etwas, das schon die Intensität des Kunstwerks hat, insofern ich weiß nicht welche Wahrheit der menschlichen Seele darin zur Endgültigkeit gekommen ist, zur Existenz, zu einer Sichtbarkeit, von der man meint, sie müßte, so wie sie da ist, für den Hirten irgendeiner Ziegenheerde und für Gottes Engel, die gleiche sein.«[236]

Kein Wunder, dass das *Alte Testament nun direkt zu Rilkes Lektüre* wird. Ab und zu abends nehme er ein Buch vor, schreibt er an Elsa Bruckmann (aus Toledo am 28. 11. 1912), und als einziges sei unter diesen Umständen möglich:

> »das Alte Testament, der Maßstab ist fast der gleiche, man schlägt die Bibel auf und liest in der Landschaft weiter, einer Landschaft, die nicht redet, die prophezeit, über die der Geist ihrer Großheit kommt, überall, vor jedem Tor bricht sie in Größe aus, und die Stadt selbst ist so unmittelbar ohne eine Schicht, die sie isoliert, auf die Erde, auf die erschaffene Erde gestellt, wie auf alten Kupfern der Turm zu Babel. (…) man denkt an keine Geschichte bei dieser Stadt, sie hat nur Legende; ein Eremit und ein wildes Tier verständigten sich zur Bestattung der ägyptischen Maria, so, meint man, müßten auch hier ein Heiliger und ein Löwe gemeinsam am Werk gewesen sein, damit dies entstehen konnte …«[237]

Die prophetische Kraft dieser Toledo-Landschaft rührt her von der Unmittelbarkeit der Gottes-Bezeugung. So wie ein Prophet unmittelbar von Gott ergriffen wird und Zeugnis ablegt von Gottes Kraft und Macht, so wohl auch diese Landschaft. Sie verweist auf eine Zeit vor aller Menschenkultur, auf einen Moment ohne Geschichte, den Moment reiner Gottespräsenz. Dies ist es, was Rilke an Toledo erfährt: dieses Ur-Anfängliche der Schöpfung, diese Gottunmittelbarkeit und damit die Menschenlosigkeit, Geschichtsfreiheit, Religionenlosigkeit. Alles kreist bei Rilke um diesen einen zentralen Gedanken:

»Diese unvergleichliche Stadt hat Mühe, die aride, unverminderte, ununter-
worfene Landschaft, den Berg, den puren Berg, den Berg der Erscheinung, in ihren Mauern zu halten, – ungeheuer tritt die Erde aus ihr aus und wird unmittelbar vor den Thoren: Welt, Schöpfung, Gebirg und Schlucht, Genesis. Ich muss
immer wieder an einen Propheten denken bei dieser Gegend, an einen, der auf-
steht vom Mahl, von der Gastlichkeit, vom Beisammensein, und über den
gleich, auf der Schwelle des Hauses noch, das Prophezeien kommt, die im-
mense Sehung rücksichtsloser Gesichte: so gebärdet sich diese Natur rings um
die Stadt, ja selbst in ihr, da und dort, sieht sie auf und kennt sie nicht und hat
eine Erscheinung.«[238]

Dass es für Rilke eine Korrespondenz zwischen alttestamentlicher und
islamisch-arabischer Gottes- und Prophetenerfahrung gibt, können
wir nach dem Kairouan-Erlebnis unterstellen. Denn das in Toledo evo-
zierte Bild eines Propheten verweist ja zurück auf die Erfahrung in Kairouan: »Der Prophet ist wie gestern, und die Stadt ist sein wie ein Reich«
und das eigene Mohammed-Gedicht von 1907. Ein Bezug zu Arabien
wird von Rilke wenigstens kurz angedeutet – und zwar unter Hinweis
auf eine legendäre Überlieferung über El Greco. Am 14. November 1912
an die Freundin Mathilde Vollmoeller aus Toledo:

»Die wunderliche Notiz auf der großen Ansicht Toledo's, wo Greco sich geradezu
optisch über das Auftreten himmlischer Figuren äußert und darüber, wie sie für
unser Auge sich verhalten, hat nichts Erstaunliches mehr wenn man nur drei
Tage in Toledo gewohnt hat; es ist hier jene durchaus nicht vague, jene genaue,
wie soll man sagen: unter Gesetzen vor sich gehende Phantastik, in die hinein
etwa Lionardo sich der Neugierde, der Malerei und der bloßen Schönheit ent-
zog, und, da man doch nun einmal immer von einer räthselhaften Reise fabelt,
die ihn z. B. nach Arabien gebracht hat, so macht es mir Freude zu erfinden, er
sei *hier* gewesen, hätte hier die arabische Schrift und die verschlungene Vegeta-
tion ihrer alten Geheimnisse durchforscht, hätte sich das Profil dieser Brücken
eingeprägt und den reinen Begriff dieser Mauern; denn ich kann mir keinen Ort
vorstellen, der seinem Herzen so genügt hätte, indem hier das bloß Entsprechende so vollkommen entsprach, dass es, vorhanden, nicht mehr sich bedeutete, sondern über sich hinaus gültig wurde, – etwa wie die Erde, wo sie nur Erde
ist, aber dieses rein und dringend und unbeirrt, am nächsten daran ist, als Ge-
stein zu wirken und im Raum ein sternisches Gesicht zu haben.«[239]

Rilke will ursprünglich den ganzen Winter in dieser »unvergleichlichen Stadt« verbringen, doch die Kälte treibt ihn weiter nach Süden. Ganze vier Wochen hält er es in Toledo aus, dann macht er sich über Córdoba auf nach Sevilla, wo er fünf enttäuschende Tage verbringt, um schließlich ganz im Süden in der Toledo-ähnlichen Berg- und Felsenstadt Ronda zu landen, nur wenige Stunden vom britischen Gibraltar entfernt. Hier findet er ein Klima, das ihm zusagt, und ein Hotel, in dem es sich leben lässt: Reina Victoria, von den Engländern erbaut. Die nächsten Wochen (9. Dezember 1912 bis 19. Februar 1913) verbringt Rilke hier.

Auf der Reise nach Ronda, in Córdoba, geschieht nun etwas Neues, aber aufgrund der Vorgeschichte doch nicht Unerwartetes. Wurde Toledo mit Hilfe alttestamentlicher Bilder zu deuten versucht, so kommt es in Córdoba zu einer *neuen Wahrnehmung des Islam,* gleichzeitig aber auch zu einer scharfen Distanz zum Christentum. Córdoba ist bis heute eine Stadt von einzigartiger Bedeutung für Judentum und Islam – mitten im christlichen Spanien. Es ist die Stadt von Averroës (geboren in Córdoba 1126) und Maimonides (geboren in Córdoba 1135). In Córdoba steht das größte architektonische Zeugnis muslimischer Kultur in Spanien (neben der Alhambra in Granada): die in maurischem Stil errichtete Moschee »La Mezquita« mit ihren über 1200 überwältigend schönen Säulen und Rundbögen. Die *Reconquista* aber hatte dazu geführt, dass in diese riesige Moschee ein christlicher Sakralraum barocken Stils hineingeschlagen wurde. Und genau dies ist es, was Rilke auf seinem Besuch am 1./2. Dezember 1912 zutiefst empört. Als er die Mezquita betritt, mischt sich in das Überwältigtsein durch die muslimische Architektur ein Missbehagen gegenüber einem Christentum, das diesen Raum vergewaltigt hatte:

> »Diese Moschee; aber es ist ein Kummer, ein Gram, eine Beschämung, was man daraus gemacht hat, diese in das strähnige Innere hineinverfitzten Kirchen, man möchte sie auskämmen wie Knoten aus schönem Haar. Wie große Brocken sind die Kapellen der Dunkelheit im Hals steckengeblieben, die darauf angelegt war, Gott fortwährend mild zu verschlucken wie Saft einer Frucht, die zergeht. Noch jetzt wars rein unerträglich, die Orgel und das Respondieren des Chorherren in diesem Raum zu hören …, das Christenthum, dachte man unwillkürlich, schneidet Gott beständig an wie eine schöne Torte, Allah aber ist ganz, Allah ist heil«.[240]

Marie von Thurn und Taxis bestätigt Rilke in seiner Christentums-Kritik:

»Wie schade, dass Sie mir nicht Ihren Brief von Cordoba schickten – aber auch mit dem Sevillaner bin ich sehr zufrieden – war gerade so unglücklich und wüthend wie Sie über die Moschee – die Heiligste vom westlichen Islam – der Eckel vor den Menschen welche dieses Wunder vernichten wollten kann nur dadurch gemildert werden dass es doch wieder Menschen waren, die es geschaffen hatten.«[241]

Vielleicht hat diese Bekräftigung der Kritik Rilke ermutigt, gleich im nächsten Brief an die Fürstin, schon aus Ronda, in Sachen Córdoba direkt polemisch zu werden, jetzt sogar den Islam gegen das Christentum ausspielend:

»Übrigens müssen Sie wissen, Fürstin, ich bin seit Cordoba von einer beinah rabiaten Antichristlichkeit, ich lese den *Koran*, er nimmt mir, stellenweise, eine Stimme an, in der ich so mit aller Kraft drinnen bin, wie der Wind in der Orgel. Hier meint man in einem Christlichen Lande zu sein, nun auch hier ists längst überstanden, christlich wars ... Jetzt ist hier eine Gleichgültigkeit ohne Grenzen, leere Kirchen, vergessene Kirchen, Kapellen die verhungern, – wirklich man soll sich länger nicht an diesen abgegessenen Tisch setzen und die Fingerschalen, die noch herumstehen, für Nahrung ausgeben. Die Frucht ist ausgesogen, da heißts einfach, grob gesprochen, die Schalen ausspucken. Und da machen Protestanten und amerikanische Christen immer noch wieder einen Aufguß mit diesem Theegrus, der zwei Jahrtausende gezogen hat. Mohammed war auf alle Fälle das Nächste, wie ein Fluß durch ein Urgebirg, bricht er sich durch zu dem einen Gott, mit dem sich so großartig reden lässt jeden Morgen, ohne das Telephon ›Christus‹, in das fortwährend hineingerufen wird: *Holla, wer dort?*, und niemand antwortet.«[242]

Machen wir uns die Stichworte dieser Christentumskritik noch einmal bewusst:
– Das Christentum schneidet »Gott beständig an wie eine schöne Torte«. Die Metaphorik suggeriert die Vorstellung, dass Gott im Christentum benutzt, verbraucht, ja wie zum Verzehr zerstückelt wird. Dem

entspricht die im Malte-Roman gestellte Frage: »Ist es möglich, zu glauben, man könne einen Gott haben, ohne ihn zu gebrauchen?«[243]

– Das Christentum ist wie eine »ausgesogene Frucht«, wie ein Teebeutel, der jahrtausendelang aufgebrüht wurde, nun aber sein Aroma endgültig verloren hat. Rilke gibt seiner Überzeugung Ausdruck, religionsgeschichtlich in einer Spätzeit zu leben, in einer nach-christlichen Zeit, die dann Rückgriffe auf vor-christliche (antike, jüdische), nach-christliche (islamische) oder außer-christliche (buddhistische, mexikanische) Erfahrungsmodelle nötig macht.

– Das Christentum hat in Christus eine Art »Telephon«, also ein Mittel der Kommunikation mit Gott. Aber aus diesem Instrument gibt Gott keine Antwort. Christologie ist bei Rilke eine Art »Verengung« Gottes, die Kommunikation mit Gott nicht stiftet, sondern verhindert. Die »Heterodoxie« Rilkes[244] dürfte hier ihren stärksten Anhalt haben.

Gegen diese Negativfolie des Christlichen wird der *Islam* als das *große Kontrastbild* evoziert. Rilke argumentiert nicht religionstheologisch, nicht aufgrund profunder Kenntnisse von Koranologie, islamischer Philosophie- und Rechtsgeschichte, sondern aus einer unmittelbaren Negativerfahrung des Christlichen. Sein Islam-Bild ist kein religionswissenschaftlich abgesichertes, sondern ein religionsästhetisches, hängt im wörtlichen Sinn von konkreten Wahrnehmungen ab. Die vergewaltigte Moschee in Córdoba ist für ihn Ausdruck einer Vergewaltigung Gottes durch das real existierende Christentum, in der der Reisende seine eigene Verletzungs- und Vergewaltigungsgeschichte wiedererkennt. Er nimmt Partei für den Islam, weil und insoweit er sich von einer christlichen Superioritätsgeschichte distanzieren kann, deren Opfer er selber ist. Nur so ist ja die gewählte kontrastive Metaphorik mehr als naive Islamophilie:

– Allah ist »ganz«, Allah ist »heil«, das heißt: Dieser Gott ist gerade nicht wie eine Torte anschneidbar und verbrauchbar.

– Der Koran ist eine »Stimme« in der man »mit aller Kraft drinnen« sei, »wie der Wind in der Orgel«: Dies ist das Gegenbild zu einer geistig-spirituell ausgezehrten Form von Religion.

– Der Prophet ist eine Gestalt religiöser Kraft und Macht. Hatte Rilke im »Berufungs«-Gedicht bei Mohammed sich noch ganz auf den Moment der göttlichen Inanspruchnahme konzentriert (parallel der Berufung des Künstlers), vergleicht er den Propheten jetzt mit einem Fluss, der

sich durch ein Gebirge »durchgebrochen« hat. Auch hier dürfte die Metaphorik kontrastiv-erfahrungsbezogen sein. Möglicherweise aber liegt auch eine literarische Anspielung vor. Denn der erste Schriftsteller, der in der deutschen Literatur das Fluss-Bild zur Deutung des Propheten Mohammed brauchte, war Goethe, der für sein geplantes (aber nie vollendetes) Mahomet-Drama einen Gesang schrieb, in dem das Propheten-Ereignis als Prozess eines anschwellenden und durchbrechenden Flusses beschrieben wird (»Mahomets Gesang«).[245]
Gott durch den Menschen wirken lassen, nicht Gott brauchen und verbrauchen; sich von Gott ergreifen und erschüttern lassen, nicht nach Sünden in sich suchen, um dann Vergebung und Erlösung anzustreben – so dürfte sich das Entscheidende umschreiben lassen, was Rilke am Islam wahrnimmt. Unmittelbarkeitsreligion gegen Mittlerreligion – auf diese Formel könnte man wohl den Gegensatz bringen, eine Unmittelbarkeit der Anwesenheit des Schöpfergottes und der prophetischen Kraft, die Rilke schon in Kairouan (»unverstellter Weltraum«) und dann in den Landschaften von Toledo und Ronda gerade zu körperlich spürt. Es ist von daher kein Zufall, dass Rilke gerade aus Ronda an Marie von Thurn und Taxis schreiben kann (14. Januar 1913):

> »sowenig ich zwischen mir und Gott den Priester brauchen kann, so wenig wäre da der Arzt möglich; ich steh körperlich zu meiner Natur, wie seelisch zu Gott, unendlich unmittelbar. Nur ists schwerer so, aber genau, auf Leben und Tod.«[246]

DIE LEKTÜRE AUF DER REISE: KORAN, STIFTER

Spiegelungen in Briefen sind das eine; Lektüreerfahrungen sind das andere. Auch hier gibt es Beachtliches für unser Thema. Die Reise durch Al-Andaluz, insbesondere nach Córdoba, führt Rilke nämlich nicht nur zur Lektüre des Alten Testamentes, sondern ebenfalls zum *Studium des Koran*. Erstmals, wenn ich richtig sehe, wird jetzt die Koran-Lektüre von Rilke direkt bezeugt. Vergegenwärtigt man sich die Chronologie des Ronda-Aufenthalts, so ergibt sich: 9. Dezember Ankunft in Ronda, acht bzw. zehn Tage später wird an die Fürstin bzw. an Lou Andreas-Salomé berichtet:

»… ich lese den Koran, er nimmt mir, stellenweise, eine Stimme an, in der ich so mit aller Kraft drinnen bin, wie der Wind in der Orgel.«[247]

»hier les ich den *Koran* und staune, staune –, und habe wieder Lust zum Arabischen.«[248]

Die genaue Chronologie ist wichtig, weil mit der Datierung feststeht, dass die intensive Koranlektüre *vor* allen literarischen Texten steht, die – rund 20 an der Zahl – erst im Januar 1913 in Ronda zu entstehen beginnen. Auch der Koran kann deshalb so etwas wie einen hermeneutischen Raum für die weiteren Texte bilden, hat in jedem Fall Anteil an der Suchbewegung nach der eigenen Sprache Rilkes, ist möglicher Prä- oder Subtext für Rilkes eigene Textgestaltung.

Eine weitere Lektüre ist für unseren Zusammenhang wichtig, worauf schon Joachim W. Storck in seiner erhellenden kleinen Studie über Rilkes »Lesewinter« in Ronda (1980) hingewiesen hat: *Adalbert Stifter*. Ausdrücklich lässt Rilke sich nämlich, durch seinen Verleger Kippenberg, Stifter-Bände nach Ronda kommen. Deren Lektüre soll ihm, der sich im südlichen Spanien »von einem unerklärlichen Gefühl der Fremdheit« angefallen sieht – angesichts der »Einflüsse einer mich großartig überholenden Natur« – wieder etwas »Vertrauliches« vermitteln, eine Art Gegengewicht bilden gegen die Gewalt und das Übermaß dieser Landschaft.[249] Doch so »traulich« dürfte die Stifter-Lektüre nicht ausgefallen sein. Sicher nicht das Studium der Erzählung »Abdias« (1842) aus dem Stifter-Band »Studien«, die Geschichte von einem in Nordafrika in muslimischem Kontext lebenden Juden, an dem sich Hiobs Schicksal wiederholt. Wirtschaftlich erfolgreich, verliert dieser Abdias durch Pocken seine körperliche Ansehnlichkeit, so dass sich seine Frau Deborah von ihm abwendet. Ein Überfall von Räuberbanden beraubt ihn fast seines gesamten Vermögens; seine Frau stirbt vor der Zeit, nicht ohne ihm das Töchterchen Ditha zu hinterlassen, ein ganz und gar ungewöhnliches, mit übersinnlichen Fähigkeiten ausgestattetes Kind, das dem Vater aber, der nach Europa auswandert, ebenfalls vor der Zeit stirbt.

Eine ganz und gar unheimliche Geschichte also, an der Stifter (wie wir seinen Eingangsseiten entnehmen können) die Frage nach dem letzten Grund von Geschichte überhaupt aufwerfen will: Warum sind Unglück und Glück so unterschiedlich verteilt? Warum Segen heute und morgen das Entsetzliche, das Ungeheure? Wird alles durch ein Fatum regiert, einen »furchtbaren letzten starren Grund«, über den man als Mensch nicht hinaussieht?[250] Oder gibt es ein Schicksal, also etwas »von einer höheren Macht Gesandtes«? Oder gibt es doch die große Kette von Ursache und Wirkung, und wir Menschen überschauen sie nur nicht mit unserer begrenzten Vernunft? Stifter liefert die Antwort nicht. Er erzählt bloß eine Geschichte, davon überzeugt, dass der Leser »in ein düsteres Grübeln hinein gelockt« werde über »Vorsicht, Schicksal und letzten Grund aller Dinge.«[251]

Es liegt nahe, dass Rilke in diesem Text eine Affinität zu seiner eigenen grüblerischen Stimmung in Ronda erkannt haben dürfte. Schon landschaftlich verweist ja Ronda hinüber in die Heimat des Abdias. Die von Stifter beschriebene Naturerfahrung dürfte der Rilkes in Südspanien kongruent gewesen sein:

> »Aber es liegt auch wirklich etwas Schauderndes in der gelassenen Unschuld, womit die Naturgesetze wirken, dass uns ist, als lange ein unsichtbarer Arm aus der Wolke, und tue vor unsern Augen das Unbegreifliche. Denn heute kömmt mit derselben holden Miene Segen, und morgen geschieht das Entsetzliche. Und ist beides aus, dann ist in der Natur die Unbefangenheit wie früher.«[252]

Dies dürfte Rilkes eigener Unfähigkeit entsprochen haben, mit diesem Ort Spaniens, dieser auf zwei steilen Felsmassen »aufgehäuften Stadt«, dieser »unerhörten Umgebung«, diesen »im Umkreis aufgeschlagenen Bergen« innerlich zurechtzukommen. Über Toledo hatte er noch geschrieben, dass wohl nur ein Heiliger und ein Löwe eine solche Stadt hätten gründen können, legendäre Figuren also. Ronda mit seinen »enormen steilen Gebirgsmassiven« löst die gleiche Assoziation in ihm aus. Nur der »unaufhörlich erhobene Heilige oder der ohne Aussicht aufgelehnte Held« seien »auf der Höhe dieser Umgebungen«, schreibt er an Katharina Kippenberg[253] und an Magda von Hattingberg schon in der Rückschau: »… plötzlich in Ronda … wurde mir klar, dass mein Sehen überladen sei, auch dort noch ging der Himmel so großartig vor und die Wolkenschatten zogen einen solchen Ausdruck über das Wesen der Erde –, ach da saß ich und war wie am Ende meiner Augen, als müsste man jetzt blind werden um die eingenommenen Bilder herum, oder, wenn schon Geschehen und Dasein unerschöpflich sind, künftig durch einen ganz anderen Sinn die Welt empfangen.«[254]

Seltsame Affinitäten aber auch zwischen der Stifter- und der Koran-Lektüre, wenn Rilke bei Stifter eine direkte Analogie zwischen seinem Helden Abdias und dem Propheten Mohammed gezogen sieht. Diese maghrebinisch-islamische Welt des Abdias hatte offensichtlich direkt zu tun mit dem, was er in dieser spanischen Landschaft erlebte, und dem, was er der Koran-Lektüre entnimmt. Bei Stifter wörtlich:

»Er zog Land aus, Land ein, über Wässer und Ströme, aus einer Zeit in die andere – er kannte keine Sprache, und lernte sie alle, er hatte kein Geld, und erwarb sich dasselbe, um es in Klüften, die er wiederfand, zu verstecken, er hatte keine Wissenschaft, und konnte nichts, als, wenn er auf seinem hagern Kamele saß, die feurigen Augen in die große, ungeheure Leere um sich richten und sinnen, er lebte sehr dürftig, dass er oft nichts anders hatte, als eine Hand voll trockener Datteln, und doch war er so schön, wie einer jener himmlischen Boten gewesen ist, die einstens so oft in seinem Volke erschienen sind. So hat auch einmal jener Mohammed, wenn er Tage lang, Wochen lang allein war, bloß mit seinem Tiere in dem weiten Sande, die Gedanken gesonnen, die dann eine Flamme wurden und über den Erdkreis fegten.«[255]

Ein seltsames hermeneutisches Dreieck: Abdias – Mohammed und der Reisende in Ronda. Mit Joachim W. Storck wird man sagen können: Abdias, diese »alttestamentarisch angelegte Schicksalsgestalt, in der die Thematik von Hiobs Leiden wie auch der versäumte Anspruch einer prophetischen Auserwähltheit nachklingen, musste Rilke in einer ungeahnten Entsprechung zu der Umwelt, worin er ihr lesend begegnete, erscheinen. ›Fremdartig‹ ist schon seine nordafrikanische Herkunft, mehr aber noch, be-fremdlich, die aride Härte seines Schicksals; in dieser Erzählung, die auch innerhalb des Spielraumes der ›Studien‹ selbst von ungewöhnlicher Fremdheit ist, treten die ›fremdartigen‹, ja ›gefährlichen‹ Dinge besonders stark und bewegend zutage. Wie nah Rilke gerade damals, in Ronda, dem Raum, Thema und Geist dieses vieldeutigen Meisterwerkes von Stifters Erzählkunst verbunden sein musste, das bezeugt gerade sein sehr persönlich geartetes, weniger christliches als alttestamentlich-orientalisch geprägtes Spanienerlebnis.«[256]

DIE LITERARISCHEN TEXTE AUF DER REISE: RONDA

Briefäußerungen, Lektüreeindrücke sind wichtig. Wichtiger noch sind literarische Texte. Was ist in Ronda entstanden? Und lassen sich Beziehungen zwischen diesen Arbeiten und der Islam-Erfahrung bzw. der Koran-Lektüre herstellen? Die Chronologie erlaubt zumindest den Versuch, die literarischen Texte auch im Lichte der Koranlektüre zu lesen. Aber diese komparatistische, koranologische und philologische Arbeit kann ich hier nur als Desiderat der weiteren Forschung andeuten. In Gedichten wie »Spanische Trilogie«, »An den Engel« oder »Auferweckung des Lazarus« scheinen mir Strukturanalogien zwischen dem koranischen Engel-, Transzendenz- und Schöpfungsverständnis und Rilkes Gedichten nachweisbar zu sein. Doch eine genauere Forschung wird hier Präziseres zeigen müssen. Diese Aufgabe wird freilich dadurch erschwert, dass die von Rilke in Spanien benutzte Koran-Ausgabe nicht mehr vorhanden ist. Es dürfte sich um eine französische Ausgabe gehandelt haben, die aber zusammen mit der gesamten Pariser Bibliothek Rilkes 1914 durch Versteigerung verloren ging. Damit sind wir der Möglichkeit beraubt, über die wir im Fall etwa von Goethe noch verfügen – Leseeindrücke zu rekonstruieren und über mögliche Anstreichungen in der Koran-Ausgabe die Kenntnis einzelner Stellen genauer zu eruieren.

Aber schon jetzt lässt sich sagen: Es dürfte kein Zufall sein, dass Rilke im Kontext der Koran-Lektüre ein Gedicht wie »An den Engel« schreibt, womit der Kontakt zu den Engel-Texten aus Duino wiederhergestellt ist. Wer könnte die Parallelen zwischen der Ersten Elegie (in Duino entstanden) und dem Engel-Gedicht aus Ronda übersehen, wenn es heißt:

»Engel, klag ich, klag ich?
Doch wie wäre denn die Klage mein?
Ach, ich schreie, mit zwei Hölzern schlag ich
und ich meine nicht, gehört zu sein.

Dass ich lärme, wird an dir nicht lauter,
wenn du mich nicht fühltest, weil ich *bin*.
Leuchte, leuchte! Mach mich angeschauter
bei den Sternen. Denn ich schwinde hin.«[257]

Die Nähe seines Engel-Verständnisses zum Islam bestätigt Rilke selbst, wenn er in später Zeit, im November 1925, seine dann vollendeten Duineser Elegien so erklärt:»Der ›Engel‹ der Elegien hat nichts mit dem Engel des christlichen Himmels zu tun (eher mit den Engelsgestalten des Islam)«.[258] Ja, in dieser Zeit hatte Rilke bereits noch einmal sein Gottesverständnis präzisiert, und zwar im »Brief des jungen Arbeiters« von 1922, in dem es ebenfalls (offensichtlich autobiographisch mitmotiviert) einen bemerkenswerten Zusammenhang von Christentumskritik und Islamlob gibt:

> »Wenn ich sage: Gott, so ist das eine große, nie erlernte Überzeugung in mir. Die ganze Kreatur, kommt mir vor, sagt dieses Wort, ohne Überlegung, wenn auch oft aus tiefer Nachdenklichkeit. Wenn dieser Christus uns dazu geholfen hat, es mit hellerer Stimme, voller, gültiger zu sagen, umso besser, aber laßt ihn doch endlich aus dem Spiel. Zwingt uns nicht immer zu dem Rückfall in die Mühe und Trübsal, die es ihn gekostet hat, uns, wie er sagt, zu ›erlösen‹. Laßt uns endlich dieses Erlöstsein antreten. – Da wäre ja sonst das Alte Testament noch besser dran, das voller Zeigefinger ist auf Gott zu, wo man es aufschlägt, und immer fällt einer dort, wenn er schwer wird, so grade hinein in Gottes Mitte. Und einmal habe ich den Koran zu lesen versucht, ich bin nicht weit gekommen, aber soviel verstand ich, da ist wieder so ein mächtiger Zeigefinger, und Gott steht am Ende seiner Richtung, in seinem ewigen Aufgang begriffen, in einem Osten, der nie alle wird. Christus hat sicher dasselbe gewollt. Zeigen.«[259]

Es dürfte ebenso kein Zufall sein, dass im Kontext der Koran-Lektüre ein Gedicht wie »Auferweckung des Lazarus« entsteht, in dem Rilkes kritische Auseinandersetzung mit Christus als Gottessohn wieder aufgenommen ist. Rilke beschreibt in diesem Text Christus als denjenigen, der die Erlöser- und Wundertäterrolle gar nicht ausüben will. Das Lazarus-Wunder ist ihm das Unerlaubte, widerwillig an der Natur Vollzogene. Dieses kritische Christusverständnis entspricht strukturell der jüdischen und islamischen Christologiekritik und hat tiefe Wurzeln bei Rilke selbst. Die Frage drängt sich von daher förmlich auf: Was sind die Wurzeln von Rilkes Christentums-Kritik einerseits und seinem sehr spezifischen Christentums-Verständnis andererseits? Welche Erfahrungen stecken dahinter? Und ergibt sich aus Rilkes Entwicklung eine Strukturanalogie zu Judentum und Islam, so dass es bei dem in Cordoba erfolgten Ausbruch an »rabiater Antichristlichkeit« nicht zufällig gleichzeitig zu positiv besetzten Bildern vom Alten Testament und vom Koran kommt?

Zur Genese von Rilkes Christentumskritik

Alle psychologischen Spekulationen über Rilkes religiöse und familiäre Sozialisation lasse ich hier beiseite, insbesondere die katholische Erziehung, die er durch seine Mutter erfuhr. Ich verweise lediglich auf die frühen christentumskritischen Texte.

DISTANZ ZUR CHRISTUS-FIGUR

Ich verweise auf das »*Glaubensbekenntnis*« des 18-jährigen, in dem er sich bereits von der Welt der »lippenfrommen Christen« entschieden distanziert. Ich verweise auf ein im selben Jahr 1893 entstandenes Abschiedsgedicht an das Christus-Dogma der Kirche oder an die zwischen 1896 und 1898 geschriebenen (zu Lebzeiten niemals veröffentlichten) »*Christusvisionen*«, in denen Rilke programmatisch auf dem Prager Judenfriedhof seinen Jesus einen »armen Juden« sein und darüber hinaus erkennen lässt, dass der Himmel »leer« sei und Gott niemals existiert habe. Dieses Motiv von Christus als Entdecker der Nicht-Existenz Gottes verweist nicht nur zurück auf eine große europäische Motivtradition (Jean Paul, Madame de Staël, Gérard de Nerval, Alfred de Vigny), sondern voraus in Rilkes eigene Werkgeschichte. Im Mai/Juni 1906 wird in Paris das Gedicht »Der Ölbaum-Garten« entstehen, in dem dieses Motiv noch einmal aufgenommen und verstärkt ist.[260]

Diese schon früh entwickelte Ablehnung alles »Mittlerischen« in der Religion sowie umgekehrt die Faszination für alles Gottunmittelbare erklärt auch Rilkes werkgeschichtlich *erste Anspielungen auf den Islam*. Schon im frühen Gedichtband »Larenopfer« (1895) hatte er einmal in einem Widmungsgedicht »An Julius Zeyer«, einem tschechisch-jüdischen Dichter, vom »Alhambrahof« gesprochen und den Angeredeten als »echten Orientalen« bezeichnet.[261] Im Buch »Von der Pilgerschaft« (1901), Teil des »Stunden-Buchs«, hatte er Menschen an einem »Pilgermorgen« so beschrieben:

»Bärtige Männer, welche sich verneigen,
Kinder, die ernsthaft aus den Pelzen steigen,
und in den Mänteln, schwer von ihrem Schweigen,
die braunen Fraun von Tiflis und Taschkent.

Christen mit den Gebärden des Islam
sind um die Brunnen, halten ihre Hände
wie flache Schalen hin, wie Gegenstände,
in die die Flut wie eine Seele kam.

Sie neigen das Gesicht hinein und trinken,
reißen die Kleider auf mit ihrer Linken
und halten sich das Wasser an die Brust
als wärs ein kühles weinendes Gesicht,
das von den Schmerzen auf der Erde spricht.«[262]

Ingeborg Solbrig hat in ihren beiden Aufsätzen zum Thema darauf hingewiesen, dass Rilke auf seinen Russlandreisen wohl nicht nur mit der Tradition der christlichen Ostkirche, sondern auch mit islamischen Volksgruppen in Berührung gekommen ist. Für seine Kenntnisse des Orientalisch-Islamischen dürfte sich darüber hinaus die Beziehung zu Lou Andreas-Salomés Ehemann, *Friedrich Carl Andreas*, einem Orientalisten vom Fach, ausgewirkt haben. Andreas war zu Beginn der Bekanntschaft mit Rilke Lektor am Orientalischen Seminar der Universität Berlin. Im früheren Batavia (heutigen Djakarta) geboren und väterlicherseits aus einem persisch-armenischen Fürstengeschlecht stammend, wird er, der als einer der bedeutendsten Iranisten seiner Zeit gilt, 1903 nach Göttingen berufen, wo er die Professur für westarabische Sprachen und Kulturen übernimmt. Rilke konsultiert ihn gelegentlich bis in seine späten Jahre und erwägt verschiedene Male ernstlich, mit seiner Hilfe die arabische Sprachkenntnisse zu vertiefen, die er sich in autodiaktischen Studien seit Ägypten angeeignet hatte. Nach Solbrig soll Andreas Rilke auch mit Goethes »West-östlichen Divan« bekannt gemacht haben.

EIN GEDICHT ÜBER DEN PROPHETEN MOHAMMED

So dürfte es kein Zufall sein, dass Rilke schon 1907 ein islamisches Thema aufnimmt, und zwar gleich das Ur-Thema schlechthin: die *Berufung des Propheten Mohammed*. Darum geht es einem Gedicht, aufgenommen in den 1908 veröffentlichten zweiten Teil der »Neuen Gedichte«:

»Da aber als in sein Versteck der Hohe,
sofort Erkennbare: der Engel, trat,
aufrecht, der lautere und lichterlohe:
da tat er allen Anspruch ab und bat

bleiben zu dürfen der von seinen Reisen
innen verwirrte Kaufmann, der er war;
er hatte nie gelesen – und nun gar
ein *solches* Wort, zu viel für einen Weisen.

Der Engel aber, herrisch, wies und wies
ihm, was geschrieben stand auf seinem Blatte,
und gab nicht nach und wollte wieder: *Lies.*

Da las er: so, daß sich der Engel bog.
Und war schon einer, der gelesen *hatte*
und konnte und gehorchte und vollzog.«[263]

Bei der Wahl dieses Sujets mag eine Rolle gespielt haben, dass Rilkes Frau Clara während des Spätwinters 1906/7 zum ersten Mal Ägypten besucht hatte. Sein Interesse für Orientalisches wird dadurch neu angeregt worden sein. Ein Schlüsselbrief an Clara, datiert vom 20. Januar 1907, mit Rilkeschen Meditationen über die Wüste und das Meer, wird man als Vorausgriff seiner eigenen Nordafrika-Erfahrung deuten können.[264] Rilke hält sich zu dieser Zeit auf der Insel Capri auf, und hier (18. März 1907) wird auch der Versuch unternommen, den »Kuppeln der Kalifen-Gräber« ein eigenes Gedicht zu widmen, das freilich über eine einzige Zeile nicht hinauskommt: »Der ganze Raum wird Frucht um diese Kerne«.[265] In der Pariser Zeit dürfte Rilke auch – durch den Bildhauer

Rodin, dessen Sekretär er im Winter 1905/6 war – die französische Ausgabe der muslimischen Märchensammlung »Tausendundeine Nacht«
kennengelernt haben, deren Vortrefflichkeit er noch in einem Brief an
Nanny Wunderly-Volkart von Anfang 1920 rühmt.[266] Auguste Rodin ist
es auch, dem gegenüber Rilke am 7. Oktober 1910 die »l'exposition mu-
sulmane« lobt, die ihm »de vrais merveilles« bereitet habe.[267] Und diese
Ausstellung fand in München statt. Derselbe Brief an Rodin lässt überdies erkennen, dass Rilke in der Zeit seines Umgangs mit diesem großen Künstler auch über islamische Kunst gesprochen hat und Lektüre-
Studien in der Bibliothèque Nationale getrieben haben muss,
bekanntlich der bevorzugte Ort für die meisten seiner Quellenstudien
im Zusammenhang der »Aufzeichnungen des Malte Laurids Brigge«.
Für das Ende August 1907 entstandene Gedicht »Mohammeds Berufung« können wir also Islamkenntnisse, insbesondere Grundzüge der
Prophetenbiographie, voraussetzen.

Rilkes Mohammed-Gedicht ist in der Tat eine präzise poetische Auslegung des Anfangs von Sure 96. Erstmals erscheint der Engel und bringt
dem überwältigten Propheten die Botschaft von seiner Berufung: die
von Ewigkeit existierenden göttlichen Worte zu lesen, um sie weiterzu-
geben:

> »Im Namen Gottes, des Erbarmers, des Barmherzigen.
> Lies im Namen deines Herrn, der erschaffen hat, den Menschen erschaffen hat
> aus einem Embryo. Lies. Dein Herr ist der Edelmütigste, der durch das Schreib-
> rohr gelehrt hat, den Menschen gelehrt hat, was er nicht wußte. Nein, der
> Mensch zeigt ein Übermaß an Frevel, dass er meint, er wäre auf niemanden an-
> gewiesen. Zu deinem Herrn erfolgt die Rückkehr.«[268]

Annemarie Schimmel und Ingeborg Solbrig haben dieses Gedicht ausführlich interpretiert und zeigen können, wie präzise Rilke offensichtlich den Koran an dieser Stelle gekannt, ja auch mit zumindest populä-
rer Islam-Literatur vertraut gewesen sein mag. Solbrig verweist auf
Parallelen zwischen Rilkes Berufungs-Gedicht und einer der populärs-
ten frühen positiven europäischen Lebensbeschreibungen Mohammeds »La vie de Mahomed« von Henri Comte de Boulainvilliers, erschienen in Holland 1730. Annemarie Schimmel liefert eine Erklärung
für eine beim ersten Lesen des Gedichtes in der Tat fremde Wendung:

das kursiv gesetzte »hatte« in der vorletzten Zeile der letzten Strophe. Diese Zeile sei – so die Orientalistin – »ganz islamisch empfunden: Die Botschaft kommt ihm (dem Propheten) als Erinnerung an den ›Urvertrag‹ zwischen Gott und Mensch (Sure 7,171), jenen Moment, da der noch ungeschaffene Mensch sich zur Anerkennung der absoluten Herrschaft Gottes bekannt hat und den jeder Prophet seiner Gemeinde wieder ins Gedächtnis ruft.«[269]

Ich füge noch einen weiteren Aspekt in der Auslegung dieses Gedichtes hinzu: Man wird dieses Berufungsgedicht – wie andere Gedichte aus diesem Teil der »Neuen Gedichte« (z. B. »Jeremia«, »Don Juans Auswahl«) – auch im Kontext von Rilkes Auseinandersetzung mit dem Thema »Berufung des Künstlers« zu lesen haben. Rilke ist ja in diesem Gedicht ganz konzentriert auf den Moment, als ein Mensch durch einen Boten Gottes eine Offenbarung erhält, die sein Leben verändert – wie es auch dem Künstler ergeht, dessen Leben durch eine »Offenbarung« verändert wird und der die Berufung fühlt, das Wort zu verkünden, sei es gelegen oder ungelegen. In einem Brief an Marie von Thurn und Taxis (31. 5. 1911) wird Rilke die Berufung des Künstlers ausdrücklich mit der von Mohammed vergleichen: »über den Künstler muss es doch kommen, so gut wie über Mohammed mindestens«; und das würde für Rilke die »Aufgabe« bedeuten, »die immer da ist und immer genau und immer verlangend«.[270]

KONSEQUENZEN FÜR DIE ZUKUNFT

Der Komplex Rilke und die christliche Tradition ist hier nicht auch nur annähernd darstellbar. Aus diesem Komplex kann ich mich nur auf eine Dimension beschränken. Sie betrifft das Verhältnis von christlichen und nichtchristlichen Traditionen, wie es Rilke sah. Ich fasse thesenartig zusammen:

(1) *Zur Christologiekritik.* Nach jahrhundertelanger Apologetik (Christologiekritik von Judentum und Koran ist häretisch oder defizitär) hat die historisch-kritisch arbeitende Theologie begonnen, die eigenen Quellen neu zu untersuchen. Die Berechtigung der auch von Rilke gespiegelten jüdisch-islamischen Christologiekritik wird heute weitgehend anerkannt. Eine breite innerchristliche Forschung hat sich dem

Thema »Jesus der Jude« gewidmet. Eine ebenso bemerkenswerte Forschung hat die Christologiekritik des Koran nicht länger als Häresie abgestempelt, sondern als vom historischen Jesus her berechtigt sowie mit der frühen Geschichte des Neuen Testaments vereinbar erkannt. »Christus hat sicher dasselbe gewollt. Zeigen« – dieser Satz Rilkes über den geschichtlichen Jesus dürfte heute auch innertheologisch konsensfähig sein, ohne die weitere christologische Entfaltung abzuwerten. Das christlich-theologische Gespräch mit Judentum und Islam verläuft heute auf der Linie von Rilkes Kritik an der Vergottung Christi, an der Deifizierung seiner Person.[271] Das Verhältnis von Monotheismus und Christologie wird im Lichte der jüdischen und islamischen Trinitätskritik heute neu durchdacht. Selbstkritisch wird von christlichen Theologen eingestanden, dass Christologie in der Tat nicht selten zu einer Verengung oder gar Verdrängung der Größe, Unbegreiflichkeit und Unausschöpflichkeit Gottes geführt hat. Diese selbstkritische Überprüfung der eigenen Glaubensquellen und Glaubensüberlieferungen ist ein wesentlicher Glaubwürdigkeitsimpuls im interreligiösen Gespräch. Voraussetzung des interreligiösen Gespräches ist die Fähigkeit zur Selbstkritik an der eigenen Tradition nach dem Kriterium des Ursprünglichen und Authentischen.

(2) Die noch zu Rilkes Zeiten dominierende christlich-eurozentrische Superioritätsideologie (Kolonialismus, Imperialismus, Missionarismus) ist nach den für Europa katastrophalen beiden Weltkriegen grundsätzlich gebrochen. In beiden christlichen Kirchen begann eine Suche nach einem neuen Verhältnis zu den nichtchristlichen Weltreligionen, insbesondere nach Gründung des Weltrats der Kirchen 1948 und dem Zweiten Vatikanischen Konzil 1960–65. Juden und Muslimen wird auch von offizieller kirchlicher Seite jetzt Dialog und Zusammenarbeit angeboten. In der gegenwärtigen Religionstheologie werden sie nicht länger als Feinde, Heiden oder Abgefallene verurteilt, sondern als Kinder Abrahams betrachtet, auf dem Weg zu dem einen Gott, der der Bundesgott Abrahams, der Vater Jesu Christi sowie der barmherzige und gnädige Richter des Propheten Mohammed ist.[272]

(3) Bei allen Unvereinbarkeiten mit der traditionellen christlichen Dogmatik – in Sachen Weltreligionen hat Rilke etwas Entscheidendes vorweggenommen, das theologisch heute weitgehend konsensfähig geworden ist: die respektvolle Grundhaltung gegenüber Menschen

anderer Religionen und Kulturen als auch die religiöse Grundüberzeugung, Gottes Präsenz in anderen Religionen zu erfahren. Sätze wie »Gott von Mohammed her fühlen«, »Allah ist ganz, Allah ist heil« oder positive Erwähnungen des Koran oder des Propheten sind für seine Zeit genauso exzeptionell, wie es seinerzeit Goethes vier Verse im »West-östlichen Divan« gewesen sein dürften: »Närrisch, dass jeder in seinem Falle/seine besondere Meinung preist./Wenn Islam gottergeben heißt,/im Islam leben und sterben wir alle.« Damit wird weder der Austauschbarkeit der Religionen das Wort geredet, noch das Alte Testament, das Neue Testament und der Koran in drei verschiedene »Götter« auseinandergerissen (so U. Fülleborn[273]), wohl aber mit der Tatsache ernst gemacht, dass Gotteserfahrung nicht an eine real existierende Religionsform gebunden ist. Das ist nichts weniger als eine Totalrevision des eurozentrischen Anti-Islamismus, der die gesamte christliche Theologiegeschichte geprägt hat.

(4) Rilkes Rezeption der Religionen (ob Judentum, Islam oder Buddhismus) ist hochselektiv; gefiltert durch eigene traumatische Christentums-Erfahrungen und eine sehr spezifische poetisch-künstlerische Disposition. So wie er die vorchristliche Offenbarungsquelle, das Alte Testament, liest, so auch die nachchristliche Offenbarungsquelle, den Koran. Im Vorchristlichen wie Nachchristlichen erkennt er eine Auffassung von Gott, die den Menschen direkt mit Gottes Größe, Ungeheuerlichkeit und Unbegreiflichkeit konfrontiert. Er erkennt in Propheten wie Jeremia, Mose oder Mohammed Menschen, die »mit dem ganzen Gesicht ans Ungeheure verpflichtet« sind. Das war eine andere Gotteserfahrung als die, die Rilke im verbürgerlichten und übermoralisierten katholischen Prag kennengelernt haben dürfte. Seine innere Affinität zu vorchristlichen, nachchristlichen und außerchristlichen Traditionen dürfte sich von hierher erklären, sie sind von spiegelbildlicher Symmetrie zu seinem eigenen Christentums-Bild.

(5) Rilkes Kenntnisse vom Islam und der islamischen Kultur beschränken sich – soweit quellenmäßig belegbar – auf den Koran, die Märchensammlung »Tausendundeine Nacht« sowie auf Grundzüge der Prophetenbiographie. »Islam« ist bei Rilke kein religiös-gesellschaftlicher Komplex, sondern eine Grundidee, die strukturell dem analog ist, was Rilke im »Alten Testament« oder im »Judentum« verkörpert sah. Stichworte wie »unverstellter Weltraum« deuten an, nach welcher Gott-

Mensch-Beziehung Rilke suchte, wenn er »Islam« in seiner mythopoetischen Symbolsprache benutzte.

(6) In der selektiven Hermeneutik, mit der Rilke große religiöse Traditionen beerbt und transformiert, kommt ein *modernes Authentizitäts-Bewusstsein zum Ausdruck*, poetologisch gesprochen: ein »neues Lesen« der überlieferten kulturellen Zeugnisse. Von Religionen wird akzeptiert, was den eigenen Erfahrungswerten entspricht. Von daher muss man auch die auf den ersten Blick befremdlichen religionsgeschichtlichen Kombinationen verstehen, zu denen Rilke neigte:

> »Ich habe ein unbeschreibliches Vertrauen zu jenen Völkern, die nicht durch den Glauben an Gott geraten sind, sondern die mittels ihres eigenen Volkstums Gott erfuhren, in ihrem eigenen Stamme. Wie die Juden, die Araber, in einem gewissen Grade die orthodoxen Russen – und dann, in anderer Weise, – die Völker des Ostens und des alten Mexikos. Ihnen ist Gott Herkunft und darum auch Zukunft.«[274]

Das Ganze wird aber zusammengehalten von Rilkes Überzeugung, dass man »in allen Tempeln der Erde mit der gleichen Berechtigung, mit dem gleichen Anschluss an das jeweils dort Größte anzubeten« in der Lage sein müsse, wie er dem Schweizer Pfarrer Rudolf Zimmermann am 10. März 1922 schreibt. Dabei fährt Rilke fort:

> »Als ich in Kairouan, im südlichen Tunis, in die gewaltige Haupt-Moschee eintrat (sie ist, wie dieser ganze, dem Islam einst, nach Mekka, heiligste Ort, *entweiht*, seit der französischen Invasion), da hatte ich das Gefühl, ich brächte in meinem auch dort, und dort erst recht, gültigen Herzen genug Kraft der unmittelbaren Erhebung mit, um das verödete Gotteshaus der Wiedereinkehr des großen Bezugs, wenigstens für den Augenblick, würdig zu machen.«[275]

»LEBENSKUNST, LEBENSWEISHEIT,
LIEBE ZUM ALLTAG ...«
Adolf Muschg und die Entdeckung
des Zen-Buddhismus

Gott? Wider den »*Bekenntniszwang*«

Im Jahre 1984 fand an der Universität Tübingen ein interdisziplinäres
Symposion »Theologie – Literatur. Zum Stand des Dialogs« statt. Eingeladen hatten Walter Jens, Hans Küng und ich. Vereinigt waren Vertreter
der drei am Gespräch beteiligten Gruppen: Theologen, Literaturwissenschaftler, Literaten. Peter Härtling, Günter de Bruyn, Gertrud Fusse-
negger und Kurt Marti lasen Texte und setzten sich der Kritik aus. Literaturwissenschaftler legten ihre Analysen vor. Abgeschlossen wurde
das Unternehmen mit einer Podiumsdiskussion zum Thema »*Ist ›Gott‹
heute literarisch darstellbar?*«. Unter meiner Moderation diskutierten
damals der Tübinger Literaturwissenschaftler Jürgen Schröder, die
Theologen Heinz Zahrnt und Hubertus Halbfas und die Schriftstel-
lerinnen und Schriftsteller Ingeborg Drewitz, Eva Zeller und Adolf
Muschg.

Das Gespräch lohnt noch heute die Lektüre und Analyse. Ich horchte
besonders auf bei einigen Bemerkungen von Adolf Muschg. Schon in
seinem Eingangs-Statement sagte er:

»Ich bin in großer Verlegenheit bei diesem Thema, und ich meine, ich müsse es
an einer ganz anderen Ecke anfangen. Es gibt im Zen-Buddhismus eine Geschichte, wo ein Meister gefragt wird, wer ›Buddha‹ sei. Der sagte sofort: ›Zwei
Pfund Flachs‹, denn er ist gerade beim Flachszählen. Mir scheint, unsere Art,
nach Gott zu fragen, würde – wieder in der Sprache des Zen-Buddhismus – be-

deuten, einen Fisch zu fragen, was Wasser sei. Er schwimmt in Wasser! Ich glaube, wir kommen um die *Frage nach der Existenz des Religiösen* gar nicht herum. Allerdings habe ich besondere Wahrnehmungsschwierigkeiten, sobald diese Dinge beim Namen genannt werden. Ich begegne dem Bekenntniszwang in meiner Arbeit und in meinem Leben immer weniger gern.«[276]

Unsere ganze Fragestellung »Ist ›Gott‹ heute literarisch darstellbar?« hielt Muschg von daher für »kleinmütig«, ja »anbiedernd«. Entweder vermöge er »wahrzunehmen«, dass das, was wir Gott nennen, überall begegne, dann brauche er es nicht in ein Kunstwerk einzuschließen. Oder es begegne ihm ein »eindeutiger Glaubensanspruch«, dann könne er »zu streiten beginnen«. Nein, er, Muschg, wollte sich »dieser Fragestellung nicht unterwerfen«.[277]

Diese brüske Verweigerung ging mir lange nach dem Symposion noch nach. Insbesondere Muschgs Anspielung auf den Zen-Buddhismus ließ mich nicht mehr los. Ich wollte mehr wissen. Interessiert sich ein deutschsprachiger Autor seiner Generation (geboren 1934 in Zollikon bei Zürich) im Ernst für den Buddhismus? Gelegenheit bot eines der Schriftstellergespräche, die ich damals mit zahlreichen Autorinnen und Autoren der Gegenwartsliteratur zum Thema Religion öffentlich führte. Ich fuhr zu Muschg nach Kilchberg und sprach ihn noch einmal auf die Tübinger Podiumsdiskussion an. Mittlerweile hatte ich herausgefunden, dass er eine Zeit lang in Tokio gelebt hatte. Ich wusste noch nicht sehr viel, doch im Verlauf des Gespräches wurde mir klar, was sich hinter dem Interesse Muschgs für den Zen-Buddhismus verbarg und warum er hinter unserer Tübinger Fragestellung gleich »Bekenntniszwang« witterte und entsprechend zurückwies. Denn Muschg begann offen von seiner belasteten traditionellen christlichen Erziehung zu sprechen.[278]

Zur Sprache kommen eine Kindheit, eine religiös-christliche Erziehung, ein Gottesbild im Zeichen von Moralisierung, Tribunalisierung, Leistungszwang, von außen dem Kind übergestülpt, von außen in die Seele gepresst. Religiöses Vokabular als Verbrämung von Erpressungen, als Überhöhung von Leistungserwartungen. Wie Existenz überhaupt rechtfertigen? Wodurch verdient man sein Glück? Themen werden hier grundgelegt, ohne die Muschgs literarisches Werk später undenkbar wird.

»Von einem, der auszog, leben zu lernen« erzählt er ständig. Unter Benutzung zahlreicher Spiegelfiguren, deren Identität allesamt fragil ist. Gerade auch bei denen, die wir als »Klassiker« zu kennen meinen. »Von einem, der auszog, leben zu lernen« ist gerade in einem Goethe-Buch von Muschg die Rede, »Goethes Reisen in die Schweiz« (2004). In der Kritik wurde zu Recht herausgestellt: »Kaum ein anderer Gegenwartsautor hat das Verhältnis von Kunst und Lebenskunst mit vergleichbarer Insistenz aufgeworfen wie Adolf Muschg. Wohl nirgendwo im Rahmen der zeitgenössischen Literatur wird mit stärkerer Dringlichkeit die Frage nach dem richtigen, geglückten Leben, Lieben und Sterben gestellt, jene Grenzscheide, wo der Tod sich im Leben einzufressen beginnt, minutiöser ausgeleuchtet und zugleich ernsthafter mit der Vergänglichkeit, ja mit dem Jenseits von Leben und Tod gespielt wie in Muschgs Prosawerk«.[279] Vom Roman »Albissers Grund« (1975) bis zur jüngsten Erzählung »Das gefangene Lächeln« (2002) wird denn auch immer wieder das Grundthema Muschgs variiert, das er in einem weiteren Goethe-Buch auf die Formel bringt: »Alle Dinge sind leicht; schwer ist nur die Kunst, dahin zu gelangen, wo sie es werden« (»Der Schein trügt nicht. Über Goethe«, 2004). Dieselbe Problemkonstellation auch im jüngsten Roman, der ein Zen-buddhistisches Thema schon im Titel trägt: »Eikan, du bist spät« (2005).

Muschg wehrt sich durch radikale Destruktion aller theonomen Heteronomie und durch Arbeit an einer Gotteserfahrung von innen. So auch in unserem damaligen Gespräch. All das, was Religion im Sinne von Fremdbestimmung bedeutet, wird von ihm durchschaut und ersetzt durch – so wörtlich – »Bindung, oder auch: Erfahrung des Eingebundenseins«. Wer »Gott« in seiner Kindheit – vermittelt durch die religiösmoralische Erziehung der Eltern – so als richtend-fordernde Instanz erlebt hat, musste den Perspektivenwechsel vollziehen: »Wenn ich Gott nicht beim Teetrinken, beim Autofahren, beim Arbeiten erfahre, und wenn ich ihn nicht dergestalt erfahre, dass die anderen meine Gebundenheit spüren, spüren, dass ich durch mein tägliches Staunen lebendiger, offener, heiterer geworden bin, dann nützt mir alles Reden von Religion nichts«, sagte er seinerzeit in Kilchberg.[280] Schon das klang sehr »buddhistisch«.

Zen-Buddhismus als Kontrasterfahrung

Die Frage lag konsequenterweise nahe: Sei »Gott«, wollte ich wissen, noch ein sinnvolles Wort für ihn? Muschgs Antwort:

> »Es ist ein Notbehelf und mir gerade für diese Funktion zu schade. Es ist ja kein Zufall, dass Menschen, deren religiöse Erfahrung ich glauben kann, in Bezug auf die Verwendung des Wortes ›Gott‹ ganz entschieden gewesen sind: ›Ich muss noch über Gott in eine Wüste ziehen‹, sagt Angelus Silesius. So deutet es auch der Zen-Buddhismus an: ›Wenn Du den Buddha triffst, töte den Buddha‹. Reden von Gott scheint mir ein so widersprüchliches Geschäft zu sein, dass mich auch die intelligenteste Theologie nicht für das Qualvolle dieses Widerspruches entschädigt. Dieses Misstrauen gegenüber dem Wort ›Gott‹ hat natürlich auch mit geschichtlichen Erfahrungen zu tun. Den grausamen Wegen, die im Namen des christlichen Gottes gegangen worden sind ...«[281]

Zunächst wieder dieser Gestus der Abwehr einer Heteronomie, das fast allergische Reagieren auf eine mögliche Unterwerfung unter einen Anspruch Gottes. Die kalkuliert gewählten Zitate verstecken und offenbaren sehr viel. Sie sind der bewusste Versuch einer Überblendung kultureller Räume. Angelus Silesius als Vertreter der *christlichen Mystik*, der Buddha als Vertreter fernöstlicher Mystik. Beide Zitate sollen sich offensichtlich gegenseitig verstärken, jedenfalls in dieselbe Richtung weisen. Und man muss in der Tat beim Angelus Silesius-Zitat: »Ich muss noch über Gott in eine Wüste ziehen« das Wort »Wüste« nur ersetzen durch Worte wie »Leer-Werden«, »Frei-Werden«, und man entdeckt die Analogie zum buddhistischen Denken sofort. Frei werden von allem moralisch Aufgesetzten, religiös Ansozialisierten, kulturell-christlich Übergestülpten.

Direkt buddhistisch ist dann der vielgehörte, von Buddhisten viel zitierte Satz: »Wenn du den Buddha triffst, töte den Buddha«. Was wiederum nur heißt: Mach Buddha nicht zu einer Alibi-Figur in deinem Leben, erwecke vielmehr die Buddha-Natur *in dir*. Erfahre Gott nicht von außen als fordernde Instanz, als Moralrichter und Verhaltensnormierer, sondern erfahre Gott von innen. Und wenn du Gott von innen erfährst, dann brauchst du ihn nicht länger zu objektivieren, nach außen zu setzen, die Entfremdung zu spüren zwischen Oben und Unten, Du und Ich. Dann ist »Gott« wie die Luft für die Lungen, wie das Wasser für einen Fisch, wie die Wärme für die Sonne. Muschg also will die Gottesrede nicht einfach preisgeben, aber jede Heteronomie vermeiden. Daher wohl seine Formulierung das Wort, »Gott« sei »ein Notbehelf« und ihm gerade »für diese Funktion zu schade«. Muschg will weg von jeder Gottesrede als Lückenbüßer, Lebensalibi, Kontingenzbewältigung, Nothelfer. Das »Misstrauen« bleibt – nicht zuletzt wegen der christlichen Missionsgeschichte. Auch die »intelligenteste« christliche Theologie hat für Muschg nicht das »Qualvolle dieses Widerspruchs« beseitigt (*von* Gott zu reden *ohne* Heteronomieverdacht). Aber die Gottesrede soll offensichtlich bewahrt werden für das, was Muschg die »Frage nach der Existenz des Religiösen« nennt.

Was also seien die bleibenden Veränderungen gewesen, wollte ich in unserem Kilchberger Gespräch 1984 wissen, die durch die Begegnung mit dem Zen-Buddhismus bei ihm ausgelöst worden seien? Muschg antwortete:

> »Das war der Anfang eines Weges ins Offene, den ich ein paar Schritte gegangen bin. Diese Erinnerung ist stark geblieben, sie hat nichts Exotisches mehr. Sie hat meine Lektüre, mein Leben, meine Reisepläne, meine Beziehungen stärker bestimmt, als ich mir selber eingestand. Vielleicht hat es etwas damit zu tun, dass keine (nennen wir es einmal so) ›Religiosität‹ so klar wie der Buddhismus hinausweist über untaugliche Alternativen wie Körper-Geist, Körper-Seele, Gut und Böse, Schwarz und Weiß. Keine so sehr die Chance des Durchbruchs dieser Raster eröffnet. Keine weniger das Bedürfnis hat zu missionieren und auszugrenzen. Keine selbstverständlicher Lebenskunst, Lebensweisheit, Liebe zum Alltag, Liebe zur Kleinigkeit und Einzelheit ist.
>
> Nachzulesen bei Jan Willem van de Wetering in seinem amüsanten, respektlosen und sehr ehrlichen Buch ›Der leere Spiegel‹. Er lebte als junger Mensch ein paar Monate in einem Zen-Kloster in Japan. Nach harter körperlicher und geistiger Übung bekundete er den Wunsch, selbst Buddhist zu werden. ›Warum nicht‹, meinte der Meister mit heiterer Miene. Man einigte sich auf ein Datum. Sehr stolz erzählte van de Wetering einem Mitmönch von seinem Vorhaben: ›Ich möchte hier Mitglied werden!‹. Und der fragte ihn: ›Ist eine Wolke ein Mitglied des Himmels?‹«[282]

Wir verstehen diese Äußerungen nun besser und merken, wie sehr Muschg mit Formulierungen, wie der Buddhismus weise hinaus über

»untaugliche Alternativen wie Körper-Geist, Körper-Seele, Gut und Böse, Schwarz und Weiß«, auf Kontrasterfahrungen aus ist zu dem, was er an Dualismen in seiner christlichen Erziehung erfahren hatte. Buddhismus als Kontrasterfahrung heißt im Buddhismus finden, was man in der eigenen Kultur schmerzlich vermisst, was man in der eigenen Kultur (die Angelus Silesius- und späteren Meister Eckhard-Zitate bei Muschg sind Gegenindikatoren) durchaus finden kann, was man durch seine eigene Biographie aber nie entdecken konnte. Die eigene religiöse Sozialisation stand ja im Zeichen der »Raster«, stand im Zeichen von »Missionierung« und »Ausgrenzung«. Die eigene religiöse Erziehung hatte das verunmöglicht, was man »selbstverständliche Lebenskunst, Lebensweisheit, Liebe zum Alter, Liebe zur Kleinigkeit und Einzelheit« nennen kann. Muschg findet im Zen-Buddhismus das, was ihm fehlt, was er vermisst, wonach er sich sehnt, wovon er sich Glück verspricht, Lebens-Glück als Lebens-Kunst. Aber, fragte ich weiter, der Zen-Buddhismus sei doch mit einer harten Meditations-Praxis verbunden. Ob er sich dieser Praxis je unterzogen habe?

> »Ich habs mir vorgenommen, um meine Grenze kennenzulernen – oder zu erweitern – oder gar zu vergessen. Natürlich: Sitzen, Meditation, die Arbeit an einem Kōan sind vollkommen überflüssig. Aber das kann nur einer sagen, der all dies erlebt hat – und dann wird auch diese Feststellung überflüssig sein. Wer weiß, wovon er spricht – zum Beispiel als Religionswissenschaftler vom Buddhismus –, weiß noch nicht, wovon er spricht.«[283]

Meine Ahnung hatte mich nicht getrogen. Hinter der »zufälligen« Äußerung während der Tübinger Podiumsdiskussion stand ein tiefes und komplexes Reflexionsfeld bei Muschg, lebens- und werkgeschichtliche Erfahrungen inklusive. Jetzt begann ich erst recht, den »Fingerzeigen« nachzugehen. Dass er von 1962 bis 1964 als Lektor für Deutsch an der International Christian University in Tokio unterrichtet hatte, bevor er anschließend für drei Jahre nach Göttingen ging und dort in Literaturwissenschaft mit einer Arbeit über Ernst Barlach promovierte, wusste ich bereits. Aber neu ging mir auf, dass die ersten literarischen Arbeiten Muschgs überhaupt allesamt um die damalige Japan-Erfahrung kreisen. Das gilt vor allem für seinen 1965 erschienenen, vielbeachteten, vielgepriesenen ersten Roman »Im Sommer des Hasen«. Das gilt aber auch für den Kurzprosa- und Essay-Band »Papierwände« aus dem Jahr 1970. 1987 veröffentlicht Muschg das Film-Buch »Deshima«, eine Liebesgeschichte, die in Japan spielt, 1995 einen weiteren Essay-Band zu Japan unter dem programmatischen Titel »Die Insel, die Kolumbus nicht gefunden hat. Sieben Gesichter Japans«, zehn Jahre später den schon genannten Roman »Eikan, du bist spät«.

Japan im Umbruch

Schon früh in seiner Kindheit sei Japan die Sehnsucht-Chiffre schlechthin gewesen. Muschg erzählt dies in einem autobiographischen Essay aus dem Jahr 1997 unter dem hübschen Titel: »Hansi, Ume und ich«. Ausschlaggebend ein frühes Leseerlebnis. Muschgs längst erwachsene Halbschwester (aus der ersten Ehe des Vaters) hatte in den 20er Jahren als Hauslehrerin einer schweizerisch-japanischen Kaufmannsfamilie in Kyoto gelebt. Ihr Japan-Erlebnis hatte sie in einem zweibändigen Kinderbuch unter dem Titel »Hansi und Ume« geschildert – und verklärt, die »erste Lektüre«, in der Muschg *zugleich* seinem »Elternhaus« und dessen »rätselhaftem Gegenstück in Japan« begegnet war.

Diese familiären Hintergründe erklären den frühen Wechsel nach Tokio, erklären aber auch die Intensität, mit der Muschg nun literarisch die Japan-Erfahrung zu gestalten versucht. Der Roman »Im Sommer des Hasen«, 1965 veröffentlicht, ist literarisch der Durchbruch des jungen Autors. Schon die zeitgenössische Kritik bewunderte einerseits die Gesamtkomposition des Romans, das »Artifizielle des Aufbaus« (H. Loetscher[284]), also die Beherrschung des literarischen Handwerks: moderne Erzähltechnik und Kompositionsformen. Die Kritik bewunderte andererseits auch die »Fülle von detaillierten Informationen über Japan« (H. Liebmann[285]), die Muschg schon hier zu präsentieren verstand. Es sei unfassbar, meinte ein Kritiker, dass Muschg in dieser kurzen Zeitspanne eine derartig vielschichtige Erfahrung habe sammeln und in einem Roman habe vermitteln können, stets in einer ganz unprätentiösen Art, also ohne jeden erhobenen Zeigefinger! Er beschreibe das Vordergründige und das Hintergründige Japans: in vielen Landschaften und Häusern, in der Stadt, in Dörfern und in vielen japanischen Menschen; gleichsam nebenbei biete er detaillierte Insider-Informationen über eine Anzahl von anderen Themen: »beispielsweise über die Theorie und Technik des japanischen Ringkampfes und des traditionellen Theaters, über Zen und Filmbetrieb und Brettspiele. Und irgendwo zwischen den präzisen Informationen entsteht eine zarte und wilde, eine ergreifende Liebesgeschichte – unterkühlt, wie zufällig erzählt; sie klingt vollkommen authentisch.«[286]

Als Muschg 1962 erstmals nach Japan kommt, findet er ein Land im gesellschaftlichen Umbruch vor. Die Kapitulation des von einem Gott-Kaiser beherrschten Landes am 15. August 1946 – Ende des aggressiv-kolonialen japanischen Militarismus – und die anschließend vollzogene Öffnung der Insel für den Welthandel hatte eine geschichtlich beispiellose ökonomische Dynamik begünstigt, die ihre Auswirkungen auch auf das traditionelle gesellschaftliche Gefüge haben musste. Traditionelle Rollenerwartungen etwa im Verhältnis der Geschlechter, im Miteinander der Familien, im Gefüge von Staat und Gesellschaft wurden in Frage gestellt. Muschg reagiert sensibel darauf mit einem seiner allerersten Kurz-Prosatexte aus dem Jahr 1963: »Atsuko soll heiraten«.[287]

Die gesellschaftliche Dynamik Japans spiegelt Muschg nicht zufällig an einer Frauenfigur, die sich plötzlich der Zwänge traditioneller Heiratsarrangements bewusst wird. In Atsuko schildert Muschg eine Japanerin, die durch Reisen und Auslandsaufenthalte mit westlicher Kultur schon vertraut ist, Kontrasterfahrungen westlicher Individualität und Wahlfreiheit also bereits gemacht hat, und dadurch – nach Japan zurückgekehrt – traditionelle Rollenmuster zu durchschauen in der Lage ist. Sie muss sich, im Bewusstsein von Lebensalternativen, fast wieder zwingen, sich den traditionellen Frauen-Mustern zu unterwerfen. Zwar passt sie sich letztlich den Erwartungen an (Muschg ist zu preisen für seinen Realismus!), aber die fremdkulturelle Erfahrung hat sie zu einer *bewussten* Japanerin gemacht. Zumindest hatte sie erkannt, dass das, was ihr vordem als ganz natürlich vorgekommen war, das Ergebnis kultureller Konvention ist. Von vornherein also kein »Madame Butterfly«-Klischee mehr bei Muschg. Im Gegenteil: An modernen Frauenfiguren werden geschlechts- und generationsspezifische Krisen- und Umbruchprozesse gespiegelt.

Der Japan-Roman »Im Sommer des Hasen« (1965)

Von gesellschaftlichem Problembewusstsein zeugt nun auch der Japan-Roman »Im Sommer des Hasen«. Er ist in der Ich-Form geschrieben, besteht er formal doch aus dem Bericht eines Public-Relations-Mannes namens Bischof an den Chef seiner Firma, den Schweizerischen Industrie-Konzern *Inauen Suisse*, der eine Niederlassung auch in Japan besitzt. In einem Schweizerischen Dorfgasthaus »Zum Falken« sitzend, berichtet Bischof seinem Chef und Auftraggeber von dem, was er gerade in Japan erlebt hat. Zum hundertjährigen Jubiläum der Firma waren sechs junge Schweizer Schriftsteller eingeladen gewesen, ein halbes Jahr in Japan zu verbringen, um ihre auftragsgemäß verfassten Beiträge in eine Festschrift aus Anlass des hundertjährigen Bestehens der japanischen Niederlassung des Konzerns einzubringen. Bischof hatte als Werbeleiter der Firma diese Aktion organisiert und die Kandidaten ausgewählt. Mit ihnen war er zum Abschluss ihres halbjährigen Aufenthaltes für eine Woche im Ferienort Yasumija zusammengetroffen, wo er die Berichte entgegengenommen und weitere Erfahrungen ausgetauscht hatte. In die Schweiz zurückgekehrt, quartiert Bischof sich im erwähnten Landgasthaus »Zum Falken« in der Nähe Zürichs ein und schreibt innerhalb von drei Wochen einen geradezu monströsen Brief an seinen Auftraggeber, identisch mit dem vorliegenden Roman, mit dem Ziel, sich als Werbeleiter der Firma ablösen zu lassen.

Durch diese Erzählkonstellation hat Muschg die Japan-Berichte von vornherein nicht zu selbständigen Dokumenten, sondern zu – durch ein einziges Ich hindurch präsentierten und kommentierten – Filterkondensaten gemacht. Von vornherein erscheint somit das Japan-Erlebnis in doppelter Brechung: durch die Berichte von sechs jungen Schriftstellern sowie durch den Schlussbericht des Werbeleiters Bischof. Muschg zerstört durch diese Erzähltechnik von vornherein die Illusion, Japan sei gewissermaßen »rein«, »authentisch« darstellbar. Die Wirklichkeit der Wirklichkeit Japans ist immer eine gefilterte, gebrochene, selektierte, perspektivisch verzerrte, subjektiv gestaltete. Japan ist immer schon eine Japan-Erinnerung, ein Japan-Bewusstsein, ein Japan-Konstrukt.

Die doppelte Brechung erlaubt aber auch zugleich die Unterscheidung zwischen den verschiedenen Perspektiven. An der Figur Bischofs zeigt Muschg die ganze Problematik der Aneignung von Fremderfahrung. Bischof ist ja nicht zufällig in einer Identitätskrise, die ihn seinen bisherigen Beruf aufzugeben zwingt. Wenn für einen die Titelgebung des Buches zutrifft (»Im Sommer des Hasen« ist eine korrekte japanische Jahresbezeichnung und zugleich eine anthropologische Symbolik), dann für Bischof, der auf dem Wege ist, in seinem Leben einen neuen Haken zu schlagen, die Lebensbahn zu verändern, dem Leben auszuweichen. Mehr als Ahnungen freilich hat Bischof von seiner Zukunft nicht. Die letzten Sätze des Romans lauten nicht zufällig: »Denn diese (Begegnung mit dem Unmöglichen) suche ich jetzt über allem und bin entschlossen, jeden Weg künftig so allein zu gehen, wie ich den letzten ohnehin gehen müsste. Der Hase, heißt es, schläft mit offenen Augen. Es wird Zeit, dass er mit geschlossenen Augen zu wachen beginnt«.[288]

In jedem Fall aber weiß Bischof um die Leere seines eigenen Lebens. Ausschließlich lebt er von den Japan-Berichten der Schriftsteller. Selber hat er nichts zu bieten. Sein Bericht an seinen Chef ist auf diese Weise auch Ausdruck eines generellen »intellektuellen Dramas, aus der Beobachtung second-hand zum eigentlichen Leben zu kommen«, wie ein Kritiker formulierte, der mit Recht darauf hinweist: »Der Schluss des Romans drängt sich denn auch mehr logisch als künstlerisch auf; es ist nicht klar, ob die Absage an das Hakenschlagen eine neue Absage ist und nicht nur ein neues Hakenschlagen. Wenn der Roman aber in seinen negativen Abgrenzungen stärker wirkt, dann ist dies nicht nur das Dilemma eines Autors, sondern auch das einer Epoche«.[289]

Von vornherein ist Realismus in dem ganzen Japan-Projekt. Muschgs gebrochener Held Bischof liefert kein geschlossenes Bild von Japan mehr, sondern – Traditionen des Reiseberichts, des Novellen- und des Kriminalromans aufnehmend und gebrochen präsentierend – von vornherein eine vielschichtig gespiegelte Wahrnehmung des fremden Landes. Sieben verschiedene Blickwinkel bietet der Roman, besteht er doch, genau besehen, aus sieben ineinandergeschachtelten Geschichten, kommentierten und zugleich in Beziehung gesetzten Erfahrungsberichten japanreisender Europäer mit ganz unterschiedlicher Intention und Bereitschaft zur Begegnung mit dem Fremden.

Jenseits des Zen-Snobismus: Die Begegnung mit Suzuki

Für unser Thema am interessantesten ist Muschgs Gestalt des Hegel-Fachmanns Adalbert Huhn. Dieser ist vor allem wegen des Zen-Buddhismus nach Japan gekommen, und in ihm, Adalbert Huhn, persifliert Muschg den Zen-Snobismus westlicher Intellektueller trefflich, der sich im Zuge einer grassierenden Zen-Mode Ende der 50er, Anfang der 60er Jahre in Europa und Amerika breitgemacht hatte.[290] Schon von der Schweiz aus hatte Huhn mit einem Schüler des »berühmten Zen-Priesters« *Daisetz Teitaro Suzuki* (1870–1966) Kontakt aufgenommen. Suzuki hatte entscheidend dazu beigetragen, den Geist des Zen aus seinen Klöstern in die moderne Welt des 20. Jahrhunderts zu tragen und so dem Westen in seiner geistigen Kraft und Tiefe zuallererst bekannt zu machen.

Muschgs Adalbert Huhn ist bestens *intellektuell* in den Zen-Buddhismus eingeführt. Er weiß Bescheid, noch ehe er japanischen Boden betreten, geschweige denn sich einer harten Meditationspraxis unterzogen hat. Die einfachen Dinge des Zen, Sitzen, Atmen, genügen ihm nicht. Er sucht Satori, Erleuchtung, und das ein bisschen plötzlich. Instant-Zen. Deshalb setzt Huhn alles daran, unbedingt mit dem Abt des berühmten Zuiganji-Klosters in Matsushima zusammenzutreffen. Als er dort ankommt, ist der Abt freilich für einige Tage verreist. Vorgelassen ins Kloster wird er nicht. Zusammen mit einem Hotelgenossen, einem kleinen Düngerfabrikanten aus Niigata, versucht er es immer wieder. Schließlich werden beide vorgelassen, gelangen ins Abt-Zimmer, wo sie ein »quecksilbriger alter Mann gleich kichernd« empfängt[291] und sich anhört, was ein Schweizer wie Huhn über Zen zu sagen weiß. Huhn hat keine Hemmungen, dem Gegenüber, dem »herzlich nickenden alten Mann«, das »Tiefste und Paradoxeste ohne Murmeln auf Englisch darzulegen«, um sich dann »ganz zufrieden« zurückzulehnen und dem Übersetzer das Feld zu überlassen.

Welch eine Szene: der europäische Zen-Experte im Zentrum japanischer Zen-Praxis. Schon die Kommunikationsart ist in ihrer Lächerlichkeit kaum noch zu überbieten. Der deutschsprachige Schweizer muss sich des Englischen bedienen, dieses Englische durch einen englischsprachigen Japaner ins Japanische übersetzen lassen, den der Autor durch die konstante Wiederholung seiner Funktion »Düngermann« von vornherein parodiert. Das ist die Situation: Ein Schweizer namens Huhn erklärt über einen Japaner, von Beruf Düngermann, dem Abt eines Zen-Klosters »das Tiefste und Paradoxeste« des Zen – auf Englisch. Er merkt gar nicht, wie sehr das »herzliche Nicken« und das »helle Lächeln« des alten Mannes ein Modus der Verachtung ist. Er merkt nicht, dass das Schein-Kompliment des Abtes »you are such a good thinking man« eine höfliche japanische Art der Geringschätzung ist. So bleibt am Ende der Szene – glänzend beobachtet durch den Autor – die Diskrepanz von »hellem Lächeln« hier und Lächeln mit »gefrorenen Lippen« dort. Die beiden Zen-Besucher werden am Ende dort hingeschickt, wo sie hingehören: »unter die Touristen«.

Die hier geschilderte fiktive Szene findet ihr Gegenstück in einer autobiographischen Szene mit dem Japan-Besucher Muschg selber als Hauptfigur. 1963 hatte er es sich nicht nehmen lassen, den berühmtesten *Daisetz Teitaro Suzuki* zu besuchen. Er lebt in Kamakura, einer Stadt, die zum Großraum Tokio gehört. Suzuki ist damals 93 Jahre alt und hat noch drei Jahre zu leben. Er befindet sich auf dem Höhepunkt seines Ansehens in Japan, aber auch im Westen. In den 20er Jahren hatte er in Kyoto die »Eastern Buddhist Society« gegründet sowie die Zeitschrift »Eastern Buddhist« und sich seither der weltweiten wissenschaftlichen Präsentation des Buddhismus, insbesondere des Zen-Buddhismus, gewidmet. Dabei hatte er sich bemüht, immer auch chinesische, indische, tibetanische und koreanische Traditionen des Buddhismus einzubeziehen. Ebenso ist er ein Kenner der westlichen Geistesgeschichte, insbesondere der christlichen Mystik (Meister Eckehart) und der theosophischen Mystik (Emanuel Swedenborg). Zahlreiche Schriften zum Vergleich zwischen Christentum und Buddhismus haben ihm auch im Westen berühmt gemacht und das Buddhismus-Bild vieler in der englisch- und deutschsprachigen Welt geprägt.

Begreiflich, dass der damals 29jährige Deutsch-Lektor Muschg den großen, universal gebildeten Zen-Philosophen sehen will. So macht er sich auf den Weg nach Kamakura. Ausführlich beschreibt er die Begegnung mit Suzuki in dessen Haus.[292] Tiefe Eindrücke bleiben, nicht nur von der Persönlichkeit des Meisters, sondern auch von der Umgebung des Hauses: der Klosteranlage, den Bergen, den Pflanzen, den Wassern. Ganz im Gegensatz zu seinem fiktiven Adalbert Huhn tritt Muschg hier nicht als Belehrender auf. Er ist ganz Auge. Jede Gestik, jedes Körpersignal wird aufmerksam registriert, vor allem die Landschaft des alten Gesichts. Das steigert die Intensität der Wahrnehmung, zumal Muschg das Gefühl hat, sein berühmtes Gegenüber höre lieber als dass es spreche. Die Irritation, die eine solche Begegnung auslöst, wird nicht verschwiegen. Was soll man in diesem Augenblick als Besucher sagen? Die übliche »Schaumschlägerei«? Dem großen Mann mit Stichworten schmeicheln, die zugleich die »Intelligenz des Fragers« dokumentieren? So berichtet er von der Mühe des westlichen Anfängers beim »Sitzen« während der Meditation. Und Suzuki antwortet:

»An sich funktioniere Zen, wo man gehe und stehe. Aber im Sitzen werde es einem besonders bewusst. Die Unterlage, das richtige Aufruhen, die Schwere – und mit ein paar sparsamen Gesten macht er in seinem Sessel die Schwere vor – das sei wie der Horcher an der Wand, der ganze Mensch mache ein Ohr gegen seinen Grund, der dadurch leitend werde, durchhörig. Immerhin, man könne den Sitz vereinfachen, nur den einen Fuß hochnehmen statt beider, so: er machte es mit den Armen vor. Auf Schmerz sei es keineswegs angelegt; er hindere einen grade, sich zu vergessen.«[293]

Das Gespräch kreist dann um die Subjekt-Objektspaltung in der westlichen Philosophie. Der Westen habe, so Suzuki, das Objekt oder das Nichts. Vor dem Nichts habe er Angst – so sehr, dass er lieber noch diese Angst zum Ding mache, »das man um und um dreht, als sie einmal recht auszuhalten«.[294] Aber er nehme die Spaltung sehr ernst, sagt Suzuki. Nicht zufällig beruhe die Befreiung der gewaltigsten Energiequellen auf einem Spaltungsvorgang – nur der westliche Geist habe hier entdecken können, was ihm zwar gleiche, aber alle angehe. Ohne die Erfahrung einer uns schroff entgegengesetzten Natur, ohne den Willen, ihr Kräfte abzutrotzen und gegen sie selbst zu brauchen, ohne dieses besondere Ethos des westlichen Menschen wären wir nicht da, wo wir seien. Und das sei in aller Ehrfurcht gesagt. Aber heimatberechtigt sei der Mensch in seiner gewaltigen Werkstatt noch nicht; unbekannt in ihr wie mit sich. Als Beute hänge er im Netz seiner eigenen Erfindungen. Darauf wolle Zen ja gerade hinaus, hinaus in die Fremde der Gesellschaft und der Technik; er soll sich nicht in seiner Folklore verlieren, an Tee, Kalligraphie und Bogenschießen binden, sondern hinaus soll es an den Flugzeugknüppel und zum Kommandopult im Maschinenhaus:

»Suzukis Hände schalten und arbeiten jetzt in der freien Luft. Auch diese Apparate, ihrem selbstherrlichen Schein zum Trotz, sind verlorene Geschöpfe; sie bedürfen der Liebe, sie wollen sich erklärt sein. Und das werde das Wunder sein und die Hoffnung: je weiter sich Zen auf diese wild gewachsenen Äste hinauslasse, desto besser trügen sie uns. Das Beste von Zen liege freilich draußen, aber es müsse draußen entdeckt werden: die Liebe. Zen sei von seinem Ursprung her beides, Weisheit und Liebe, eines kraft des andern; vielleicht habe es selbst Spaltung betrieben und sich allzu lange bloß an der Weisheit genügen lassen, an einer speziellen und lokalen zudem. Aber es sei seinem Wesen nach nicht von diesem Lande, Japan, sondern von dieser Welt überhaupt, als ihr verschwiegenes Ganzes; deshalb gehöre es auch *in* diese Welt, dorthin am meisten, wo diese Welt nicht ganz, nicht bei sich selber sei. Durchdringen müsse sie erst als Lösungs- und Bindemittel, nicht anders als den einzelnen Menschen – bis diese Welt, nach dem Begriff der Kegon-Philosophie, wahrhaft ›vierte Welt‹ geworden sei … Weder eine Sammlung störrischer Einzelheiten, heißt das, noch ein subjektiver Begriff, der ihnen eingebildet wird, noch eine Hegelsche Dialektik beider, sondern etwas, das nicht ausgesprochen, nur erfahren werden kann, von den jetzt Lebenden erfahren werden muss: eine Welt, die *ji-ji* ist, einzeln-einzeln, d. h. individuell in Potenz; eine Welt, die zu ihrer ›As-it-is-ness‹ erwacht ist.«[295]

Zen-Buddhismus als Befreiung

Von daher ist es nicht schwierig, eine Brücke zu schlagen zu einer Erfahrung Muschgs zwanzig Jahre nach dem Erscheinen des Romans. 1985 veröffentlicht er einen Bericht über seine »Erfahrung in einem japanischen Zen-Kloster« und gibt ihm den programmatischen Titel »Aussteigen? Einsteigen!«. Von Anfang an wehrt Muschg ab, muss er abwehren, denn er sieht sich in Rechtfertigungszwang. Zen als Modefimmel? Mitnichten. Kloster als Flucht? Keine Rede davon. Zen als funktionales Fitnessprogramm für ermüdete Europäer, als Selbstverwirklichungstrip, als Nabelschau überfütterter Zivilisationsteilnehmer? Abmagerungsdiät zu Luxuspreisen? Dem hält Muschg entgegen:

»Ich bestreite nicht, dass ich mich auf eine Grenzerfahrung gerüstet hatte, als ich in dieses kleine Kloster an der Japan-See eintrat. Jeden Tag um vier Uhr aufstehen, zwei Stunden Sitz-Meditation, Zazen, dann eine Stunde Saubermachen, alles vor dem ebenso eiligen wie kärglichen Frühstück: ein penibel geregelter Tagesablauf mit viel körperlicher Arbeit, die ebenfalls als Meditation zu gelten hatte. Und hinter all dem ein Ziel, auf das jeder mit Zen Befasste fixiert bleibt, auch wenn er weiß – d. h. gelesen hat –, dass ihn gerade diese Fixierung auf dieses Ziel am sichersten daran hindern wird, es zu erreichen: das Erwachen, die Erleuchtung: nach der Erschöpfung aller Wege die ersehnte und doch unvorhersehbare Einsicht, dass es aller dieser Wege niemals bedurft hatte, dass ich nur da endlich anzukommen brauch, wo ich schon bin.«[296]

Aber die Mönche und Nonnen im Kloster? Keine Weltflüchtlinge, sondern Menschen, die »nach einem heftigen persönlichen Ein- oder Durchbruch« sich auf den Weg gemacht hatten. Suchten sie Sicherheit im Kloster? Eher das Risiko. Denn sie wissen nicht, wohin der Weg sie führt und was der eigene Weg ist.

Die Hierarchie im Kloster? Der Roshi, der erleuchtete Meister, dominiert nicht, ist keine Größe, die über allen schwebt. Zwar ist er durch seine Person Garant für den Sinn des Weges, den jeder Einzelne hier im Kloster schließlich sucht, aber er soll sich überflüssig machen. Eine paradoxe Vorbildlichkeit verkörpert er: ein Vorbild zur Abschaffung aller Vorbilder. Jeder ist nur sich selbst verantwortlich.

Die fixen, starren Regeln? Auch sie findet Muschg nicht. Keine Regel im Kloster ist ganz unbeugsam. Auf individuelle Bedürfnisse wird im Rahmen bestimmter Regeln Rücksicht genommen. Die Arbeit am Buddha in uns selbst sei, so Muschg, bei weitem »anspruchsvoller und radikaler als jeder Dienst, der unter Druck von außen und oben geleistet wird«. Und dann kommt wieder die Kontrasterfahrung zu seiner christlichen Sozialisation:

»Ich empfand sie aber auch als nachbarlich subtiler, menschlich einfallsreicher, sorgfältiger als jede Art Dienst an einem persönlichen, in der Du-Form gedachten und angesprochenen Gott, wie er einem im westlichen Christentum begegnet. Denn im Zen-Kloster gibt es wohl das gemeinschaftliche Sutra-Lesen, das Händefalten nicht nur zum Tischgebet, sondern auch beim Empfang jeder einzelnen Speise. Es gibt natürlich die Erfahrungen, die wir auf unserer Seite der Welt ›religiös‹ zu nennen pflegen. Aber es gibt ausdrücklich keinen Gottesdienst, so wenig wie es einen Sonntag und Werktag gibt. Arbeitstag und Feiertag sind ebenso dasselbe wie Meditation und Arbeit. Wenn Beten und Essen, Zähneputzen und Betteln, Reden und Nicht-Reden, nicht aus *einem* Geist geschehen, geschieht keines von beiden recht. Muss man Religion nennen, was nichts anderes ist als höchste Lebensart. Aufmerksamkeit für den Nächsten und für das Nächste, Anwesenheit dessen, was ich bin in dem, was ich tue, nicht morgen, nicht jenseits, sonder hier und jetzt? Ich habe im Kloster erlebt, dass Leben mit sich eins sein kann, und mit seinem scheinbaren Gegenteil, dem Tod; und dass es, wenn alles gleichgültig ist, nichts Gleichgültiges mehr gibt.«[297]

Das Besondere an Japan

Wir machen einen Sprung in das Jahr 1995. In diesem Jahr lässt Muschg seinen Band mit sieben Kurz-Essays zu Japan erscheinen. Er gibt ihm den programmatischen Titel »Die Insel, die Kolumbus nicht gefunden hat«. Durch Negativität, durch Verweigerung, durch Ironie will er Aufmerksamkeit erregen. Es liegt in der Tat eine tiefe Ironie von Anfang an über der Geschichte der Begegnung Europa – Asien. Christoph Kolumbus – er ist der Typus des Europäers, der Indien gefunden zu haben glaubt und Amerika entdeckt. Der Typus des Europäers, der sich nicht abbringen ließ von der Obsession, was er gefunden habe, sei die Küste Asiens: das Mangi (China) oder das Zipangu (Japan) aus Marco Polos Erzählungen. Ein Wahn, an dem Kolumbus trotz weiterer Reisen bis zu seinem Tode festhält. Welch eine Farce: Indien suchen und Indien finden ist für Europäer von Anfang an zweierlei. Welch eine Ironie: Bis heute gibt es Europäer, die nach Asien aufbrechen, aber nur Amerika finden oder das, was sie gefunden haben, für Asien halten.

Muschg beleuchtet die andere Seite der Medaille. Was bedeutete es, wenn Japan vor dieser Art von europäischer »Entdeckung« und späterer »Kolonisierung« verschont blieb? Wenn Japan die Insel ist, die Kolumbus *nicht* fand, obwohl er sie gefunden zu haben glaubte? Eine nur mühsam kaschierte Genugtuung drückt der Titel aus. Noch einmal: Wie muss man dann diese durch Europäer weitgehend unbeeinflusste, autonome, sich später bewusst abschließende Kultur in ihrer heilsamen, befreienden *Andersheit* verstehen? Zur Berliner Ausstellung »*Japan und Europa 1543–1929*« hält Muschg eine programmatische Eröffnungsrede im September 1993 und bündelt hier seine Überlegungen zu dieser Insel unter dem Titel »*Japan – Versuch eines fraktalen Portraits*«. Gleich zu Beginn wird betont:

»Zipangu-Nippon, die Inseln, die Kolumbus auf seinem Weg nach Indien gesucht und nicht gefunden hatte, sollten der westlichen Wahrheitsfindung noch lange verschlossen bleiben. Und als sie davon berührt wurden, blieben sie in hohem Maße fähig, selbst zu bestimmen, wie viel davon sie vertragen konnten, zu ertragen bereit waren. Japan, heißt das, blieb länger ›Fremde‹ für den Westen – ohne dass seine Eingeborenen darum unterentwickelt blieben – ganz im Gegensatz. Das war eine Provokation – und sie hält an, bis auf diesen Tag.«[298]

Einzelheiten von Muschgs Japan-Reflexionen können wir hier nicht ausbreiten. Ich will einen Grundgedanken verdeutlichen, der sich durch viele Beiträge im Band mit den »Sieben Gesichtern Japans« zieht. Was ist das Besondere an Japan? Warum die ganz eigene Fähigkeit, Fremdes zwar aufzunehmen, zu assimilieren, aber zugleich den eigenen kulturellen Regeln zu unterwerfen? Immer wieder könne man, so Muschg, bei Japan-Reisen feststellen, wie elastisch diese Kultur auf Einflüsse reagiert und doch dieselbe bleibt. Dauer im Wechsel, Konstanten im Fluss des Geschehens. Revolutionsfähigkeit bei »gewagten Fassaden der Unveränderlichkeit«.[299] Die Konstanten der Identität? Sie können sich in Japan nicht »trotz, sondern kraft des Wechsels« behaupten. Eine erstaunliche, in keiner anderen Kultur so anzutreffende Fähigkeit des Ausbalancierens von Modernisierung. Muschg zieht zum Verstehen eine Analogie zur japanischen Sprache und einen Vergleich aus der Computer-Logik heran:

»Das Geheimnis des Systems sitzt nicht in seiner Struktur, sondern in seiner Fähigkeit, Räume offen zu lassen. Die japanische Sprache definiert nicht. Sie stellt anheim.

Fuzzy logic, in Amerika erfunden und nicht weiter verfolgt, wird in Japan zur Basis einer neuen Computergeneration entwickelt. Das heißt, die Unschärferelation der modernen Physik wird industriell genutzt. Die Maschine trifft ihre Entscheidungen nicht mehr aufgrund binärer Schritte – 0 oder 1, Jacke oder Hose, Er oder Ich. Sie setzt sie aus dem Material zusammen, in dem sie auch im menschlichen System vorkommt: aus Halbheiten, Zweifeln, Widersprüchen, Doppeldeutigkeiten. Wen wundert's, dass dieses System nicht nur intelligenter ist, sondern, unter dem Strich, auch noch besser rechnet? Es vermeidet Kurzschlüsse, rein formalistische Lösungen, übt Geduld, hütet sich also vor dem ›scheinbaren Einpfählen der scheinbaren Sache‹ (Kafka). Seine Fehlerfreundlichkeit macht es flexibler, realistischer als jedes Schema, das auf Alternativen programmiert ist und sie mit keinem Faktor X zu modifizieren versteht. Das heißt: mit dem ›menschlichen‹ Faktor. Der Vorsicht gegen die eigenen Prämissen. Der Höflichkeit gegenüber dem ausgeschlossenen Dritten, dem ›Anderen‹, Unvorhergesehenen, Undenkbaren.«[300]

Da ist sie wieder, die Muschgsche Japan-Idee, die er in seinen Reflexionen zum Zen-Buddhismus als Kontrasterfahrung zur christlichen Sozialisation schon geäußert hatte: die Überwindung dualistischer Raster und die Ablehnung von Ausschließlichkeitsdenken, dem »Missionierung« und »Ausgrenzung« fremd sind. In Japan findet Muschg auch nach einem langen Reflexionsweg das, was er in der Kindheit schon suchte: das, was Europa fehlt. Eine Zivilisation, die Zwischenwirklichkeiten erlaubt, Unentschiedenheiten, das Sowohl-als-auch, eine Zivilisation, die Inkommensurables wertungsfrei nebeneinander gelten lassen kann, und die *so* dem »Chaos« der Geschichte eher gewachsen wäre? Muschg wörtlich:

> »Vielleicht bildet es darin jene Muster aus, die wir in den fraktalen Figuren bestaunen. Bilder geordneter Turbulenz. Sie gleichen nicht mehr dorischen Säulen oder Figuren cartesianischer Logik. Viel eher erinnern sie an tibetische Mandalas oder Wolken am Himmel – oder eben an die Vieldeutigkeit jedes menschlichen Aktes. Sie stimmen zur Unberechenbarkeit unserer Existenz. Diese mit Eigentümer-Allüren zu vermessen, ist bisher nicht ohne Vermessenheit abgegangen. Japan hat es anders angefangen. Die Ressourcen seiner Kultur – eingeschlossen die Erfahrungen von Hiroshima und Nagasaki – könnten es besser dafür aufgerüstet haben als uns, die begründete Angst des Menschen vor sich selbst zu relativieren. Vielleicht tun wir nicht übel daran, auf die heimliche Vernunft der japanischen ›Unvernunft‹ zu setzen … Das Geheimnis besteht darin, dort, wo man hin will, schon da zu sein. Das aber ist keine Sache der Beine, sondern der Umsicht, des geduldigen Überblicks, der Phantasie.«[301]

Ein Fingerzeig am Ende, mehr kann es nicht sein. Wie sehr ihn das Thema Japan bis in die jüngste Zeit umtreibt, zeigt der neueste Roman, den ich schon erwähnt habe: »Eikan, du bist spät«, erschienen 2005. Wieder nutzt Muschg die exotische Kulisse des Fremden, um die Fremdheit einer Liebesbeziehung zwischen Mann und Frau wirksam zu illustrieren: zwischen Andreas Leuchter und der Japanerin Susumu. An einer entscheidenden Stelle des Romans erzählt Susumu eine Anekdote von dem alten Abt Eikan:

> »Susumu erzählte von dem alten Abt Eikan, der sich jeden Morgen früh, sehr früh, im Garten des Klosters erging, um zu meditieren. Als er eines Tages verschlafen hatte, sah er zu seiner Bestürzung, dass schon einer da war, der unter Kirschbäumen wandelte und sich, als er Schritte hörte, gelassen umdrehte. Eikan, du bist spät, sagte er über die Schulter, und in diesem Augenblick wurde der Abt erleuchtet. Dann war er wieder allein. Aber er hatte den Buddha gesehen.«[302]

Im Roman wird dieser Text gewissermaßen als psychologisch-lebensgeschichtliche Deutefolie auf die Hauptfigur Andreas Leuchter bezogen. Am Ende des Romans nimmt ein Dialog darauf ausdrücklich Bezug: »Leuchter, du hast noch keinen Menschen geliebt. / Heute fang ich an. / Viel Glück, Leuchter, du wirst es brauchen. / Ich bin noch nie so glücklich gewesen. / Eikan, you are late. / Wir werden nicht jünger …« Wie immer dies in der Gesamtkomposition des Romans zu verstehen ist, fest steht: Die Verstehensgeschichte Adolf Muschg – Japan ist noch nicht zu Ende. Japan, das ist die Insel, die Adolf Muschg zwar gefunden, aber noch längst nicht verstanden hat.

ANMERKUNGEN

Die Belege erscheinen hier in verknappter Form notiert, vollständig vermerkt im Literaturteil, S. 243–252.

1   *E. Langgässer*, Briefe Bd. II, 643. An dieser Stelle sei besonders den Anna-Seghers-Forscherinnen *Christiane Zehl Romero* und *Sigrid Bock* sehr herzlich gedankt. Sie haben sich die Mühe gemacht, mein Manuskript, das als Rede zum 100. Geburtstag von Anna Seghers in Mainz am 24. November 2000 gehalten wurde, vor Drucklegung noch einmal durchzusehen und mir hilfreiche Kommentare und Hinweise zu übermitteln.

2   *Ch. Wolf*, Anmerkungen zu Elisabeth Langgässer (1999).

3   Zum Verhältnis von Elisabeth Langgässer zu ihrer Tochter Cordelia im Kontext des jüdisch-christlichen Problemkomplexes habe ich im gleich folgenden Kapitel dieses Buches Stellung genommen.

4   *A. Seghers*, Briefwechsel 1947, 74.

5   *H. Mayer*, Anna Seghers, 276.

6   So tendentiell die Seghers-Interpretationen von *Ch. Wolf*, in: Die Dimension des Autors (1987).

7   So tendentiell *M. Reich-Ranicki*, Die kommunistische Erzählerin Anna Seghers (1963).

8   Zu nennen sind hier insbesondere die Arbeiten von *E. Haas, B. Greiner* u. *B. Spies*; *L. Rinsers* Beitrag dagegen zu »Hoffnung und Glaube der Anna Seghers« (1998) bleibt zwiespältig und ist nicht die Art des Dialogs, wie sie in diesem Beitrag mit der Suche nach strukturellen Analogien gesucht wird. Bei aller politischen Kritik wird Anna Seghers von Luise Rinser religiös gewissermaßen vereinnahmt: »Anna Seghers' Glaube und Hoffnung ist die Gestimmtheit einer Atheistin, der Glaube an ein Friedensreich auf Erden. Es ist der Glaube der Juden an das Erscheinen des Messias, der Glaube der Christen an das jesuanische Gottesreich, der Glaube der Muslime an das Paradies. Anna Seghers' Glaube hat religiöse Kraft, indem jede große Utopie religiösen Charakter hat.« (Ebd., 137)

9   1951 schreibt *Anna Seghers* in einem ihrer seltenen autobiographischen Texte: »Mein Vater war Kunsthändler. Ich hatte keine Geschwister. Mein Vater war orthodoxer Jude. Aus Überzeugung, aus Tradition und aus Stolz.«, in: Anna Seghers. Eine Biographie in Bildern, 12.

10   *M. Haller-Nevermann*, Jude und Judentum im Werk Anna Seghers', bes. 249–258.

11   Ebd., 36.

12   Diese frühe Arbeit ist seit der Ausgabe im Reclam-Verlag Leipzig 1981 wieder greifbar. Vgl. die ausführliche Analyse bei *M. Haller-Nevermann*, 27–38 (s. Anm. 10).

13   *Ch. Zehl Romero*, Anna Seghers. Eine Biographie 1900–1947, 174.

14   Zitiert ebd., 175.

15   Zitiert ebd., 174.

16   Zitiert ebd., 162.

17 Vgl. *E. Haas*, Anna Seghers und der Messianismus Ernst Blochs (1997).

18 Zitiert bei *Ch. Zehl Romero*, 169 (s. Anm. 13).

19 *M. Reich-Ranicki*, Die kommunistische Erzählerin Anna Seghers (1963), 357.

20 Ebd.

21 *M. Haller-Nevermann*, Jude und Judentum im Werk Anna Seghers', 20: »Einige Aspekte der Werkanalyse sprechen dafür, dass Seghers eine religiöse Grundorientierung aus der jüdischen Tradition herauslösen und auf die Weltanschauungsgemeinschaft der KPD übertragen konnte, dass die in ihren Texten dargestellten kommunistischen Ideale und Helden eine parareligiöse Funktion übernehmen. Die der Religion vergleichbare Omnipotenz, die Seghers in ihrem literarischen Werk der Partei zubilligt, das Maß ihrer Idealisierung oder Verabsolutierung, kann zu einem gewissen Teil auch als Transformation einer religiösen Glaubenshaltung in die politische gedeutet werden.«

22 *M. Brumlik*, Deutscher Geist und Judenhaß. Das Verhältnis des philosophischen Idealismus zum Judentum, München 2000, bes. Kap. VI: Marx – Emanzipation vom Judentum?

23 *K. Marx*, Frühschriften, 171.

24 Auch die allererste literarische Arbeit von *Anna Seghers*, die Erzählung »Die Toten von der Insel Djal«, publiziert im Dezember 1924, ist unter religiösem Aspekt aufschlussreich. Hauptfigur ist ein in der calvinistischen Tradition stehender Pfarrer, Jan Seghers (später das Pseudonym der Autorin), für den Religion nicht mit Demut und quietistischem Einverständnis identisch ist, sondern mit radikaler Auseinandersetzung mit Gott. Diesem Pfarrer gelingt es, die tradierte Lebensweise umzukehren: Er tut nicht, was Gott ihm abverlangt; er zwingt Gott seinen eigenen menschlichen Willen auf; nicht im Himmel, schon auf Erden verwirklicht er sein ewiges Leben.

25 *Dies.*, Der Aufstand der Fischer von St. Barbara, 5.

26 *E. Haas*, Urbilder und Wirklichkeitsträume. Zur paradigmatischen Funktion des Mythos bei Anna Seghers, in: Anna Seghers. Materialienbuch (1977), 54.

27 *A. Seghers*, Der Aufstand der Fischer von St. Barbara, 25f.

28 Ebd., 60.

29 *S. Bock*, Die Last der Widersprüche. Erzählen für eine gerechte, friedliche, menschenwürdige Welt – trotz allem, in: Weimarer Beiträge 36 (1990), S. 1554–1571, Zitat S. 1559. Jüngst hat auch *S. Hilzinger* (2000) die Auseinandersetzung mit religiösen Traditionen unter den Stichworten »Passion und Erlösung« erhellend diskutiert mit dem Ergebnis: »Ein weiterer Grundimpuls bereits der jungen Seghers war die ausgeprägte Sensibilität für Unrecht und Unterdrückung, die Empathie mit dem Leid anderer und der starke Wunsch, beizutragen zur Schaffung einer besseren Welt. Die Grundkonzeption, die sich aus diesen Impulsen für das Schreiben der jungen Autorin ergab, lässt sich am deutlichsten mit dem Begriffspaar ›Passion und Erlösung‹ beschreiben ... Meiner Meinung nach müssen diese Begriffe im Kontext des Seghers'schen Werks in einem gegenüber dem christlichen Bedeutungszusammenhang erweiterten Sinn verstanden werden. Aufgewachsen in einem jüdischen assimilierten Elternhaus und zugleich in einer überwiegend christlichen Tradition, hat Seghers sich in ihrer Persönlichkeitsentwicklung und auch aufgrund ihres Anschlusses an die kommunistische Bewegung weitgehend von den genuin *religiösen* Inhalten sowohl des jüdischen wie des christlichen Glaubens gelöst, sie hat sie in einem säkularisierten Verständnis gebraucht, als *Überlieferung und Tradition*, ja sogar als *Mythologie*« (33–35).

30 Nach dem Zeugnis von *J. Stern*, Das Floß der Anna Seghers, in: S. Hilzinger (Hrsg.), »Das siebte Kreuz« von Anna Seghers, 111.

31 *A. Seghers*, Rede auf dem Ersten Internationalen Schriftstellerkongreß, in: S. Hilzinger (Hrsg.), »Das siebte Kreuz« von Anna Seghers, 52.

32 Eine ausführliche Interpretation dieses Romans kann an dieser Stelle nicht geleistet werden. Ich verweise auf meine eigenen Publikationen zu diesem Buch: *K.-J. Kuschel, Im Spiegel der Dichter. Mensch, Gott und Jesus in der Literatur des 20. Jahrhunderts,* Düsseldorf 1997, 334–345, sowie in: Jesus im Spiegel der Weltliteratur, Düsseldorf 1999, 538–547. Hier findet sich auch die Dokumentation der relevanten Forschungsliteratur zum Roman.

33 *A. Seghers,* Das siebte Kreuz, 16.

34 *B. Spies,* Kommentar zu »Das siebte Kreuz«, 464.

35 *A. Seghers,* Das siebte Kreuz, 80.

36 Ebd., 82f.

37 *M. Reich-Ranicki,* Die kommunistische Erzählerin Anna Seghers (1963), 372.

38 Diese Einschränkung gegenüber den ansonsten beeindruckenen Recherchen der Biographen scheint mir – gerade auch im Interesse einer unvoreingenommenen theologischen Rezeption – angezeigt. Vgl. *Ch. Zehl Romero,* Anna Seghers. Eine Biographie 1900–1947, 102.

39 Ebd.

40 Schön hat *Ch. Gellner* in seinem Aufsatz »Schriftsteller als Bibelleser: Anna Seghers« diesen Gedanken herausgestellt: »Das ›Siebte Kreuz‹ formuliert diese menschliche Verzweiflung und weist sie zugleich mit dem Bekenntnis zurück: Die Opfer dürfen nicht umsonst sein, und deshalb darf das Volk sie nicht vergessen. Ja, der Roman will gleichsam das stellvertretende Gedächtnis des Volkes sein, auch wenn er selbst noch schildern muss, dass das wirkliche Volk alles vergißt, was es aus seiner Erfahrung des Faschismus weiß, und dass die *humanen Potenzen unter der NS-Herrschaft* eine *leidende und zusehends schwindende Größe* darstellen. Unter dem Eindruck der so offensichtlichen Niederlage der Antifaschisten ... verfälscht ›Das siebte Kreuz‹ also nicht die Wahrnehmung der siegreichen Hitlerei wie der eigenen Ohnmacht, weigert sich aber zugleich, diese Wahrnehmung als einzig gültige Auskunft zu akzeptieren. Es ist denn auch Anna Seghers ganz *persönliche Hoffnung* auf einen ›*eisernen Bestand‹ an Menschlichkeit und Widerstandskraft,* die sich, allem Augenschein zum Trotz, letztendlich als mächtiger erweist als alle Gewalt, Finsternis und Barbarei, die in der zeitgenössischen Wirklichkeit, die der Roman eindringlich vergegenwärtigt, kaum noch reale Anhaltspunkte fand. Auf ihr Bedürfnis, der Verzweiflung darüber eine Hoffnung abzutrotzen, welche die schlechte Wirklichkeit moralisch wie praktisch zu transzendieren erlaubt, gehen nicht zuletzt auf die mythisch-religiösen Bezüge des ›Siebten Kreuzes‹ zurück, in denen die Perspektive des sozialen Romans bewusst überschritten und gerade so deutlich wird, wie nahe diese Hoffnung an der Verzweiflung lag.« (in: Lamed. Zeitschrift für Kirche und Judentum, November 2000, 18–23, Zitat S. 21).

41 *F. J. Hassauer-Roos – P. Roos,* Die Flucht als Angriff. Zur Gestaltung des Personals in »Das siebte Kreuz«, in: Anna Seghers. Materialienbuch, 99.

42 *K. Marx,* Frühschriften, 178.

43 *A. Seghers,* Ein Neger gegen Napoleon, 231.

44 *Dies.,* Die Hochzeit von Haiti, 34f.

45 Ebd., 20.

46 Ebd., 60.

47 *Dies.,* Wiedersehen, 81.

48 Ebd., 95.

49 Ebd.

50 *Dies.,* Das siebte Kreuz, 9f.

51 Ebd., 421. Wie zentral für Anna Seghers dieser Glaube an ein »Innerstes« im Menschen war, das »unangreifbar« und »unverletzbar« sei, zeigt auch die späte Erzählung »Überfahrt« aus dem Jahre 1971. Es heißt dort: »Es muss aber im Innern des Menschen einen unverwüstlichen, zwar manchmal im Dunst, sogar im Schlamm verborgenen,

dann aber wieder in seinem ursprünglichen Glanz aufleuchtenden Kern geben. Es muss ihn geben.«

52 *Dies.*, Gruß an Pablo Neruda, 115f.

53 *Dies.*, Glauben an Irdisches, 46.

54 Ebd., 51.

55 *E. Langgässer*, Saisonbeginn, in: *dies.*, Ausgewählte Erzählungen. Mit einem Nachwort von H. Krüger, Frankfurt/M. – Berlin – Wien 1980, 190–193.

56 *K.-J. Kuschel*, Jesus in der deutschsprachigen Gegenwartsliteratur. Mit einem Vorwort von Walter Jens, Köln – Gütersloh 1978, Taschenbuch-Ausgabe München 1987, 276.

57 *M. L. Kaschnitz*, Orte (1973), in: Büttrich, Christian/Miller, Norbert (Hg.), Gesammelte Werke Bd. III, Frankfurt/M. 1982, 415–650, Zitat S. 428.

58 *C. Edvardson*, Gebranntes Kind sucht das Feuer, München – Wien 1986, 27f.

59 Am 29. Mai 1999 hat die Schriftstellerin *Christa Wolf* in ihrer Rede zur Entgegennahme des Elisabeth Langgässer-Literaturpreises der Stadt Alzey einen eindrucksvollen Vergleich zwischen Elisabeth Langgässer und Anna Seghers durchgeführt. Auf das Schicksal von Mutter und Tochter Langgässer eingehend, äußerte sie sich so: »Seitdem empfand ich eine Scheu vor dem Schicksal dieser beiden Frauen – Mutter und Tochter –, die sie für mich zu Unberührbaren machte. Es gibt, glaube ich, eine Art und einen Grad tragischer Verstrickung, über die zu reden, gar zu urteilen, für Außenstehende tabu ist« (S. 16f.). Für mich gibt es freilich einen Unterschied zwischen »Reden« und »Urteilen«. Die in diesem Falle dringend notwendige Urteilsabstinenz darf nicht zu einem Redetabu führen. Der »Fall Langgässer« muss in der rechten Weise analysiert und besprochen sein. Mit Christa Wolf aber kann auch ich mich auf einen Satz von *Cordelia Edvardson* in dieser Frage stützen: »Ich finde es unglaublich, dass immer wieder gefragt wird: ›Wie konnte Ihre Mutter nur?‹ Man versucht, die eigene Schuld auf andere Leute abzuschieben. Man fragt sich nicht: ›Wie konnten wir so ein System schaffen und zulassen, dass eine Mutter in einen so fürchterlichen Konflikt geriet?‹ Meine Mutter war ein Opfer« (S. 17). Der Text von Christa Wolf ist zusammen mit allen anderen bei der Preisverleihung gehaltenen Reden dokumentiert in einem Sonderdruck der Stadt Alzey.

60 Was die Erzählungen von *E. Langgässer* betrifft, so fällt der Text »Der Torso« (1948) aus dem Rahmen. Denn hier taucht – zum ersten und einzigen Mal, wenn ich recht sehe – die Gestalt eines Juden im Werk der Langgässer auf: die Figur des Habakuk, von dem es heißt: »Sein Gehirn war auf Katastrophen trainiert, denn seine Vorfahren hießen Mendel, Baruch und Rubinstein.« Diese kurze, mehr apokalyptisch-visionäre als realistische Erzählung aber ist in der Gesamtaussage zu unbestimmt, als dass sie schon ein Gegenbeispiel zu unserer Grundthese sein könnte. (In: Ausgewählte Erzählungen, 184–188.)

61 *E. Langgässer*, Das unauslöschliche Siegel, 26f.

62 Ebd., 213.

63 *E. Hoffmann*, Nachwort zum »Unauslöschlichen Siegel«, 633.

64 *E. Langgässer*, Das unauslöschliche Siegel, 502.

65 *F. Hetmann*, Schlafe, meine Rose, 14f.

66 *E. Langgässer*, Das unauslöschliche Siegel, 257–259.

67 *Dies.*, Märkische Argonautenfahrt, 76f.

68 *Dies.*, Die Zukunft des christlichen Romans, in: Wort und Wahrheit 4 (1949), 508–516; *dies.*, Möglichkeiten christlicher Dichtung – heute, in: Hochland 41 (1948/49), 244–252; *dies.*, Rechenschaftsbericht an meine Leser, in: »… soviel berauschende Vergänglichkeit«. Briefe 1926–1950, Frankfurt/M. – Berlin – Wien 1981, 230–241.

69 Wie in der von *Wilhelm Hoffmann*, dem Ehemann der Autorin, betreuten frühen Briefausgabe: »… soviel berauschende Vergänglichkeit«. Briefe 1926–1950.

70 *E. Langgässer*, Brief an M. Schreiber vom 23. 12. 1948, in: Briefe Bd. II, 851.

71   In einem Brief an den Erzpriester *Alfons Kusche* vom 29. 11. 1949 spricht *E. Langgässer* überraschenderweise davon, dass »der kleine Martin getauft wurde«. Dies sei der »heimliche Wunsch« Cordelias gewesen. Nach den Recherchen von *Dr. Franz Pelgen*, dem langjährigen Leiter der Kulturredaktion des SWR-Studios Mainz und verdienstvollen Editor der Langgässer-Hörspiele, kam es in der Tat zur Taufe Martins, und zwar in Form einer Nottaufe, die nicht in die Bücher der entsprechenden Pfarrei eingetragen wurde. Dass Elisabeth Langgässer in dieser entscheidenden Frage ihre Tochter moralisch erpresste, ist offenkundig. Verräterisch ist deshalb die Rede vom »heimlichen Wunsch« Cordelias, von einem »wirklichen inneren Anliegen«. Denn dadurch wird indirekt zugestanden, dass die Taufe der offene Wunsch und das direkte Anliegen der Tochter kaum gewesen sein kann. Die entscheidende Brief-Passage ist in jeder Hinsicht verräterisch: »Ihre (Cordelias) Heirat war im Grunde Schutzbedürfnis und Sehnsucht nach Geborgenheit, Sehnsucht nach Friede und Menschlichkeit, Sehnsucht zu vergessen, was sie Böses erfahren hatte. Sie weiß das selbst ganz genau, sie weiß, was ihr fehlt, und kennt sehr genau die Grenzen ihrer Kraft. Dass sie brav und treu die atheistisch-idealistischen Redensarten ihres jungen Mannes nachredet, hindert sie nicht daran, Sehnsucht nach dem Abendmahl zu empfinden, und mehr als einmal ist sie in aller Frühe aufgestanden, um mit mir in die Messe zu gehen; dass der kleine Martin getauft wurde, war ihr heimlicher Wunsch, dem sie so unbeschwert nachgeben konnte, weil ich ihr immer wieder bestätigte, es sei *meiner*, und sie täte es natürlich nur mir zuliebe. Als das Elternpärchen dann von der Taufe mit dem Kleinen zurückkam, fand der junge Vater, dass der Pfarrer ›so klare Augen habe‹ und ein so ›schönes Latein‹ spreche, und Dela fand ihn ›reizend mit dem Kind‹. Kurz und gut: Auf erschütternd kindliche und durchsichtige Weise kam immer wieder eine tiefere Anerkennung heraus; ein wirkliches inneres Anliegen, das sich unter äußerer Ironie und Berliner Schnoddrigkeit mühsam verbirgt.« (Bd. II, 987f.)

72   *C. Edvardson,* Gebranntes Kind sucht das Feuer, 124.

73   Ebd., 125.

74   *E. Langgässer,* Brief an C. Edvardson vom 9. 5. 1948, in: Briefe Bd. II, 771f.

75   Zum gesamten Komplex des christlichen Antijudaismus vgl. die im Literaturverzeichnis genannten exzellenten Studien von *H. Schreckenberger.*

76   Ich setze hier meine eigenen theologischen Grundlagenforschungen voraus. Insbesondere: *K.-J. Kuschel,* Streit um Abraham. Was Juden, Christen und Muslime trennt – und was sie eint, Düsseldorf 2001.

77   Erklärung der *Französischen Bischofskonferenz* (1973), in: Die Kirchen und das Judentum. Dokumente 1945–1985, 149–156, Zitat S. 155.

78   *K. Barth,* Kirchliche Dogmatik, Bd. IV/3, Zürich 1959, 1005: Selbstverständlich ist auch für Karl Barth von Christen ein Zeugnis für den Christusglauben gegenüber Juden verlangt. Aber Barth differenziert auch hier und spricht von einem »schlechthin singulären« Zeugnis. Angesichts des heute wieder aufgeflammten Streites um »Judenmission« im Raum des deutschen Protestantismus seien die eindrucksvollen Ausführungen von Karl Barth hier in Erinnerung gerufen. Unter anderem auch diese: »Eine besondere Überlegung ist hier nötig hinsichtlich des Verhältnisses der christlichen Gemeinde zu den Juden, zur Synagoge, zu Israel. Selbstverständlich ist sie ihr Zeugnis auch *diesem* zugleich so verheißungsreichen und unheimlichen, ihr so nahen und doch so fernen Bereich ihrer menschlichen Umwelt schuldig. Ist doch sein Inhalt in *Israel* Ereignis geworden und ist es doch als Zeugnis von diesem Ereignis im Munde Jesu selbst und seiner direkten Jünger, aber auch noch im Munde des Paulus zuerst eben an Israel gerichtet gewesen. Wie sollte es nicht in aller Folgezeit auch Israel, und zwar gerade Israel angehen? Das Wesen gerade dieses besonderen Adressaten, auch der Rückblick auf jene Anfänge der Begegnung der Gemeinde gerade mit ihm und schließlich das Verhältnis der Gemeinde gerade zu ihm, wie es sich von beiden Seiten gestal-

tet hat, nötigen nun aber zu der Feststellung, dass ihr Zeugnis in dieser Richtung jedenfalls nur ein schlechthin *singuläres* sein kann.«

79 K. *Rahner – P. Lapide*, Heil von den Juden? Ein Gespräch, Düsseldorf 1983, 13f.

80 E. *Langgässer*, Das unauslöschliche Siegel, 602–603.

81 C. *Edvardson*, Die Welt zusammenfügen, 49f.

82 K.-J. *Kuschel*, Der Mensch sollte so leben, als gäbe es Gott. Gespräch mit Rolf Hochhuth, in: ders.,»Ich glaube nicht, dass ich Atheist bin«. Neue Gespräche über Religion
und Literatur, München 1992, 169–193, Zitat S. 177.

83 R. *Schneider*, Tagebücher, 351.

84 So – mit römischer Bandziffer + Seite – wird hier und im Folgenden die Ausgabe zitiert:
R. *Schneider*, Gesammelte Werke, Bd. I–X, hrsg. v. E. M. Landau, Frankfurt/M. 1977–
1978.

85 R. *Schneider*, Brief an Heinrich Graf Luckner vom 29. 11. 1950, in: ders., Leben und
Werk in Dokumenten, hrsg. v. F. A. Schmidt – B. Scherer, Karlsruhe 1973, 167.

86 *Ders.*, Leben und Werk in Dokumenten, a.a.O., 196.

87 Ebd., 170.

88 *Ders.*,Innozenz und Franziskus, Wiesbaden 1952, 92.

89 Ebd., 209.

90 Ebd., 218.

91 F. *Heer*, Reinhard Schneider, in: Über Reinhold Schneider, 136–153, Zitat S. 142.

92 So der Titel ihres 1947 entstandenen Gedichtzyklus:»In den Wohnungen des Todes«.

93 Zit. n. O. *Lagercrantz*, Versuche über die Lyrik der Nelly Sachs, Frankfurt/M. 1967, 43.

94 N. *Sachs*, Briefe, hrsg. v. R. Dinesen – U. H. Müssener, Frankfurt/M. 21985, 46f. (künftig abgekürzt zitiert mit Briefe + Seite). Bei dem erwähnten Spiel handelt es sich um
das Werk»Eli. Mysterienspiel vom Leiden Israels«, gedruckt 1951, als Hörspiel erstmals
gesendet 1958 im NDR, als Oper in schwedischer Übersetzung mit Musik von Moses
Pergament uraufgeführt 1959.

95 W. *Jens*, Nüchternheit und Präzision im Hymnos, in: Über Paul Celan, hrsg. v. D. Meinecke, Frankfurt/M. 1970, 47–51, Zitat S. 47.

96 P. *Celan – N. Sachs*, Briefwechsel, hrsg. v. B. Wiedemann, Frankfurt/M. 1993, 13 (künftig abgekürzt zitiert mit Celan – Sachs, BW + Seite). Interpunktion nach Original gelassen.

97 *Celan – Sachs*, BW, 23.

98 Ebd., 25.

99 Diese ganze Affäre ist nun überreich dokumentiert bei: B. *Wiedemann (Hrsg.)*, Paul Celan – Die Goll-Affäre. Dokumente zu einer»Infamie«, Frankfurt/M. 2000.

100 Nach den Recherchen von J. K. *Lyon* (s. Literaturangaben) wird man sagen können:
»Wäre die wechselhafte Mischung aus verstärktem Bewusstsein und größerer Offenheit über seine jüdische Identität, verstärkte Angst vor erneut ausbrechendem Nazismus und intensivierter Schuld eines Überlebenden zu dieser Zeit nicht so dominant
in Celans Bewusstsein gewesen, wäre seine Reaktion auf Claire Golls Plagiatsvorwürfe
im März 1960 vielleicht nicht so heftig ausgefallen. Durch das zeitliche Zusammen-
treffen jedoch lösten sie eine persönliche Krise aus, die die Art und die Richtung seiner nachfolgenden Gedichte veränderte und die entschieden zu einer Geisteskrank-
heit beitrug, die in den letzten zehn Jahren seines Lebens immer akuter wurde.«
(S. 187)

101 *Celan – Sachs*, BW, 29f. Eine Rezension von»Sprachgitter« durch den Literaturkritiker
G. *Blöcker* (im Berliner»Tagesspiegel« vom 11. 10. 1959) hatte Celan so erregt, dass er
auch an Nelly Sachs den Text der Kritik und sein Antwortschreiben an Blöcker schickte
(26. 10. 1959: s. BW, 24). Später schickte er sogar noch im selben empörten Ton den
Antwortbrief Blöckers (31. 10. 1959: s. BW, 25f.). Von ihm in diese belastende Affäre hi-
neingezogen, bleibt ihr, die selber psychisch höchst belastet war, nichts anderes als

ein verzweifelter Trost: »Ich selbst kämpfe verzweifelt gegen die Mutlosigkeit die einen überfallen kann nach bitteren Erfahrungen, aber Sie lieber Freund, mit dessen Werk ich nichts, garnichts an Reinheit und Durchsichtigkeit vergleichen kann, Sie möchte ich schützen vor Ihrer eigenen Traurigkeit!« (s. BW, 27)

102 Ebd., 36.

103 Ebd., 36f.

104 Brief von Nelly Sachs an Paul Celan vom 30. 4. 1960: »Nur eine Frage: am 25. Mai fliege ich mit einer schwedischen Freundin nach Zürich, dann am 29. Meersburg, dann zurück Zürich und vom 2. Juni eine Woche Tessin, dann zurück Stockholm. Es ist das erste Mal nach der Flucht damals, dass ich von Schweden nun ins Ausland fahre. Hätte es wohl nie getan wenn der Arzt nicht dringend auf die Schweiz bestanden hätte. So habe ich den Meersburgtag dazwischen diesen Sprung ins Ungewisse. Und nun wage ich die Frage: Gibt es eine Möglichkeit vielleicht Sie in Zürich zu treffen? Lieber Paul Celan gibt es diese Möglichkeit? Schreiben Sie mir ein Wort darüber – weiß nicht ob man überhaupt das Recht hat solchen Herzenswunsch zu erbitten!« (BW, 32) Paul Celan antwortet am 3. Mai 1960: »Selbstverständlich komme ich nach Zürich, wann immer Sie es wünschen, bitte nennen Sie mir den Tag und die Stunde! ... Ob Sie, liebe Nelly Sachs, nicht auch zu uns in Paris kommen wollten – zu uns *und* nach Paris? Wir wohnen freilich nicht ganz unten im Tal, sondern fünf, leider recht steile, Treppen hoch – ob wir es uns erlauben dürfen, Sie zu uns zu bitten? Aber sicherlich ließe sich auch – ich sage das der fünf Treppen wegen, bitte fassen Sie es nicht falsch auf! –, es ließe sich, wenn Sie, was ich nur allzu gut verstehe, diese Art Alpinismus scheuen, leicht ein nettes Hotelzimmer in unserer allernächsten Nähe finden, ohne mühseligen Aufstieg, – hoffentlich können Sie ja sagen und kommen und bleiben!« (BW, 33)

105 Ebd., 40.

106 Briefe, 247.

107 *Celan – Sachs*, BW, 41: »26. mai: Hotel zum Storchen/4 h Nelly Sachs, allein.«

108 Briefe, 247.

109 Ebd., 248.

110 Ebd., 248 (Brief vom 4. Juni 1960 aus Ascona an Ilse und Moses Pergament, Stockholm).

111 Alle Zitate in: Ebd., 249f. (Brief vom 23. Juni 1960 aus Stockholm an Gisela und Alfred Andersch, Tessin).

112 *Celan – Sachs*, BW, S. 48.

113 *R. Peyer*, »Andenken«, in: Neue Zürcher Zeitung, vom 29./30. September 1984, 66.

114 Kopie abgedruckt in: *Celan – Sachs*, BW, S. 43.

115 *H. Domin*, Nachwort, in: Nelly Sachs, Gedichte, Frankfurt/M. 1977, 108. Aufschlussreich auch der Briefwechsel zwischen Hilde Domin und Nelly Sachs, abgedruckt in: *B. Lermen – M. Braun*, Nelly Sachs »an letzter Atemspitze des Lebens«, Bonn 1998, 217–255. Die Briefe berühren auch die uns besonders interessierenden Monate von Juni bis Oktober 1960. Zurück in Stockholm schreibt Nelly Sachs am 19. Juni an Hilde Domin, noch ganz erfüllt von allem Erlebten, aber schon sehr müde: »Nun wieder zurück von der ersten Auslandsreise; so innig gedenke ich Ihrer. Zürich – Meersburg – Ascona – Zürich – Paris, und in Sainte Chapelle mit den Freunden Celan. Es ist so überwältigend – Glück und Schmerz – Abschiednehmen – so ist es, wenn sich das Leben auf Höhpunkten paart. Bitte laß wieder hören. Alles Liebe und Gute. Bin sehr, sehr müde.« Am 3. Oktober dann, nach schweren Wochen psychiatrischer Behandlung, an Hilde Domin: »es ist so entsetzlich, was man getan hat gegen mich, dass ich alle Bosch- und Brueghel-Höllen durchschritt und schließlich zusammenbrach. Nun werde ich bald in ein Genesungsheim übersiedeln. Habe niemandem geschrieben, nur gelitten – gelitten. Kalt verraten von allen, die ich liebte.«

116 Nach den Erinnerungen der Nelly Sachs auf der Reise begleitenden schwedischen Freundin *Eva-Lisa Lennartsson* ist insbesondere die Reise zu Paul Celan in Paris keineswegs so »wunderbar« gewesen, wie Nelly Sachs anderen gegenüber glauben machen wollte, sondern tatsächlich eher »schmerzlich«. *J. K. Lyon* (s. Literaturangaben) hat diese in Schwedisch verfaßten Erinnerungen ausgewertet: »In seinem erregten Geisteszustand wandte sich Celan auch an Nelly Sachs. Lennartsson berichtet, dass sie und Sachs Celan während ihres fünftägigen Besuches in Paris im Juni 1960 in einem ernstzunehmenden Zustand der Paranoia fanden. Er erzählte ihr, dass ihn die französischen Literaten nicht genug beachteten, weil er Jude sei. Sie erfuhr, dass er obendrein von seiner Frau verlangte, ihren Sohn Eric jeden Morgen zur Schule zu begleiten und ihn nachmittags wieder abzuholen, aus Angst, er würde von Nazis verschleppt, denen bekannt war, dass Erics Vater Jude war. Und jeden Tag warnte er Sachs: alle Leute, die sie während ihrer letzten Reise nach Deutschland, wo sie den Droste-Preis entgegennahm, so herzlich empfangen hatten, wären falsch – sie wären ehemalige Nazis, schüfen sich aber Alibis durch Lobreden auf die Droste. Es wäre gefährlich, ihnen zu vertrauen, da sie im Grunde genommen doch Judenhasser wären. Diese Bemerkungen erschreckten Sachs, die zu dieser Zeit ebenfalls seelisch labil war. Plötzlich war sie so voller Angst, dass Lennartsson Celan bitten musste, aus Sorge um die geistige Gesundheit nicht länger über Neonazismus und Antisemitismus zu sprechen. Celan fühlte Sachs' Reaktion und sah ein, dass er solche Themen vermeiden musste, wollte er ihren Zustand nicht verschlimmern. Von diesem Zeitpunkt an, und besonders, als Sachs nach ihrer Rückkehr nach Stockholm einen Zusammenbruch erlitt, bemühte er sich, ihre Paranoia nicht durch irgendwelche Äußerungen zu verstärken.« (S. 188)

117 *Celan – Sachs*, BW, 53.

118 Ebd., 54.

119 Ebd., 55.

120 Ebd., 57.

121 Ebd., 58.

122 Ebd., 94.

123 Es handelt sich um das Gedicht »Nah, im Aortenbogen«, in: Fadensonnen, Frankfurt/M. 1968, 96. Auch in: Gesammelte Werke Bd. II, Frankfurt/M. 1983, 202.

124 *P. Celan*, Der Meridian. Rede anläßlich der Verleihung des Georg-Büchner-Preises, in: Gesammelte Werke Bd. III, 187–202, Zitat S. 198.

125 *Ders.*, Ansprache anläßlich der Entgegennahme des Literaturpreises der Freien Hansestadt Bremen, in: Gesammelte Werke Bd. III, 185f., Zitat S. 186.

126 Zit. n. *Th. Sparr*, Das Gespräch im Gedicht. Paul Celans Gedicht »Zürich, Zum Storchen«, in: Neue Zürcher Zeitung vom 24./25. 11. 1990, 67. Dieser Beitrag versucht noch weitere Parallelen zwischen Susmans Buch und Celans Gedicht herauszustellen: »In Celans fragendem, skeptischem Versuch einer Theodizee – denn über den Versuch geht das Gedicht nicht hinaus – führen die Schlüsselworte auf Margarete Susmans Hiob-Buch zurück. Sowohl ›Das Herz, das ich hatte‹ als auch das von Celan hervorgehobene ›Hoffen‹ sind Topoi von Margarete Susman. Der ganze Hiobskampf sei eine Frage der Macht, ›dieser Macht: der Kraft des Herzens‹, und ›Die Hoffnung‹ ist das Schlusskapitel von Margarete Susmans Buch, betitelt … In seinen Sätzen (›Wir wissen ja nicht, was gilt‹) zitiert Paul Celan den Schluss von Margarete Susmans Buch, dessen Anfang sein Gedicht einleitete: ›Wir, die so unendlich viel, die viel zu viel wissen, wir wissen nichts. Wir wissen nichts von dem, worauf es für uns allein ankommt, von dem Plan, in dem wir befasst sind und aus dem wir leben. Aber darum wissen wir auch nicht, ob nicht diese unsere dunkle, ganz von der Erlösung abgetriebene Welt der Erlösung am nächsten ist.‹«.

127 *J. Felstiner*, Paul Celan. Eine Biographie, München 1997, 209.

128 Briefe, 232f.

129 Briefe, 233.

130 *Celan – Sachs*, BW, 41.

131 Brief vom 11. Mai 1960, in: *Celan – Sachs*, BW, 38f.

132 Brief vom 12. Mai 1960, in: Ebd., 39.

133 Hier liegt auch die Grenze des verdienstvollen Beitrags von *Th. Sparr* (s. Anm. 126), von dem *J. Felstiner* abhängig ist. Indem er Parallelen zum Hiob-Buch von *Margarete Susman* aufzeigt, reduziert er Celan auf die Hiob-Rolle: »Das Zentrum des ganzen Gedichtes ist ›sein/haderndes Wort‹, das nicht genannt wird, Hiobs Grunderfahrung in seinem Hadern mit Gott, von dem er kein Wort, kein Zeichen seiner Gerechtigkeit vernimmt.« Ähnlich reduktiv fällt die Deutung desselben Interpreten in dem von *J. Lehmann* herausgegebenen »Kommentar zu Paul Celans Die Niemandsrose«, Heidelberg 1997, 65–69 aus. Auch hier wird nur das Adjektiv »hadernd« interpretiert, die beiden anderen Adjektive werden schlicht ignoriert. Ähnlich *W. Emmerich*, Paul Celan, Hamburg 1999 (Rowohlt-Monographie), 121: »In diesem Text (›Zürich. Zum Storchen‹) nimmt Celan Wendungen aus Margarete Susmans Hiob-Buch auf, um seine eigene *hadernde*, Hiob-gleiche Haltung gegenüber der gläubigen von Nelly Sachs zu markieren.«

134 Auf die äußersten theologischen Möglichkeiten von Nelly Sachs habe ich hinzuweisen versucht in: *K.-J. Kuschel*, Hiob und Jesus. Die Gedichte der Nelly Sachs als theologische Herausforderung, in: Stimmen der Zeit 211 (1993), 804–818.

135 In dieser Deutung sehe ich mich bestätigt durch *A. Schöne*, Dichtung als verborgene Theologie. Versuch einer Exegese von Paul Celans »Einem, der vor der Tür stand«, Göttingen 2000. Schöne weist zunächst eine Auslegung von *J. Bollack* mit Recht zurück, der (in einer brieflichen Äußerung ihm gegenüber) Celans Zürich-Gedicht als Verweigerung von Nelly Sachs' »versöhnlicher Gottesvorstellung« verstanden und stattdessen von Celans Verlangen nach »gnadenloser göttlicher Rache« gesprochen habe. Celan habe »das hadernde Wort des jüdischen Gottes« erfleht, das umröchelt sei »von all den Ermordeten, die nach Gerechtigkeit schreien«. Diese brieflichen Äußerungen verschärfen noch einmal die diesbezüglichen Formulierungen in *J. Bollacks* Aufsatz: Paul Celan und Nelly Sachs. Geschichte eine Kampfs, in: Neue Rundschau 105 (1994), H. 4, 119–134. Dagegen setzt Schöne ein anderes Verständnis von Gottes so umröcheltem, haderndem Wort. Man müsse es »vielmehr als eine Antwort auf die Theodizee-Frage« lesen. Es erinnere »an den 2. Vers des 22. Psalms, den der am Kreuz verendende Jesus von Nazareth nachgesprochen hat: ›Mein Gott, mein Gott, warum hast Du mich verlassen?‹ als ›sein‹ Wort verstanden – hadernd wie Hiob mit Gott (welcher ›alles dies wollte‹), aber doch Gott anrufend mit diesem Verzweiflungsschrei der menschlichen Natur – ist das Psalmzitat wohl auch als sein ›höchstes‹ Wort verstehbar.« (S. 17). Vgl. ebenso: *I. Strohschneider-Kohrs*, Poesie und Reflexion, Tübingen 1999, 391–395.

136 Literarisches Urmodell dieser Theologie eines Rebellierens gegen Gott vor Gott ist das Spätwerk von Heinrich Heine, wie ich in meiner Studie zu zeigen versuchte: *K.-J. Kuschel*, Gottes grausamer Spaß? Heinrich Heines Leben mit der Katastrophe, Düsseldorf 2002.

137 *M. Frisch*, Tagebuch 1946–1949, in: Gesammelte Werke Bd. II/2, Frankfurt/M. 1976, 378f.

138 *P. Celan*, Der Meridian, 197 (s. Anm. 124).

139 Ebd., 199.

140 Vgl. dazu unter methodologischen und inhaltlichen Gesichtspunkten: *K.-J. Kuschel*, Im Spiegel der Dichter. Mensch, Gott und Jesus in der Literatur des 20. Jahrhunderts, Düsseldorf 1997.

141 Eindrucksvoll dokumentiert in: *H. Küng*, Existiert Gott? Antwort auf die Gottesfrage der Neuzeit, München 1978.

142 A. *Camus*, »La Peste« (1947), dt. Die Pest. Roman, übersetzt v. G. G. Meister, Hamburg 1950, 76–77.

143 *F. M. Dostojewskij*, Die Brüder Karamasow, übers. v. H. Ruoff – R. Hoffmann, München 1958, 331.

144 Einzelheiten dazu bei *W. Groß – K.-J. Kuschel*, »Ich schaffe Finsternis und Unheil!« Ist Gott verantwortlich für das Übel?, Mainz 2. Aufl. 1995 in Auseinandersetzung vor allem mit der Christologie von *Jürgen Moltmann* (»Trinität und Reich Gottes« 1980) sowie der Philosophie von *Hans Jonas* (»Der Gottesbegriff nach Auschwitz. Eine jüdische Stimme« 1984).

145 *W. Kasper*, Der Gott Jesu Christi, Mainz 1982, 244.

146 Grundlage des folgenden Kapitels ist das Buch: *W. Groß – K.-J. Kuschel*, »Ich schaffe Finsternis und Unheil!« Ist Gott verantwortlich für das Übel?, Mainz 2. Aufl. 1995.

147 Alle Zitate in diesem Kapitel in: *H. Lange*, Die Selbstverbrennung. Roman, Hamburg 1982, 15.

148 Ebd., 14.

149 Ebd., 32.

150 Ebd., 46.

151 Ebd., 43.

152 Ebd., 59.

153 Ebd., 99f.

154 Ebd., 118f.

155 Ebd., 61f.

156 Ebd., 38.

157 Ebd., 121.

158 Ebd., 116f.

159 Ebd., 151f.

160 Der Autor hat in einem autobiographischen Essay 1997 unter dem Titel »Meine Realitätserfahrung als Schriftsteller« seine eigene »Orientierungskrise« eindrücklich rekonstruiert und dabei deutlich gemacht, dass er selber sich zunächst am stärksten in der Figur des Sempert widerspiegelt. Koldehoff erscheint dann als dessen radikalisierte Option. In seiner marxistischen Phase hatte auch Lange dem Erkenntnisoptimismus gefrönt, den Sempert verkörpert: »… was mich als Subjekt fortan definierte, war die Fähigkeit, die tatsächliche Welt ins Begriffliche zu zwingen. Und so war auch das Schreiben nicht mehr eine Sache aus privater Befindlichkeit und Weltabgelöstheit, es war eine Sache des gesellschaftlichen Auftrags … Dabei fühlte ich mich der politischen Avantgarde zugehörig und partizipierte an einer Weltanschauung, die zuversichtlich und überlegen stimmte, weil sie wissenschaftlich begründet und damit unangreifbar war. Ich empfand die Allmacht der Partei wie das sichernde und beruhigende Wirken einer Turmgesellschaft.« (S. 377) Diese Sicherheit wurde in Auseinandersetzung mit Pascal, Heidegger und Russell erschüttert, eine Erschütterung, die sich in der Figur des Koldehoff literarisch objektivierte. Die Ungesichertheit des Individuums brach durch, das »Wissen um die absolute Individualität und die Irritation darüber, dass sie in einem selbst, durch welche Macht auch immer, inkarniert wurde. Es ist das Gefühl zu sein, aber an allem Seienden nur als ausgeschlossene Einzelheit teilzunehmen. Dies scheint mir der Grund jeder Philosophie zu sein: Die unglückliche, sich ausgeschlossen fühlende Einzelheit will ihre Erlösung, indem sie sich zur Transzendenz ausweitet.« (S. 386). In dieser Krisensituation schreibt Lange den Roman »Die Selbstverbrennung«, um »die Angst vor dem Nichts durch einen Transzendenzentwurf zu überwinden«: »Dass das Transzendenzbegehren hier in einem christlichen Milieu angesiedelt wurde, ist zweitrangig. Wichtig ist: Ich wollte als Schriftsteller mein pascalsches Erschrecken formulieren, und mir schien die Selbstverbrennung eines Pfarrers nicht nur aus politischen Gründen interessant. Pfarrer Koldehoff leidet unter einer

zweifachen Verneinung: Er verneint das Bewusstsein, da es ihm die Sinnlosigkeit seiner Existenz vor Augen führt, und er verneint sein Bemühen um Transzendenz, genauer: Es ist ihm nicht möglich, an Gott zu glauben. Dies war auch meine Situation. Es war eine Mitte aus der nihilistischen Verzweiflung des Philosophen Bertrand Russell und dem Versuch, ein Transzendenzbedürfnis zu formulieren. Es war ein vergebliches Bemühen, deshalb musste ich die Arbeit an dem Roman abbrechen. Es war mir nicht möglich, den Nihilismus Russells, der, wie ich bald merkte, mein neuer Wahrheitsgrund war, in seiner radikalen Schärfe auszuhalten. Einige Jahre war ich arbeitsunfähig, und die Gründe hierzu lagen sicher nicht nur an meiner Orientierungskrise.« (S. 387) Nachzulesen in: Sinn und Form 49 (1997), H. 3, 367–396.

161 H. Lange, Die Selbstverbrennung, 171.

162 Ebd., 185f.

163 So ebd., 26, 27, 63.

164 Anlässlich einer Tagung zum Werk von Hartmut Lange auf Burg Rothenfels (Main) vom 23.–25. November 2001, bei der der Autor präsent war, hat dieser bestätigt, dass der »Fall Brüsewitz« für ihn nur eine äußere »Bestätigung« seiner zuvor schon konzipierten Pfarrerfigur gewesen sei. »Motive und Absichten« von Oskar Brüsewitz selbst hätten auch ihn nicht weiter interessiert. Nur die Tatsache, dass sich »heute schon Pfarrer umbrächten«, zeige die tiefe geistige Krise, in die man – im Kontext eines atheistischen Materialismus – geraten könne.

165 Vgl. dazu: *H. Müller-Enbergs – W. Stock – M. Wiesner*, Das Fanal. Das Opfer des Pfarrers Brüsewitz aus Rippicha und die evangelische Kirche, Münster 1999, bes. Kap. III: Der Lebensweg: vom Schumacher zum Pfarrer.

166 *H. Lange*, Die Selbstverbrennung, 103.

167 Ebd., 122.

168 Eine solche Theologie der Anklage Gottes aus Erwartungen an Gott kann hier nur skizzenhaft angedeutet werden. Ich habe sie breiter entfaltet in: *K.-J. Kuschel*, Im Spiegel der Dichter. Mensch, Gott und Jesus in der Literatur des 20. Jahrhunderts, Düsseldorf 1997; *ders.*, Gottes grausamer Spaß? Heinrich Heines Leben mit der Katastrophe, Düsseldorf 2002.

169 Mit dem Werk von Elie Wiesel habe ich mich ausführlich auseinandergesetzt in: *K.-J. Kuschel*, Im Spiegel der Dichter. Mensch, Gott und Jesus in der Literatur des 20. Jahrhunderts, Düsseldorf 1997, 242–279.

170 *H. Lange*, Zeichen der Kunst. Streben nach Transzendenz. Vortrag zur Eröffnung der Guardini-Stiftung am 2. September 1988, in: ders., Irrtum als Erkenntnis, 145–162, Zitat S. 150f. Bemerkenswert ist, dass das Pascal-Zitat »Gott liebt es, sich zu verstecken« auch in »Die Selbstverbrennung« Verwendung findet. Hier allerdings wird es dem »normalen« Pfarrer Hohenemser in den Mund gelegt, der Koldehoffs Frau mit diesem Satz zu beschwichtigen versucht: »Ich wollte damit nur sagen, natürlich hat ein Pfarrhaus keinen Platz für Zweifel. So sollte es wenigstens sein. Aber vergessen wir nicht: Gott, der allmächtig und allgegenwärtig ist, liebt es ebenso, wie sagt der große Pascal, sich vor unserem Angesicht zu verstecken.« (S. 178). In der Rede von 1988 hatte dieses Zitat nichts Beschwichtigendes mehr, sondern eine scharfe offenbarungskritische Stoßrichtung.

171 Eine *Dokumentation* dazu ist zu finden in: Wer spielt was? Werkstatistik 2001/2002. Deutschland – Österreich – Schweiz, hrsg. v. Deutschen Bühnenverein – Bundesverband Deutscher Theater, Köln 2003. Von den Mitarbeitern des Lessing-Archivs in Kamenz bekam ich dankenswerterweise die publizistischen Reaktionen auf die jüngsten »Nathan«-Inszenierungen auf deutschen Bühnen zur Verfügung gestellt, die ich im Folgenden auswerten konnte. Grundlage der folgenden Ausführungen sind meine beiden Studien: *K.-J. Kuschel*, Vom Streit zum Wettstreit der Religionen. Lessing und

die Herausforderung des Islam, Düsseldorf 1998, sowie: »Jud, Christ und Muselmann vereinigt«? Lessings »Nathan der Weise«, Düsseldorf 2004.

172 Elbe-Report (Magdeburg) vom 9. 1. 2001 (K. Kunze).

173 So anlässlich einer »Nathan«-Aufführung des Ulmer Theaters in Villingen-Schwenningen, in: Schwarzwälder Bote vom 28. 1. 2002 (F. Schück).

174 Ostsee-Zeitung (Rostock) vom 11. 10. 2001 (M. Schümann).

175 Ebd.

176 Neues Deutschland (Berlin) vom 8. 1. 2003 (H.-D. Schütt).

177 DIE WELT vom 7. 1. 2002 (R. Wengierek).

178 The New York Sun vom 8.–10. November 2002 (J. McCarter).

179 Lessing-Texte werden zitiert nach der Ausgabe in der Bibliothek deutscher Klassiker: Gotthold Ephraim Lessing, Werke und Briefe in 12 Bänden, hrsg. v. W. Barner u. a., Band I–X, Frankfurt/M. 1989–2003. Die Quellen werden im Text direkt belegt mit dem Kürzel römische Bandzahl + Seite.

180 TIP H. 2/2002 (P. Laudenbach).

181 So Kritiker der Inszenierung des Berliner Ensembles in: Die Deutsche Bühne H. 2/2002 (M. Heine) und in: Freie Presse (Chemnitz) vom 7. 1. 2002 (P. H. Göpfert) sowie der Inszenierung des Würzburger Theaters in: Süddeutsche Zeitung vom 9. 10. 2001 (S. Leucht). Auch in »Theater heute« wurde Peymanns Saladin gesehen als »ein gutmütig zwinkernder Schalk mit angeklebtem Menjou-Bärtchen«. Seine Schwester Sittah als »kapriziöses Hexlein« (H. 2/2002).

182 Neue Zürcher Zeitung vom 8. 1. 2002 (Ch. Funke).

183 So zur Inszenierung bei den Gandersheimer Domfestspielen in: Braunschweiger Zeitung vom 15. 7. 2002 (H. Hilpert). Ähnlich in der neuesten Inszenierung des »Nathan« am Münchner Residenztheater durch Elmar Goerden (Dezember 2003). Die Kritikerin *Renate Schostack* konstatiert im Blick auf die Darstellung von Saladin und Sittah: »Der Sultan des Oliver Nägele ist ein jovialer, beleibter Weichling im weißen Anzug, der gern Pralinen isst … die Sittah der Katja Uffelmann ist weder Saladins böser noch guter schwesterlicher Geist, sondern eine konturlose Langweilerin«. Den Grund für diese Art von Darstellung erblickt die Kritikerin darin: »Dem jungen Regisseur bedeuten Religionen offenbar nichts. Die Ringparabel, in der es um den Wahrheitsgehalt von Judentum, Christentum, Islam geht, ist für ihn eine Lügengeschichte« (FAZ vom 2. 12. 2003). Auch ein Kritiker wie *Christopher Schmidt* bemerkt zu dieser Inszenierung: »Und da ist der von Oliver Nägele als neureicher Geldsack gespielte Saladin, ein öliger Waffenschieber, im Schlepptau seine Schwester Sittah, bei Katja Uffelmann sein schattenhaftes besseres Selbst. Mit einer Sprühflasche bewässert er die Sukkulenten im Trog – und seine Ressentiments.« (Süddeutsche Zeitung vom 2. 12. 2003).

184 Genaueres dazu in: *K.-J. Kuschel*, Vom Streit zum Wettstreit der Religionen. Lessing und die Herausforderung des Islam, Kap. I/4 u. 5 (s. Anm. 171).

185 Eine genauere Analyse dieser »Rettung« in: *K.-J. Kuschel*, Vom Streit zum Wettstreit der Religionen. Lessing und die Herausforderung des Islam, Kap. I/6.

186 *G. E. Lessing*, Brief an K. Lessing vom 11. 8. 1778, in: Briefe von und an Lessing 1776–1781, hrsg. v. H. Kiesel u. a., Frankfurt/M. 1994, 186.

187 Zur Deutung der *Gestalt Jesu im Koran* und in der islamischen Tradition vgl.: *G. Parrinder*, Jesus in the Qur'an, London 1965. *H. Räisänen*, Das koranische Jesusbild. Ein Beitrag zur Theologie des Koran, Helsinki 1971. *C. Schedl*, Mohammad und Jesus. Die christologisch relevanten Texte des Korans, neu übersetzt und erklärt, Freiburg/Br. 1978. *G. Riße*, »Gott ist Christus, der Sohn der Maria«. Eine Studie zum Christusbild im Koran, Bonn 1989. *A. Schimmel*, Jesus und Maria in der islamischen Mystik, München 1996. Neuerdings, die Forschungsgeschichte aufarbeitend und auswertend: *M. Bauschke*, Jesus – Stein des Anstoßes. Die Christologie des Korans und die deutschsprachige Theologie, Weimar – Wien 2000.

188 *M. Fick,* Lessing-Handbuch. Leben – Werk – Wirkung, Stuttgart – Weimar 2000, 414.

189 Zu Lessings Quellen: Voltaire, Dapper, Marin vgl. IX, 1157–1176.

190 Zu dieser ungewöhnlichen religiösen Offenheit des Sultans Saladin passt auch die Geschichte, die in *Einenkel's Weltbuch* (1190–1251) überliefert ist. Saladin soll, als er sein Ende nahen fühlte, und die Ärzte erkannten, dass er nicht mehr genesen könne, zur Sicherung seines Seelenheils sich auf dreifache Weise vor seinem Tod abgesichert haben. Er zerlegte ein kostbares Erbstück, einen Tisch aus Saphir, in drei Teile, und gab dem Gott des Islam, des Christentums und des Judentums je einen Teil mit den Worten: »Wer nun der stärkste von allen dreien ist, der mag mir helfen.«

191 Einzelheiten dazu in: *K.-J. Kuschel,* Vom Streit zum Wettstreit der Religionen, Kap. III/2.

192 *J. von Lüpke,* Wege der Weisheit. Studien zu Lessings Theologiekritik, Göttingen 1989, 149.

193 Zum Verständnis dieses Satzes vgl. die brillante Analyse von *I. Strohschneider-Kohrs,* Nathan – »wie Melchisedek«. Lessings Brief an Herder vom Januar 1779. Text und Kontext, in: Lessing Yearbook 35 (2003), 119–136. Die Verfasserin macht überzeugend deutlich, dass das Wort »*gegen*« hier nicht als »contra« zu verstehen ist, sondern als »apud«, dieser Satz also in keinem anderen Sinn zu lesen ist als »gegenüber allen positiven Religionen«: »Demnach nennt Lessing in dem gewichtigen und bekennenden Satz dieser Vorrede eine ›Gesinnung‹, die entweder dogmatisch festgelegten und absolut gesetzten Religionen überlegen ist; oder aber, und dies entspricht Lessings Intention genauer, die jeder der positiven Religionen möglich sein kann oder ihr inhärent ist. Dies ist in dem durchaus präzisen Sinn zu denken, den Lessing mit der Ring-Erzählung in parabolischer Form, aber auch in genau entfalteter Argumentationsfolge darzulegen gewusst hat. – Um nicht nur die Ringparabel als Kontext für den Vorrede-Hinweis auf ›Nathans Gesinnung‹ anzuführen, sei aus der Lessing-Biographie von Lessings Bruder Karl Gotthelf die Erläuterung zitiert, in der es in schlichter Klarheit über die aus dem Drama zu verstehende ›Gesinnung‹ Nathans heißt: ›Der Werth aller Personen in diesem Stück kömmt nicht daher, welcher Religion sie anhangen, sondern *wie* sie ihr anhangen.‹« (S. 123).

194 Vgl. dazu *G. E. Lessing,* Brief an K. W. Ramler vom 18.12.1778 und Brief an K. Lessing vom April 1779, in: Briefe von und an Lessing 1776–1781, hrsg. v. H. Kiesel u. a., Frankfurt/M. 1994, 215 u. 247.

195 *G. Kaiser,* Lessings »Nathan der Weise«. Glaube, Liebe, Hoffnung als Grund des Toleranzdramas, in: Pastoraltheologie 80 (1991), 568–584, Zitat S. 586f.

196 So – mit arabischer Bandziffer + Seite – wird die ebenfalls bei den Literaturangaben vermerkte zwölfbändige Heine-Ausgabe von K. Brigleb zitiert. Die *Briefe* werden zitiert nach der angegebenen *Säkularausgabe* mit: HSA + römischer Bandziffer + Seite.

197 Zum Verhältnis Heine – Lessing vgl.: *D. Arendt,* Heine über Lessing oder: »derjenige Schriftsteller den ich am meisten liebe«, in: Wirkendes Wort 47 (1997), 204–221.

198 Grundlage der folgenden Ausführungen sind meine Studien: *K.-J. Kuschel,* Vom Streit zum Wettstreit der Religionen. Lessing und die Herausforderung des Islam, Düsseldorf 1998; *ders.,* »Jud, Christ und Muselmann vereinigt«? Lessings »Nathan der Weise«, Düsseldorf 2004; *ders.,* Gottes grausamer Spaß? Heinrich Heines Leben mit der Katastrophe, Düsseldorf 2002.

199 Vgl. dazu die Ausführungen in: H. Heine, Historisch-kritische Gesamtausgabe der Werke, hrsg. v. M. Windfuhr, Hamburg 1994, Bd. V, 408–412.

200 Vgl. *M. Fendri,* Halbmond, Kreuz und Schibboleth. Heinrich Heine und der islamische Orient, Hamburg 1980. *M. Windfuhr,* Almansor, in: Heinrich Heine. Historisch-kritische Gesamtausgabe V, 7–68 (Text), 381–448 (Kommentar); *U. Reeves,* From Battlefield to Paradiese. A Reassessment of Heinrich Heine's Tragedy »Almansor«, its Sources and their Significance for his Later Poetry and Thought, in: Heine und die Weltliteratur,

hrsg. v. T. J. Reed – A. Stillmark, Oxford 2002, 24–50 (Nachweis einer Beeinflussung durch das Werk Lord Byrons).

201 E. Galley, Harry Heine als Benutzer der Landesbibliothek in Düsseldorf, in: Heine-Jahrbuch 10, 1971, 30–43.

202 Ebd., 35.

203 Vgl. dazu: H. Heine, Brief an F. Steinmann vom 4. 2. 1821, in: HSA XX, 35–48.

204 Zum Beleg siehe die Angabe in Anmerkung 200.

205 W. Hinck, Konfessionsdialektik in Heines »Almansor«-Dichtungen, in: »... und die Welt ist so lieblich verworren.« Heinrich Heines dialektisches Denken. Festschrift für J. A. Kruse, hrsg. v. B. Kortländer – S. Singh, Bielefeld 2004, 177–291, Zitat S. 285.

206 G. Höhn, Heine-Handbuch. Zeit, Person, Werk, Stuttgart – Weimar 2. Aufl. 1997, 47.

207 J.-Ch. Hauschild – M. Werner, Der Zweck des Lebens ist das Leben selbst. Heinrich Heine. Eine Biographie, Köln 1997, 56f.

208 W. Jens, Der Teufel lebt nicht mehr, mein Herr! Ein Totengespräch zwischen Lessing und Heine, in: ders., In Sachen Lessing. Vorträge und Essays, Stuttgart 1983, 62–90, Zitat S. 86f.

209 R. M. Rilke – L. Andreas-Salomé, Briefwechsel, hrsg. v. E. Pfeiffer, Frankfurt/M. 1975, 241 (Brief vom 28. Dezember 1911).

210 Ebd.

211 Ders., Briefe an Sidonie Nádherni von Borutin, hrsg. v. B. Blume, Frankfurt/M. 1973, 324 (Brief vom 21. 1. 1923).

212 Reichhaltiges Material dazu bei: K.-J. Kuschel, Vom Streit zum Wettstreit der Religionen. Lessing und die Herausforderung des Islam, Düsseldorf 1998.

213 Zit. nach H. J. Margull (Hrsg.), Zur Sendung der Kirche – Material der ökumenischen Bewegung, München 1963, 13–15.

214 Zit. nach K. Hock, Der Islam im Spiegel westlicher Theologie. Aspekte christlich-theologischer Beurteilung des Islams im 20. Jahrhundert, Köln – Wien 1986, 24.

215 Material dazu bei: J. Hoffmann-Herreros, Charles de Foucauld. Der Zukunft auf der Spur, Mainz 1988.

216 Material dazu bei: H. Hesse, Aus Indien. Aufzeichnungen, Tagebücher, Gedichte, Betrachtungen und Erzählungen, hrsg. v. V. Michels, Frankfurt/M. 1980.

217 J. Hesse, Vom Segensgang der Bibel durch die Heidenwelt, Calw – Stuttgart 1910, 373.

218 Düsseldorf 1998.

219 Zu Rilkes Ägypten-Reise vgl. besonders: A. Grimm, Rilke und Ägypten, München 1997. H. Nalewski (Hrsg.), Rainer Maria Rilke. Reise nach Ägypten. Briefe – Gedichte – Notizen, Frankfurt/M. 2000.

220 R. M. Rilke, Brief an Clara Rilke vom 26. 11. 1910, in: Briefe aus den Jahren 1907–1914, hrsg. v. R. Sieber-Rilke u. C. Sieber, Leipzig 1933, 116.

221 Ders., Brief an Clara Rilke vom 21. 12. 1910, in: a. a. O., 118f.

222 Zitiert nach D. A. Prater, Ein klingendes Glas. Das Leben Rainer Maria Rilkes. Eine Biographie, Hamburg 1989, 309.

223 R. M. Rilke, Brief an Sidonie Nádherni von Borutin, 178f. (Brief vom 19. 3. 1913).

224 Ebd., 183.

225 Ders., Die Briefe an Karl und Elisabeth von der Heydt 1905–1920, hrsg. v. I. Schnack u. R. Scharffenberg, Frankfurt/M. 1986, 173.

226 Ders., Briefe an Sidonie Nádherni von Borutin vom 23. 1. 1923 (s. Anm. 211). Im selben Brief spricht Rilke – wiederum im Orient das Raum-Erlebnis betonend – davon, dass ihm all die Jahre »ein kleines Haus am Gebirg-Eingang von El-Kantara« in Erinnerung geblieben sei, »ein kleines, braunes Gasthaus ...: dorthin geh ich wahrscheinlich noch einmal, kaum als Reisender, – um zu wohnen, dortzusein, zuzusehen ...«.

227 Zit. nach I. Schnack, Rainer Maria Rilke. Chronik seines Lebens und seines Werkes, Bd. I, Frankfurt/M. 1990, 361 (Brief an Antonie Baumgarten vom 27. 6. 1911).

228 Zit. nach *D. A. Prater*, Ein klingendes Glas, 310 (s. Anm. 222).

229 Zit. nach *I. Schnack*, Chronik Bd. I, 501 (s. Anm. 227).

230 Biographischer Kontext in: KA II, 884 (s. Literaturangaben).

231 Zit. nach *I. Schnack*, Chronik Bd. I, 420 (s. Anm. 227).

232 *R. M. Rilke – M. v. Thurn und Taxis*, Briefwechsel, Bd. I-II, hrsg. v. E. Zinn, Zürich-Wiesbaden 1951, Bd. I, 218.

233 Ebd., 219.

234 *Ders. – L. Andreas-Salomé*, Briefwechsel, 274 (s. Anm. 209).

235 *Ders.*, Briefwechsel mit M. v. Hattingberg, Frankfurt/M. 2000, 23.

236 *Ders. – H. von Nostitz*, Briefwechsel, hrsg. v. O. v. Nostitz, Frankfurt/M. 1976, 38.

237 *Ders.*, Briefe, hrsg. vom Rilke-Archiv Weimar, besorgt durch K. Altheim, Wiesbaden 1950, 378.

238 *Ders. – M. v. Thurn und Taxis*, Briefwechsel Bd. I, 227 (Brief vom 15. 11. 1912).

239 *Ders. – M. Vollmoeller*, Briefwechsel 1906–1914, hrsg. v. B. Glauert-Hesse, Frankfurt/M. 1993, 141f.

240 *Ders. – M. v. Thurn und Taxis*, Briefwechsel Bd. I, 240 (Brief vom 4. 12. 1912).

241 Ebd., 243 (Brief vom 9. 12. 1912).

242 Ebd., 245f. (Brief vom 12. 12. 1912).

243 *Ders.*, Aufzeichnungen des Malte Laurids Brigge, in: KA III, 470.

244 Vgl. dazu *U. Fülleborn*, Rilkes Gebrauch der Bibel, in: Rilke und die Weltliteratur, hrsg. v. M. Engel – D. Lamping, Düsseldorf – Zürich 1999, 19–38.

245 Reichhaltiges Material zu Goethes Islam-Rezeption bei: *K. Mommsen*, Goethe und die arabische Welt, Frankfurt/M. 1988.

246 *R. M. Rilke – M. v. Thurn und Taxis*, Briefwechsel Bd. I, 256 (s. Anm. 232).

247 Ebd., 245 (Brief vom 17. 12. 1912).

248 *Ders. – L. Andreas-Salomé*, Briefwechsel, 276 (s. Anm. 209; Brief vom 19. 12. 1912).

249 *Ders.*, Brief an August Sauer vom 19. 1. 1914, in: ders., Briefe Bd. I, Wiesbaden 1950, 470f.

250 *A. Stifter*, Abdias (1842), in: ders., Studien, München 1950, 581.

251 Ebd., 582.

252 Ebd., 581.

253 *R. M. Rilke – Katharina Kippenberg*, Briefwechsel, hrsg. v. B. v. Bomhard, Wiesbaden 1954, 45.

254 *Ders.*, Briefwechsel mit Magda von Hattingberg, Frankfurt/M. 2000, 23.

255 *A. Stifter*, Studien, 588 (s. Anm. 250).

256 *J. W. Storck*, Rilkes »Lesewinter« in Ronda, 24 (s. Literaturangaben).

257 *R. M. Rilke*, An den Engel, in: KA II, 46.

258 *Ders.*, Brief an W. Hulewicz vom 13. 11. 1925, in: ders., Briefe Bd. II, (1919–1926), hrsg. v. H. Nalewski, Frankfurt/M. – Leipzig 1991, 377f.

259 *Ders.*, Brief des jungen Arbeiters (1922), in: KA IV, 736f.

260 Zu Rilkes Christus-Verständnis und zur Motivgeschichte der Christus-Kritik vgl.: *B. Blume*, Jesus der Gottesleugner: Rilkes »Der Ölbaum-Garten« und Jean Pauls »Rede des toten Christus«, in: ders., Existenz und Dichtung. Essays und Aufsätze, ausgew. v. E. Schwarz, Frankfurt/M. 1980, 112–146. Ebenso: *K.-J. Kuschel*, Rainer Maria Rilke und die Metamorphosen des Religiösen (s. Literaturangaben).

261 *R. M. Rilke*, »An Julius Zeyer«, in: KA I, 34.

262 *Ders.*, Das Stunden-Buch, in: KA I, 224.

263 *Ders.*, »Mohammeds Berufung«, in: KA I, 582f.

264 *Ders.*, Brief an Clara Rilke vom 20. 1. 1907, in: ders., Briefe Bd. I (1896–1919), hrsg. v. H. Nalewski, Frankfurt/M. – Leipzig 1991, 231–233.

265 *Ders.*, Die Kuppeln der Kalifen-Gräber (1907), in: SW III, 342f.

266 *Ders.*, Briefe an Nanny Wunderly Volkart, Bd. I–II, hrsg. v. R. Luck, Frankfurt/M. 1977, Bd. II, 125 (Brief vom 23.1.1920). Zu Rilkes eigenen Versuchen, lyrische Stücke aus »Tausendundeine Nacht« zu übersetzen, vgl. *Ders.*, Sämtliche Werke Bd. VII, Frankfurt/M. – Leipzig 1997, 310–313. In diesem Zusammenhang ist ein *Brief an Lotti Wedel* vom 28.1.1922 aus Muzot aufschlussreich: »Wenn ich vom West-östlichen Divan absehe (der ja durchaus das *Glück* orientalischer Entdeckungen ins Deutsche herüberhob), so beruht meine erste Vorstellung vom arabischen Gedicht auf jenen Versen, die Mardrus seinem Text von den tausend und ein Nächten vielfältig eingefügt hat. Rodin kam manchmal, um vier oder sechs solcher Zeilen willen, um mich an ihrem, für ihn eben Aufgeblühtsein sofort teilnehmen zu lassen, mit dem aufgeschlagenen Buch zu mir herüber, welcher Glanz, Blüte oder Auge oder Mund … jedes einzelne Gedicht, nicht länger als ein ärztliches Rezept! Als ich dann später in Tunis und Ägypten so rasche Fortschritte im Lesen des Arabischen machte, ach, zu machen *schien* …, da kam in mir die Hoffnung auf, vielleicht selber eines Tages zur Erfassung und Herüberbildung solcher Verse ein meiniges beizutragen.« (R. M. Rilke, Briefe aus Muzot 1921–1926, hrsg. v. R. Sieber-Rilke u. C. Sieber, Leipzig 1935, 96f).

267 *Ders.*, Briefe an Auguste Rodin, Leipzig 1928, 74 (Brief vom 7.10.1910).

268 Zitiert wird nach der Koran-Übersetzung von *A. Th. Khoury*, Gütersloh 1987.

269 *A. Schimmel*, »Ein Osten, der nie alle wird«, 185 (s. Literaturangaben).

270 *R. M. Rilke – M. v. Thurn und Taxis*, Briefwechsel Bd. I, 42.

271 Vgl. dazu die neueste Studie: *M. Bauschke*, Jesus, Stein des Anstoßes. Die Christologie des Korans und die deutschsprachige Theologie, Köln – Weimar – Wien 2000. Diese Arbeit zeigt, dass der Koran eine »theozentrische Christologie« vertreten hat: »Jesus hat nicht nur Wunder als Zeichen der Allmacht und Güte Gottes vollbracht, sondern er selbst in seiner ganzen Person ist ein Zeichen dieser Allmacht und Güte. Jesus *ist* ein Fingerzeig Gottes. Aber eben *Gottes!* Jesus weist stets, wie es im Wesen des Zeichens und auch des Gesandten begründet liegt, von sich selber weg, hin auf Gott. Jesu Titulierung als ›Zeichen‹ muss in Zusammenhang der koranischen Theologie des göttlichen Zeichens verstanden werden. *Jesus – der Zeigefinger hin auf Gottes Güte und Allmacht*, so möchte ich die Pointe der koranischen Christologie zusammenfassen.« Bauschke verweist dabei bezeichnenderweise selber auf Rilkes »Der Brief des jungen Arbeiters« und die schon hier verwandte Zeigefinger-Metaphorik: »Und einmal habe ich den Koran zu lesen versucht, ich bin nicht weit gekommen. Aber soviel verstand ich, da ist wieder so ein mächtiger Zeigefinger, und Gott steht am Ende seiner Richtung … Christus hat sicher dasselbe gewollt: Zeigen.«

272 Vgl. dazu *K.-J. Kuschel*, Streit um Abraham. Was Juden, Christen und Muslime trennt – und war sie eint, Düsseldorf 2001.

273 Hier liegt ein kleiner Dissens mit *U. Fülleborn* bei seiner ansonsten überzeugenden Deutung von Rilkes Bibel-Rezeption (s. Anm. 244). Fülleborn führt zunächst richtig aus: »Rilke hat sich nirgends in gleichem Maße und mit derselben Energie auf den Kampfplatz der Weltliteratur begeben wie in seinen Gedichten zum Alten und Neuen Testament, den Grundbüchern der monotheistischen Weltreligionen, zu denen als dritte der Islam gehört. Dessen heiliges Buch, der Koran, war Rilke ebenfalls wichtig. Und wie sich ihm in Mohammed die Reihe der alttestamentlichen Propheten fortsetzt, so nehmen auch die Engel der ›Duineser Elegien‹ ihr Maß mehr am Koran denn am Neuen Testament. Die intertextuelle Bindung an diese drei Grundschriften des Monotheismus ist erstaunlich, wenn man sich an Rilkes oben zitierte Äußerung erinnert, er habe seit je sich selbst und die Tempel der Welt allen Göttern offen halten wollen.« Fülleborn folgert aber weiter: »Augenscheinlich war sein (Rilkes) Referenzpunkt gerade nicht der eine gemeinsame Gott der drei Religionen, sondern für ihn war der Gott des Alten Testamentes ein anderer als der des Neuen und der des Korans wieder ein anderer.« (S. 33). Ich kann nicht erkennen, dass Rilke irgendwo »Gott« aufgespalten

oder gar den verschiedenen Religionen zugeordnet hätte. Auch die Propheten-Gedichte Rilkes, die Fülleborn als Beleg anführt, sind dafür kein Beweis. So individuell die Gotteserfahrung jedes einzelnen Propheten gewesen und von Rilke gestaltet sein mag, so sehr beziehen sie sich doch auf ein- und dieselbe Wirklichkeit des Transzendenten und nicht auf verschiedene »Götter«.

274 *R. M. Rilke*, Brief an I. Blumenthal-Weiß vom 28. Dezember 1921, in: ders., Gesammelte Briefe in sechs Bänden, hrsg. v. R. Sieber-Rilke u. C. Sieber, Leipzig 1938, Bd. V, 75.

275 *Ders.*, Brief an R. Zimmermann vom 10. 3. 1922, in: ders., Briefe, hrsg. vom Rilke-Archiv in Weimar in Verbindung mit R. Sieber-Rilke, besorgt durch K. Altheim, Wiesbaden 1950, 757f.

276 *W. Jens – H. Küng – K.-J. Kuschel (Hrsg.)*, Theologie und Literatur. Zum Stand des Dialogs, München 1986, 249f.

277 Ebd., 250.

278 *K.-J. Kuschel*, Des Lebens und Todes froh werden. Über Christentum, Buddhismus und die Funktion der Literatur. Gespräch mit Adolf Muschg, in: ders., Weil wir uns auf dieser Erde nicht ganz zu Hause fühlen. 12 Schriftsteller über Religion und Literatur, München 1985, 127–139.

279 *Ch. Gellner*, »… um das Gewicht des Lebens zu tragen«. Zum 70. Geburtstag von Adolf Muschg, in: Orientierung 68 (2004), 87–91, Zitat S. 87.

280 *K.-J. Kuschel*, Weil wir uns auf dieser Erde nicht ganz zu Hause fühlen, 131 (s. Anm. 278).

281 Ebd.

282 Ebd., 132.

283 Ebd., 133.

284 *H. Loetscher*, Helvetischer Hakenschlag, in: Über Adolf Muschg, hrsg. v. H. Ricker-Abderhalden, Frankfurt 1979, 104–108, Zitat S. 106.

285 *H. Liebmann*, Dazwischen eine Liebesgeschichte, in: Über Adolf Muschg, 117.

286 Ebd.

287 *A. Muschg*, Atsuko soll heiraten, in: ders., Papierwände, Bern 1970, 9–24.

288 *Ders.*, Im Sommer des Hasen. Roman (1965), Frankfurt/M. 1975, 317.

289 *H. Loetscher*, a.a.O., 107 (s. Anm. 284).

290 Einzelheiten bei: *E. Benz*, Zen in westlicher Sicht. Zen-Buddhismus – Zen-Snobismus, Weilheim 1962.

291 *A. Muschg*, Im Sommer des Hasen, 132.

292 *Ders.*, »Subjekt und Objekt in Kamakura«, in: A. Muschg, Papierwände, 45–57.

293 Ebd., 51.

294 Ebd., 52.

295 Ebd., 56f.

296 *Ders.*, Aussteigen? Einsteigen! Erfahrungen in einem japanischen Zen-Kloster, in: Frankfurter Rundschau vom 24. 8. 1985.

297 Ebd.

298 *Ders.*, Die Insel, die Columbus nicht gefunden hat, in: A. Muschg, Sieben Gesichter Japans, Frankfurt/M. 1995, 33f.

299 Ebd., 114.

300 Ebd., 96f.

301 Ebd., 47f.

302 *Ders.*, Eikan, du bist spät. Roman, Frankfurt/M. 2005, 189.

LITERATUR

»Alles, was das Alleinsein aufhebt, kann einen trösten ...«
Anna Seghers und die Geschichte vom leergebliebenen Kreuz

Zitierte Werke von Anna Seghers

N. REILING, Jude und Judentum im Werke Rembrandts (1924), Leipzig 1981 (mit Vorwort von Ch. Wolf).

A. SEGHERS, Aufstand der Fischer von St. Barbara. Erzählung (1928), Berlin 2000 (mit Nachwort von S. Hilzinger).

DIES., Das siebte Kreuz. Roman aus Hitlerdeutschland, bearb. v. B. Spies, Berlin 2000 (Werkausgabe: Das erzählerische Werk 1/4).

DIES., Ein Neger gegen Napoleon (1947), in: dies., Über Kunstwerk und Wirklichkeit, Bd. III: Für den Frieden der Welt, bearb. u. eingel. v. S. Bock, Berlin 1971, 230–242.

DIES., Hier im Volk der kalten Herzen. Briefwechsel 1947, hrsg. v. Ch. Berger, Berlin 2000.

DIES., Glauben an Irdisches (1948), in: dies., Über Kunstwerk und Wirklichkeit, Bd. III: Für den Frieden der Welt, bearb. u. eingel. v. S. Bock, Berlin 1971, 46–51.

DIES., Die Hochzeit von Haiti. Karibische Geschichten, Darmstadt – Neuwied 1976.

DIES., Pablo Neruda (1949); Für Pablo Neruda (1953); Gruß an Pablo Neruda. »Der Große Gesang« in deutscher Sprache (1954), in: dies., Über Kunstwerk und Wirklichkeit, Bd. II: Erlebnis und Gestaltung, bearb. u. eingel. v. S. Bock, Berlin 1971, 97f.; 111–118.

DIES., Wiedersehen, in: dies., Die Kraft der Schwachen. Neun Erzählungen, Berlin 1965, 81–95.

Weitere zitierte Literatur

K. MARX, Die Frühschriften, hrsg. v. S. Landshut, Stuttgart 1968.

E. LANGGÄSSER, Briefe 1924–1950, Bd. I–II, hrsg. v. E. Hoffmann, Düsseldorf 1990.

Zur Lebens- und Werkgeschichte

M. REICH-RANICKI, Die kommunistische Erzählerin Anna Seghers, in: ders., Deutsche Literatur in West und Ost, München 1963, 354–385.

P. ROOS – F.J. HASSAUER-ROOS (Hrsg.), Anna Seghers. Materialienbuch, Darmstadt – Neuwied 1977.

H. Mayer, Anna Seghers (1983), in: ders., Der Widerruf. Über Deutsche und Juden, Frankfurt/M. 1994, 271–285.

Ch. Wolf, Über Anna Seghers, in: dies., Die Dimension des Autors. Essays und Aufsätze. Reden und Gespräche (1959–1985), Darmstadt – Neuwied 1987, 255–377.

S. Hilzinger (Hrsg.), »Das siebte Kreuz« von Anna Seghers. Texte, Daten, Bilder, Frankfurt/M. 1990 (SL 918).

Ch. Zehl-Romero, Anna Seghers mit Selbstzeugnissen und Bilddokumenten, Hamburg 1993 (Rowohlt-Monographien 464).

F. Wagner – U. Emmerich – R. Radvanyi (Hrsg.), Anna Seghers. Eine Biographie in Bildern. Mit einem Essay von Ch. Wolf, Berlin 1994, ²2000.

Ch. Wolf, Anmerkungen zu Elisabeth Langgässer – ein Versuch über Nachbarschaft und Unvereinbarkeit, Sonderdruck der Stadt Alzey zur Verleihung des Elisabeth-Langgässer-Literaturpreises der Stadt Alzey an Christa Wolf 29. Mai 1999, 16–28. Auch in: Argonautenschiff. Jahrbuch der Anna-Seghers-Gesellschaft 8 (1999), 227–239.

S. Hilzinger, Anna Seghers, Stuttgart 2000.

Ch. Zehl-Romero, Anna Seghers. Eine Biographie 1900–1947, Berlin 2000.

Zum Komplex Judentum, Christentum, Mythos

E. Haas, Ideologie und Mythos. Studien zur Erzählstruktur und Sprache im Werk von Anna Seghers, Stuttgart 1975.

Dies., Urbilder und Wirklichkeitsträume. Zur paradigmatischen Funktion des Mythos bei Anna Seghers, in: Anna Segers. Materialienbuch, hrsg. v. P. Roos – F. J. Hassauer-Roos, Darmstadt 1977, 51–61.

B. Greiner, »Kolonien liebt, und tapfer vergessen der Geist«: ›Anna Seghers‹ zyklisches Erzählen, in: Argonautenschiff. Jahrbuch der Anna-Seghers-Gesellschaft 3 (1994), 155–171.

E. Haas, Anna Seghers und der Messianismus Ernst Blochs. Ein Denktypus und seine literarische Erscheinungsweise, in: Argonautenschiff. Jahrbuch der Anna-Seghers-Gesellschaft 6 (1997), 275–289.

M. Haller-Nevermann, Jude und Judentum im Werk Anna Seghers'. Untersuchungen zur Bedeutung jüdischer Traditionen und zur Thematisierung des Antisemitismus in den Romanen und Erzählungen von Anna Seghers, Frankfurt/M. 1997.

L. Rinser, Hoffnung und Glaube der Anna Seghers, in: Neue deutsche Literatur 46 (1998), H. 2, 131–143.

K.-J. Kuschel, Jesus im Spiegel der Weltliteratur. Eine Jahrhundertbilanz in Texten und Einführungen, Düsseldorf 1999, 441–475.

Ders., Christentum und Judentum: Von der Konfrontation zum Dialog. Der Fall Langgässer und die nötigen Konsequenzen, in: Elisabeth Langgässer Symposion. Sonderdruck der Stadt Alzey 2000, 12–33.

R. Bernhardt, Wie Odysseus unterwegs. Der vergängliche Mythos im Werk der Anna Seghers, in: Argonautenschiff. Jahrbuch der Anna-Seghers-Gesellschaft 9 (2000), 188–204.

»Fortsetzung des Holocaust mit anderen Mitteln?«
Elisabeth Langgässer und das Problem der Judentaufe

Zitierte Werke von Elisabeth Langgässer

E. Langgässer, Das unauslöschliche Siegel. Roman (1946), Neuausgabe mit Nachwort von E. Hoffmann, Düsseldorf 1987. Taschenbuch-Ausgabe München 1989 (dtv 1116).

DIES., Märkische Argonautenfahrt. Mit einem Nachwort von L. Rinser (1950), Frankfurt/M. – Berlin – Wien 1981.

DIES., Briefe 1924–1950. Bd. I–II, Hoffmann, Elisabeth (Hg.), Düsseldorf 1990.

Weitere zitierte Literatur

C. EDVARDSON, Gebranntes Kind sucht das Feuer (Original 1984), München – Wien 1986.

DIES., Die Welt zusammenfügen (Original 1988), München – Wien 1989, Taschenbuchausgabe München 1991.

H. H. HENRIX – R. RENDTORFF (Hrsg.), Die Kirchen und das Judentum. Dokumente von 1945–1985, Paderborn 1988.

U. SCHWEMER (Hrsg.), Christen und Juden. Dokumente der Annäherung, Gütersloh 1991.

Zur Lebens- und Werkgeschichte

R. FABER, Vom Dazugehören. Über C. Edvardson, geb. Langgässer, in: Ch. Elsas – H. G. Kippenberg (Hrsg.), Loyalitätskonflikte in der Religionsgeschichte, Würzburg 1990, 42–57.

E. HOFFMANN, Jüdin – Deutsche – Katholikin. Fragen nach der Identität am Beispiel von E. Langgässer und C. Edvardson, in: J. Dick – B. Hahn (Hrsg.), Von einer Welt in die andere. Jüdinnen im 19. und 20. Jahrhundert, Wien 1993, 286–296.

U. EL-AKRAMY, Wotans Rabe. Elisabeth Langgässer, ihre Tochter Cordelia und die Feuer von Auschwitz, Frankfurt/M. 1997.

C. S. GELBIN, The Indelible Seal. Race, Hybridity and Identity in Elisabeth Langgässer's Writings. Dissertation, Cornell University (USA), 1997.

F. HETMANN, Schlafe, meine Rose. Die Lebensgeschichte der E. Langgässer, Weinheim – Basel 1999.

Zum Dialog Judentum – Christentum

R. RENGSTORF – S. VON KORTZFLEISCH (Hrsg.), Kirche und Synagoge. Handbuch zur Geschichte von Christen und Juden, Bd. I–II, Stuttgart 1968–1970, Taschenbuch-Ausgabe München 1988.

H. SCHRECKENBERG, Die christlichen Adversus-Judaeos-Texte und ihr literarisches und historisches Umfeld, Bd. I–III, Frankfurt/M. 1982–1994.

K.-J. KUSCHEL, Geboren vor aller Zeit? Der Streit um Christi Ursprung, München 1990.

DERS., Die Kirchen und das Judentum. Konsens- und Dissensanalyse auf der Basis neuerer kirchlicher Dokumente, in: Stimmen der Zeit 210 (1992), 147–162;

DERS., Streit um Abraham, Was Juden, Christen und Muslime trennt – und was sie eint, Düsseldorf 2001.

»Christus ist unsere tödliche Freiheit«
Reinhold Schneiders Gottsuche in winterlicher Zeit

Zitierte Werke von Reinhold Schneider

R. SCHNEIDER, Der große Verzicht (1950), in: ders., Gesammelte Werke, hrsg. v. E. M. Landau, Bd. III (Der große Verzicht – Erzählungen, Drama), Frankfurt/M. 1978, 261–456.

DERS., Innozenz und Franziskus, Wiesbaden 1952.

Ders., Verhüllter Tag (1954), in: R. Schneider, Gesammelte Werke, hrsg. v. E. M. Landau, Bd. X (Die Zeit in uns. Zwei autobiographische Werke), Frankfurt/M. 1978, 7–173.

Ders., Winter in Wien. Aus meinen Notizbüchern 1957/58 (1958), in: R. Schneider, Gesammelte Werke, hrsg. v. E. M. Landau, Bd. X, Frankfurt/M. 1978, 175–417.

Zur Biographie

F. A. Schmidt – B. Scherer (Hrsg.), Reinhold Schneider. Leben und Werk in Dokumenten, Karlsruhe 1973.

E. M. Landau u. a. (Hrsg.), Reinhold Schneider. Leben und Werk im Bild, Frankfurt/M. 1977 (IT 318).

C. Koepcke, Reinhold Schneider. Eine Biographie, Würzburg 1993.

Zum Werk

J. Rast, Der Widerspruch. Das doppelte Antlitz des Reinhold Schneider, Köln – Olten 1959.

K. W. Reddemann, Der Christ vor einer zertrümmerten Welt. Reinhold Schneider – ein Dichter antwortet der Zeit, Freiburg/Br. 1978.

C. P. Thiede (Hrsg.), Über Reinhold Schneider, Frankfurt/M. 1980.

E. Blattmann (Hrsg.), Trauer und Widerspruch. Über Reinhold Schneider, München – Zürich 1984.

K.-J. Kuschel, Gespräch mit R. Hochhuth, in: K.-J. Kuschel, »Ich glaube nicht, dass ich Atheist bin«. Neue Gespräche über Religion und Literatur, München 1992, 169–193.

Ders., Reinhold Schneider und die Zweifel an Gott, in: ders., »Vielleicht hält Gott sich einige Dichter ...« Literarisch-theologische Portraits, Mainz [2]1996, 241–284.

»Von deinem Gott war die Rede«
Paul Celan, Nelly Sachs und ein Zwiegespräch über Gott

Zitierte Werke von Paul Celan und Nelly Sachs

P. Celan, Gesammelte Werke Bd. I–V, hrsg. v. B. Allemann – S. Reichert, Frankfurt/M. 1983.

Ders. – N. Sachs, Briefwechsel, hrsg. v. B. Wiedemann, Frankfurt/M. 1993.

N. Sachs, Briefe, hrsg. v. R. Dinesen – H. Müssener, Frankfurt/M. 1984.

Dies., Briefwechsel mit H. Domin, in: B. Lermen – M. Braun, Nelly Sachs »An letzter Atemspitze des Lebens«, Bonn 1998, 217–255.

Zur Biographie

I. Chalfen, Paul Celan. Die Biographie seiner Jugend, Frankfurt/M. 1979.

J. Felstiner, Paul Celan. Eine Biographie, München 1997.

W. Emmerich, Paul Celan, Hamburg 1999 (Rowohlt-Monographien).

B. Wiedemann (Hrsg.), Paul Celan – Die Goll-Affäre. Dokumente zu einer »Infamie«, Frankfurt/M. 2000.

Zum Thema Gottesrede, Religion, Judentum

W. Höck, Von welchem Gott ist die Rede?, in: Über Paul Celan, hrsg. v. D. Meinecke, Frankfurt/M. 1970, 265–276.

H. M. Krämer, Eine Sprache des Leidens. Zur Lyrik von Paul Celan, München 1979.

J.-K. Lyon, Judentum, Antisemitismus, Verfolgungswahn: Celans »Krise« 1960–1962, in: Celan-Jahrbuch 3 (1989), 175–204.

L. Koelle, Paul Celans pneumatisches Judentum. Gott-Rede und menschliche Existenz nach der Shoah, Mainz 1997.

A. Schöne, Dichtung als verborgene Theologie. Versuch einer Exegese von Paul Celans »Einem, der vor der Tür stand«, Göttingen 2000.

Zum Gedicht »Zürich, Zum Storchen«

G. Lübbe-Grothues, Eine Heimat finden. Über ein Gedicht von P. Celan, in: Neue Zürcher Zeitung vom 26./27. Juni 1982.

E. Bahr, Paul Celan und Nelly Sachs. Ein Dialog in Gedichten, in: C. Shoham – B. Witte (Hrsg.), Datum und Zitat bei Paul Celan. Akten des internationalen Paul-Celan-Colloquiums, Haifa 1986, Frankfurt/M. – New York – Paris 1987, 183–194.

R. Dinesen, Paul Celan und Nelly Sachs, in: C. Shoham – B. Witte (Hrsg.), Datum und Zitat bei Paul Celan. Akten des internationalen Paul-Celan-Colloquiums, Haifa 1986, Frankfurt/M. – New York – Paris 1987, 195–210.

Th. Sparr, Das Gespräch im Gedicht. Paul Celans Gedicht »Zürich, Zum Storchen«, in: Neue Zürcher Zeitung vom 24./25. November 1990.

K.-J. Kuschel, Paul Celan, Nelly Sachs und ein Zwiegespräch über Gott, in: ders., »Vielleicht hält Gott sich einige Dichter ...«. Literarisch-theologische Porträts, Mainz 1991, [2]1996, 285–306.

J. Bollack, Paul Celan und Nelly Sachs. Geschichte eines Kampfs, in: Neue Rundschau 105 (1994), H.4, 119–134.

Th. Sparr, »Zürich, Zum Storchen«, in: J. Lehmann (Hrsg.), Kommentar zu Paul Celans »Die Niemandsrose«, Heidelberg 1997, 65–69.

D. Steinfort, Gedichte als bessere Platanenrinde. Paul Celan mit Nelly Sachs im dialogischen Ringen um die Gottesfrage, in: Geist und Leben ... (1997), 298–311.

»Gott liebt es, sich zu verstecken«
Hartmut Lange und die Selbstverbrennung eines Pfarrers

Zitierte Werke von Hartmut Lange

H. Lange, Die Selbstverbrennung. Roman, Hamburg 1982.

Ders., Irrtum als Erkenntnis. Meine Realitätserfahrung als Schriftsteller, Zürich 2002.

Weitere zitierte Literatur

H. Müller-Enbergs – W. Stock – M. Wiesner, Das Fanal. Das Opfer des Pfarrers Brüsewitz aus Rippeicha und die evangelische Kirche, Münster 1999.

Zur Lebens- und Werkgeschichte

M. Durzak (Hrsg.), Der Dramatiker und Erzähler Hartmut Lange, Würzburg 2003.

FERNHORIZONTE

»Sei keinem Jud' und Muselmann zum Trotz ein Christ«
Gotthold Ephraim Lessing im Spannungsfeld von Judentum, Christentum und Islam

Werke von Gotthold Ephraim Lessing

G. E. LESSING, Werke und Briefe in 12 Bänden, hrsg. v. W. Barner u. a., Bd. I–X, Frankfurt/M. 1989–2003 (zit. mit römischer Bandzahl + Seite).

H. KIESEL U. A. (Hrsg,) Briefe von und an Lessing, Bd. I–III, Frankfurt/M. 1987–1994 (zit. mit: Briefe, römische Bandzahl + Seite).

Zur Forschungsgeschichte

W. ALBRECHT, Gotthold Ephraim Lessing, Stuttgart – Weimar 1997.

M. FICK, Lessing-Handbuch. Leben – Werk – Wirkung, Stuttgart – Weimar 2000.

Zur Lebens- und Werkgeschichte

D. HILDEBRANDT, Lessing. Biographie einer Emanzipation, München – Wien 1979.

G. SICHELSCHMIDT, Lessing. Der Mann und sein Werk, Düsseldorf 1989.

W. JASPER, Lessing. Aufklärer und Judenfreund. Biographie, Berlin – München 2001.

Zu »Nathan der Weise«

H. GÖBEL (Hrsg.), Lessings »Nathan«. Der Autor, der Text, seine Umwelt und seine Folgen, Berlin 1977, ²1993.

P. V. DÜFFEL, G. E. Lessing. »Nathan der Weise«, Stuttgart 1985 (Erläuterungen und Dokumente).

W. JENS – H. KÜNG, Dichtung und Religion, München 1985, 81–119.

TH. KOEBNER, »Nathan der Weise«. Ein polemisches Stück?, in: Lessings Dramen. Interpretationen, Stuttgart 1987, 138–206.

G. KAISER, Lessings »Nathan der Weise«. Glaube, Liebe, Hoffnung als Grund des Toleranzdramas, in: Pastoraltheologie 80 (1991), 568–584.

K.-J. KUSCHEL, »Jud, Christ und Muselman vereinigt«? Lessings »Nathan der Weise«, Düsseldorf 2004.

Zum Thema Islam

G. PFANNMÜLLER, Handbuch der Islam-Literatur, Berlin-Leipzig 1923, Nachdruck Berlin 1974.

J. FÜCK, Die arabischen Studien in Europa bis in den Anfang des 20. Jahrhunderts, Leipzig 1955.

P. M. HOLT, The Treatment of Arab History by Prideaux, Ockley, and Sale, in: ders., Studies in the History of the Near East, London 1973, 50–63.

A. GUNNY, Images of Islam in Eighteenth Century Writings, London 1996, 57–64 (Ockley); 81–83 (Gagnier).

E. Niewöhner, Das muslimische Familientreffen. G. E. Lessing und die Ringparabel, oder: Der Islam als natürliche Religion, in: Frankfurter Allgemeine Zeitung vom 5. Juni 1996.

K.-J. Kuschel, Vom Streit zum Wettstreit der Religionen. Lessing und die Herausforderung des Islam, Düsseldorf 1998.

S. Horsch, Rationalität und Toleranz. Lessings Auseinandersetzung mit dem Islam, Berlin 2004.

»Es kämpfen Christ und Moslem, Nord und Süden«
Heinrich Heine und die Tragödien der Religionen

Werke von Heinrich Heine

H. Heine, Säkularausgabe der Werke – Briefwechsel – Lebenszeugnisse, hrsg. von den Nationalen Forschungs- und Gedenkstätten der klassischen deutschen Literatur in Weimar und dem Centre National de la Recherche Scientifique in Paris, Bd. XX–XXVII, Berlin – Paris 1972–1976 (abgek. zit. mit HSA).

Ders., Sämtliche Schriften in 12 Bänden, hrsg. v. K. Briegleb, München – Wien 1986 (abgek. zit. mit arabischer Bandzahl + Seite).

G. E. Lessing, Werke und Briefe in 12 Bänden, hrsg. v. W. Barner u. a., Bd. I–X, Frankfurt/M. 1989–2003 (abgek. zit. mit römischer Bandzahl + Seite).

Neuere Arbeiten zur Lebens- und Werkgeschichte

J. C. Hauschild – M. Werner, »Der Zweck des Lebens ist das Leben selbst«: Heinrich Heine. Eine Biographie, Köln 1997.

G. Höhn (Hrsg.), Heine-Handbuch. Zeit, Person, Werk, Stuttgart – Weimar ²1997.

Ch. Liedtke (Hrsg.), Heinrich Heine. Neue Wege der Forschung, Darmstadt 2000.

Neuere Arbeiten zum Thema Religion

K.-J. Kuschel, Gottes grausamer Spaß? Heinrich Heines Leben mit der Katastrophe, Düsseldorf 2002.

Ch. Bartscherer, Heinrich Heines religiöse Revolte, Freiburg/Br. 2005.

Neuere Arbeiten zum Thema Judentum

P. Peters (Hrsg.), Heinrich Heine. Prinzessin Sabat. Über Juden und Judentum, Bodenheim 1997.

K. Briegleb, Bei den Wassern Babels. Heinrich Heine. Jüdischer Schriftsteller in der Moderne, München 1997.

Ders. – I. Shedletzky (Hrsg.), Das Jerusalemer Heine-Symposium: Gedächtnis – Mythos – Modernität, Hamburg 2001.

Neuere Arbeiten zum Thema Orient/Islam bei Lessing und Heine

M. Fendri, Halbmond, Kreuz und Schibboleth. Heinrich Heine und der islamische Orient, Hamburg 1980.

G. F. Peters, »So glücklich, so hingehaucht, so ätherisch«. Heines Beurteilung des »West-östlichen Divan«, in: Heine-Jahrbuch 22 (1983), 30–46.

B. Failey, Heine, Goethe and the Diwan, in: ders., Selected Essays of German Literature, ed. by R. Symington, Frankfurt/M., New York 1984, 246–252.

Ch. B. Pfeifer, Heine und der islamische Orient, Wiesbaden 1990.

G. Hoffmeister, Granada und Jerusalem oder ›Poesie-Orient‹ versus Real-Orient: Referenzbeziehungen zwischen Heine, Arnim und Byron, in: Heinrich Heine und die Romantik, hrsg. v. M. Winkler, Tübingen 1997, 159–172.

K.-J. Kuschel, Vom Streit zum Wettstreit der Religionen. Lessing und die Herausforderung des Islam, Düsseldorf 1997.

Ders., »Jud, Christ und Muselmann vereinigt«? Lessings »Nathan der Weise«, Düsseldorf 2004.

W. Hinck, Konfessionsdialektik in Heines »Almansor«-Dichtungen, in: »… und die Welt ist so lieblich verworren«. Heinrich Heines dialektisches Denken, Festschrift für J. A. Kruse, hrsg. v. B. Kortländer – S. Singh, Bielefeld 2004, 177–291.

J. A. Kruse, »Aber Allah! Welch ein Anblick!«. Heinrich Heine und der Islam, in: Heine-Jahrbuch 44 (2005), 94–112.

K.-J. Kuschel, Heines »Almansor« als Widerruf von Lessings »Nathan«? Heine und Lessing im Spannungsfeld von Judentum, Christentum und Islam, in: Heine-Jahrbuch 44 (2005), 42–62.

»Gott von Mohammed her fühlen«
Rainer Maria Rilkes Islam-Erfahrung auf den Reisen durch Nordafrika und Spanien

Werke von Rainer Maria Rilke

R. M. Rilke, Sämtliche Werke, hrsg. v. Rilke-Archiv in Verbindung mit R. Sieber-Rilke, besorgt durch E. Zinn, Bd. I–XII, Frankfurt/M. 1976 (Insel-Werkausgabe; zit. mit SW + Seite).

Ders., Werke. Kommentierte Ausgabe, hrsg. v. M. Engel – U. Fülleborn – N. Nalewski – A. Stahl, Bd. I–IV, Frankfurt/M. 1996 (zit. mit KA + röm. Bandzahl + Seite).

Zur Biographie

W. Leppmann, Rilke. Sein Leben, seine Welt, sein Werk, Bern – München 1981.

D. A. Prater, Ein klingendes Glas. Das Leben Rainer Maria Rilkes. Eine Biographie (engl. Ausg. 1986), dt: München – Wien 1986, TB-Ausgabe Hamburg 1989 (Rowohlt 12497).

I. Schnack, Rainer Maria Rilke. Chronik seines Lebens und seines Werkes, Bd. I–II, Frankfurt/M. 1990 (it 1264).

R. Freedman, Rainer Maria Rilke, Bd. I (Der junge Dichter: 1875–1906), Bd. II (Der Meister 1906–1926). Aus dem Amerikanischen von C. Ebneter, Frankfurt/M. – Leipzig 2002.

Zur Werk- und Forschungsgeschichte

K. Hamburger (Hrsg.), Rilke in neuer Sicht, Stuttgart 1971.

I. H. Solbrig – J. W. Storck (Hrsg.), Rilke heute. Beziehungen und Wirkungen, Frankfurt/M. 1975 (st 290).

K. Hamburger, Rilke. Eine Einführung, Stuttgart 1976.

A. Stahl, Rilke Kommentar, Bd. I–II, München 1978–79.

R. Görner (Hrsg.), Rainer Maria Rilke, Darmstadt 1987 (WdF 638).

M. Engel (Hrsg.), Rilke-Handbuch. Leben – Werk – Wirkung, Stuttgart 2004.

R. Görner, Rainer Maria Rilke. Im Herzwerk der Sprache, Wien 2004.

Zum Komplex »Orient/Islam«

A. SCHIMMEL, »Ein Osten, der nie alle wird«. Rilke aus der Sicht einer Orientalistin, in: Rilke heute. Beziehungen und Wirkungen, hrsg. v. I.H. Solbrig – J.W. Stork, Frankfurt/M. 1975, 183–206.

M. KERÉNYI, Die Chronologie von Rilkes Aufenthalt in Ronda, in: Atti dell' Ottavo Convegno 3 Otobre 1979, a cura de Walter Schweppe, Duino-Trieste 1980, 85–111.

J. W. STORCK, Rilkes »Lesewinter« in Ronda. Zwischen Altem Testament und Adalbert Stifters »Studien«, in: Atti dell' Ottavo Convegno 3 Ottobre 1979, a cura de Walter Schweppe, Duino-Trieste 1980, 13–40.

I. SOLBRIG, »Da las er: so, daß sich der Engel bog«. Zu Rilkes Gedicht »Mohammeds Brufung« (1907), in: Modern Austrian Literature 13 (1980), 33–45.

DIES., Gedanken über literarische Anregungen zur verfremdenden Engel-Konzeption des mittleren und späteren Rilke, in: Modern Austrian Literature 15 (1982), 277–290.

J. W. STORCK, Judentum und Islam in der Sicht Rainer Maria Rilkes, in: Rilke heute. Der Ort des Dichters in der Moderne, Frankfurt/M. 1997, 37–78.

U. FÜLLEBORN, Rilkes Gebrauch der Bibel, in: Rilke und die Weltliteratur, hrsg. v. M. Engel – D. Lamping, Düsseldorf/Zürich 1999, 19–38.

K.-J. KUSCHEL, »Gott von Mohammed her fühlen«. Rilkes Islam-Erfahrung und ihre Bedeutung für den religionstheologischen Diskurs der Zukunft, in: »Die Welt ist in die Hände der Menschen gefallen«. Rilke und das moderne Selbstverständnis, hrsg. v. R. Schweikert, Frankfurt/M. – Leipzig 2002, 67–94.

DERS., Rainer Maria Rilke und die Metamorphosen des Religiösen, in: ders., »Vielleicht hält Gott sich einige Dichter …« Literarische Skizzen Bd. I, Mainz 2005, 41–113.

»Lebenskunst, Lebensweisheit, Liebe zum Alltag …«
Adolf Muschg und die Entdeckung des Zen-Buddhismus

Zitierte Werke von Adolf Muschg

Prosa

A. MUSCHG, Im Sommer des Hasen. Roman (1965), Frankfurt/M. 1975.

DERS., Papierwände, Bern 1970.

DERS., Aussteigen? Einsteigen! Erfahrung in einem japanischen Zen-Kloster, in: Frankfurter Rundschau vom 24. 8. 1985.

DERS., Wovon mir die Ohren läuten, in: Die Botschaft hör ich wohl. Schriftsteller zur Religion, hrsg. v. M. Gregor-Dellin, Stuttgart 1986, 28–35.

DERS., Deshima. Filmbuch, Frankfurt/M. 1987.

DERS., Die Insel, die Kolumbus nicht gefunden hat. Sieben Gesichter Japans, Frankfurt/M. 1995.

DERS., Meine Japanreise mit Karl Löwith, in: Karl Löwith, Von Rom nach Sendai. Von Japan nach Amerika. Reisetagebuch 1936 und 1941, hrsg. v. K. Stichweh – U. von Bülow, Stuttgart 2001, 111–155.

DERS., Eikan, du bist spät. Roman, Frankfurt/M. 2005.

Gespräche

A. MUSCHG, Des Lebens und Todes froh werden. Über Christentum, Buddhismus und die Funktion der Literatur, in: K.-J. Kuschel, Weil wir uns auf dieser Erde nicht ganz zu Hause fühlen. 12 Schriftsteller über Religion und Literatur, München 1985, 127–139.

Ders., Ist »Gott« heute literarisch darstellbar?, in: W. Jens – H. Küng – K.-J. Kuschel (Hg.), Theologie und Literatur. Zum Stand des Dialogs, München 1986, 245–263.

Zur Lebens- und Werkgeschichte

J. Ricker-Abderhalden (Hrsg.), Über Adolf Muschg, Frankfurt/M. 1979.
R. Voris, Adolf Muschg, München 1984 (Autorenbücher).
M. Dierks (Hrsg.), Adolf Muschg, Frankfurt/M. 1989 (Suhrkamp TB Materialien).

Zur Asien-Rezeption

E. Scheifele, Das Verhältnis zu Japan, in: Adolf Muschg, hrsg. v. M. Dierks, Frankfurt/M. 1989, 82–115.
Ch. Gellner, Japan und China bei Adolf Muschg, in: Orientierung 62 (1998), 55–59.

ERSTVERÖFFENTLICHUNGSORTE

Die Beiträge wurden für diesen Band noch einmal gründlich sprachlich und stilistisch überarbeitet und zum Teil inhaltlich ergänzt. Bei den Redaktions- und Korrekturarbeiten standen mir meine Mitarbeiterinnen Anne Henrich und Stefanie Schmidt zur Verfügung. Ihnen sei herzlich gedankt.

Nahhorizonte

Beitrag: Anna Seghers
Argonautenschiff. Jahrbuch der Anna-Seghers Gesellschaft 10 (2001), 108–128.

Beitrag: Elisabeth Langgässer
W. Groß (Hrsg.), Das Judentum – Eine bleibende Herausforderung christlicher Identität, Mainz 2001, 184–205.

Beitrag: Reinhold Schneider
Reinhold Schneider Blätter Heft 17, Mai 2005, 21–33.

Beitrag: Paul Celan und Nelly Sachs
G. Klosinski (Hrsg.), Grenz- und Extremerfahrungen im interdisziplinären Dialog, Tübingen 2003, 89–109.

Beitrag: Hartmut Lange
M. Durzak (Hrsg.), Der Dramatiker und Erzähler Hartmut Lange, Würzburg 2003, 149–164.

Fernhorizonte

Beitrag: Gotthold Ephraim Lessing
Heidelberger Jahrbücher 48 (2004), 347–368.

Beitrag: Heinrich Heine
Heine-Jahrbuch 44 (2005), 42–62.

Beitrag: Rainer Maria Rilke
»Die Welt ist in die Hände der Menschen gefallen«. Rilke und das moderne Selbstverständnis. Im Auftrag der Rilke-Gesellschaft, hrsg. v. R. Schweikert, Frankfurt/M. – Leipzig 2002, 67–94 (Blätter der Rilke-Gesellschaft Bd. 24/2002).

Beitrag: Adolf Muschg
Theologie im Gespräch. Eine Agenda für die Zukunft. Festschrift Urs Baumann, hrsg. v. B. J. Hilberath – K.-J. Kuschel, Frankfurt/M. 2006, 153–170.